ZHOUYI
XUEXI FA

周易学习法

张金磊 著

团结出版社
UNITY PRESS

© 团结出版社，2022 年

图书在版编目（CIP）数据

周易学习法 / 张金磊著 . —北京：团结出版社，
2025.2
ISBN 978-7-5126-9955-7

Ⅰ.①周… Ⅱ.①张… Ⅲ.①《周易》–研究 Ⅳ.
① B221.5

中国版本图书馆 CIP 数据核字 (2022) 第 243164 号

责任编辑：赵广宁
封面设计：阳洪燕

出　　版：团结出版社
　　　　　（北京市东城区东皇城根南街 84 号　邮编：100006）
电　　话：（010）65228880　65244790（出版社）
　　　　　（010）65238766　85113874　65133603（发行部）
　　　　　（010）65133603（邮购）
网　　址：http://www.tjpress.com
E-mail：zb65244790@vip.163.com
经　　销：全国新华书店
印　　装：天津盛辉印刷有限公司

开　　本：170mm×240mm　16 开
印　　张：26.25　　　　　　　字　　数：323 千字
版　　次：2025 年 2 月　第 1 版　　印　　次：2025 年 2 月　第 1 次印刷

书　　号：978-7-5126-9955-7
定　　价：86.00 元
　　　　　（版权所属，盗版必究）

序言

一、周易是讲因果的

一提到周易，也就是易经，人们的第一印象就是"算命"，也就是预测未来，这并不是现在才有的观点，而是千百年来中国社会已经形成的根深蒂固的看法。而事实上，说周易是"算命"的确也并不算错，周易确实能"算命"，不过这里指的"算命"并不是算人的命运的那种，而是在真正理解和掌握周易之后，所拥有的那种"运筹帷幄之中，决胜千里之外"的从容自如、自信满满和信步闲庭，从而显现出超凡的气概，从此拥有强大气场和力量，形成"一切皆在掌握"的强大信心和能力。当一个人理解了周易、掌握了周易之后，潜移默化之中就能够对世界产生更加清醒的认知，有了认知那么在接下来的行动上就会有所预判，有所谋划，就能够达到了"知行合一"。王阳明的《传习录》里面讲到："知者行之始，行者知之成"，一个"知"，一个"行"；一个"始"，一个"成"，前者是后者的铺垫，后者又是前者的结果，这就是一个因果关系，所以周易是讲因果的，学习周易获取认知的高度，来指导未来的行动，这当然也是预测，也是"算命"。所谓"前车之鉴，后事之师"，人要理智，必须认知达到高度，才能不误入歧途。

　　而讨论到周易的具体内容上，周易的因果逻辑十分清晰，无所不在。比如周易的64卦排序方面，为什么乾卦之后就是坤卦，而坤卦之后又是屯卦？又或者为什么泰卦之后是否卦，而否卦之后又是同人卦？这其中都是有因果递进关系的，并不是想当然胡乱排列的，这也因此诞生了《序卦传》。关于周易64卦的卦序排列的因果关系问题，本书对64卦的每一卦的卦序都进行了详细的阐述。比如说，比卦为什么排在师卦之后？《序卦传》的原文是这么说的："师者，众也。众必有所比，故受之以比。比者，比也。"原文比较简洁，但也言简意赅。而本书的解读则十分详细："师卦就是兴师动众，浩浩荡荡，军事斗争。战争中，将帅需要谋士的辅佐，需要智囊团的比划；战争结束了，就要论功行赏，比谁功劳大功劳小，这些都是比。所以，师卦之后是比卦。"正所谓"瘸子里面挑将军"，兴师动众的地方必然要比划比划，比比大小，就像比武一样，反正师卦之后就是比卦。整个周易64卦的排列顺序都是如此，都是有内在的严格的前后因果逻辑关系，卡得死死的。

　　再来看看周易的卦辞，每一卦的卦辞都是不一样的，这是当然。但为什么不一样？看最著名的乾卦和坤卦的卦辞，乾卦的卦辞为："乾。元亨利贞。"这是多么的简洁、利落，又是多么的掷地有声。没错，乾卦的卦辞"四德俱全"，堪称典范，是64卦中的统领者。而坤卦的卦辞为："坤。元亨，利牝马之贞。君子有攸往，先迷，后得主，利西南得朋，东北丧朋。安贞吉。"这文字就多了，设定了许多限定语，也就是前置条件，不再是像乾卦卦辞那样的不设条件就能达到的那样。卦与卦的卦辞不一样也是因为周易64卦是描述64种场景的，每一种场景讲述的事情、运行的规律自然也就十分不同，也因此卦辞也就跟着"客随主变"，这就是前后顺序，也就是因果逻辑关系。"谁的娃跟谁的姓"，所谓"根深"才能"蒂固"，"枝繁"

才能"叶茂",卦辞的内容走向总是跟着卦名走。正所谓"种瓜得瓜,种豆得豆""老子英雄儿好汉",总之是一种因果关系。当然了,更"猛烈"的也更"严丝合缝"的因果关系还要看卦象的象辞以及爻辞。

再来到卦象的象辞部分,其中浓郁的因果推理气氛更是扑面而来。还是举最著名的乾坤二卦的象辞,乾卦的象辞说:"天行健,君子以自强不息。"后面的"自强不息"来自对"天行健"的效法,来自"天行健"的"自强不息"真的是气势磅礴、正义凛然又责无旁贷。而坤卦的象辞说:"地势坤,君子以厚德载物。"这里的"厚德载物"说的又是那么的一丝不苟、推心置腹而感人至深,这当然是来自对"地势坤"卦象的效法。效法,就是参考一个"因",以致达成一个"果"。

周易的全部64卦的卦象象辞都是描述的形象惟妙惟肖,而接着推导出来的要君子做的话语也是因果关系的典范。例如,谦卦的象辞说:"地中有山,谦。君子以哀多益寡,称物平施。"明眼人透过谦卦的卦象一眼就能看出来谦卦的象辞说的是多么的谦虚,多么的包容。而临卦的象辞:"泽上有地,临。君子以教思无穷,容保民无疆。"这把"地泽临"的临卦又说的玉树临风、居高临下、霸气十足,好像整个天下都是临卦的。当然了,临卦的象辞一切又来自临卦的"居高临下"的临,也就是"泽上有地,临",有了这前半句,后半句"君子以教思无穷,容保民无疆"就产生了。

再观临卦的下一卦观卦,观卦的象辞说:"风行地上,观。先王以省方,观民设教。"这分明就是在强调"没有调查就没有发言权",必须先观而后行,不能蒙蔽双眼、睁眼说瞎话。也就是先有了"风行地上,观"的"眼观六路",然后才有了先王的效法也像风一样巡视四方,察看民情,获得第一手资料,才最终有了因地制宜的"观民设教"。所谓"量体裁衣"，要想合适的就必须"量身打造"，"均码"压根不行。

再看看大畜卦的象辞："天在山中，大畜。君子以多识前言往行，以畜其德。"说的又是多么的沁人心脾、如沐春风。是的，"不听老人言，吃亏在眼前"，用大畜卦象辞来讲就是"多识前言往行"，不要不听，我们古人并没有唬人，不然撞到南墙就知道脑瓜子嗡嗡地疼了。而且大畜卦的卦象又是非常的俊美，又是山又是天的，美不胜收，正是立志做大事的时刻。

再看一个家人卦的象辞："风自火出，家人。君子以言有物，而行有恒。"并不是说在家里了就可以搞"一言堂"，来说一不二、一句顶一万句，并不能这样。一个家庭里，有父母，有子女，还有老人长辈，都要为行为做出表率，言语没有冒犯，不然一家子人每天都剑拔弩张、恶语相向，那还是一家子人吗？家本来就是日常的温暖的港湾，是落难之后的避难所，更是携手并进的堡垒，家庭成员之间必须相互忠诚、互助、体谅，这也是家庭的"家人"意义所在，家人即"family"意味着一切，可以奋不顾身、不惜代价。"家人"和"family"两个词是神圣的，每个人的一生都要紧紧守住，不然无家可归的人奢谈幸福。所以，家人卦卦象"风自火出"，一幅家里的厨房生火做饭，炊烟随着烟囱里冒出来，随之随风飘散，"袅袅炊烟"的景象，多么的温馨，多么的有家的味道、食物的味道。但家人卦象辞并没有止步于"生火做饭"，而是一本正经地说在家里要"言有物，而行有恒"，家庭里不仅夫妻间要相敬如宾，对子女又要言传身教，对长辈也要寸草春晖，家是严肃对待的地方，不可掉以轻心，而这正是家人卦的象辞的前后因果逻辑推理所锚定的重要定论。所以，周易的因果逻辑十分强大，发人深省。

最后看一下渐卦的象辞："山上有木，渐。君子以居贤德善俗。"

正所谓"一口吃不成胖子"，而"罗马不是一天建成的"，这些都是在说明"渐渐"的过程，就是如渐卦的卦象"山上有木，渐"，山上的木即树渐渐地长，渐渐地起伏，没有突兀的变化。也因此，君子就要明白环境的重要影响作用，山上的树就给人以"渐"的感觉，而地上的树就不如此，因为你站在树下无法一窥全貌，只能"只缘身在此山中"而不能得其大概。也因为，君子效法渐卦的卦象就要"居贤德善俗"，德不是一天修成的，习俗也不是短期内就能改变的，所以都要假以时日，正所谓"江山易改，本性难移"，没办法断崖式改变，惯性的力量太强大。

以上举的这些卦的卦象象辞的例子都是按照前后因果逻辑关系去阐述卦象原理的，而周易的所有64卦象辞都是如此，都在讲因果逻辑，讲完前一句，就会引申出后一句，一前一后，一因一果。而爻辞的因果逻辑递进关系更是达到了丝丝入扣甚至登峰造极的程度，先不说周易的六爻本来就是一爻递进一爻，从初爻到最后的上爻是一个层层递进的过程，完整地描述了这一卦的发展轨迹，六爻的从下到上的上下堆叠关系也说明了这一点。一环连着一环，环环相扣，直至上抵最上爻，达成这一卦的爻辞的终了之状态。这些都在本书的每一卦的"爻辞学习法"章节里面进行了详细的阐述，由于爻辞内容篇幅原因，本文在此就不再进行举例例证。

周易确实是讲因果的，从刚开始的卦序，到卦辞，到象辞，再到爻辞，从头到尾全部都在讲述因果。所以，并不是只有佛学在讲因果，周易也在讲因果，而且由于周易理论涵盖了64卦，而64卦虽然说只讲了64种场景案例，但就是这64种场景案例却是极具代表性的囊括了世间的几乎所有的事情及其背后的哲理智慧，这并不是夸大其词。所谓"一阴一阳之谓道"，这个"道"既有起点当然也有终点，佛语有云："待将全程历尽，方知如是因果"，更多时候许多人站在起点的位置并不知道终点在哪里，也不知道终点会有什么在等待，而提前学习了和掌握了周易的"道"之后，那就对前因后果有了全局的认识，对未来的"道"就能"俯瞰"了，这就像导航一样，岂能不少走弯路，又岂能不受益良多？所以，掌握周易其中的"道"，搞清楚来龙去脉，了解了前因后果，人生的坦途就会展现在面前。

二、何为《周易学习法》

"学而时习之，不亦说乎？"这是出自孔子的《论语》中的千古名句，毛主席也说过"好好学习，天天向上"。那么什么是"学习"？《周易学习法》又是怎么样的内容？按照汉语词典的定义，学习是指："通过阅读、听讲、思考、研究、实践等途径获得知识或技能的过程。"学习，就是要有个推理过程，也就是要有个论证过程，不然不容易懂，弄不清其中的逻辑，不能"依葫芦画瓢"，硬生生的"东扯葫芦西拉瓢"。而许多周易的解读书籍就是如此，往往只从字面上去直译周易的字面意思，并没有去深入理解周易的内容背后中国古人的论证逻辑和哲学思想，所以这对于许多学习周易的人来说，总是不得要领，不明白为什么就是如此，这句话为什么就是这么说。比如师卦的卦象象辞为："地中有水，师。君子以容民畜众。"许多周易解读书籍一般就是直接翻译字面意思，至于为什么"地中有水，师"了之后就是"君子以容民畜众"，这些书籍并没有给出解释。就像上文所说的，其实"地中有水，师"和"君子以容民畜众"是有很明确的因果关系，挖掘了背后的本质逻辑，详细阐述和论证"地中有水，师"和"君子以容民畜众"前后的递进关系，那么读者就很容易理解了，明白了，也就会心一笑，欣然接受了。因为言之有理，所以慨然应允。

《周易学习法》所强调的"学习"是全程体现了对于周易的每一部分内容都做到了推理和论证，刚刚举例的师卦的象辞是如此，所有的64卦象辞都是如此。再例如无妄卦的象辞为："天下雷行，物与无妄。先王以茂对时育万物。"许多周易解读书籍大多是直译，并没有解释为什么这样的前后两句话放在了一起，它们不仅没有考虑前后的因果关系，更没有给出详细的论证过程，就是直译，就是如此，金口玉言，信不信由你。学习是一个过程，只有学习之后理解了，记忆了，才能成为自己的知识，也才能开始可能的后期的运用。而本书对无妄卦的象辞进行了详细的论证解读，让阅读者"知其然"，还要"知其所以然"。

而《周易学习法》最大的创新之处还在于爻辞的解读部分，也就是每一卦的"爻辞学习法"部分内容。周易的每一卦的六爻是一个整体，这是毫无疑问的，不然不会"凑"在一起。而且六爻不仅是一个整体，还体现了历史发展般的循序渐进的向前向上发展的关系，这也是为什么第一个爻叫做"初爻"，最后一个爻叫做"上爻"，而中间的爻分别为"二爻、三爻、四爻、五爻"并搭配上阴阳爻所属的"六"或"九"。但许多周易解读的书籍对于爻辞的阐述大多仍然是字面直译，没有深入探讨爻辞背后的逻辑递进关系，更鲜少兼顾这一卦的卦义。这就形成了一个卦的六个爻，每一爻都在"各说各话"，也都是在围绕着这一卦的卦名来展开内容，但却无法看出来初爻、二爻、三爻、四爻、五爻以及上爻之间的逻辑关系，更很少谈得上循序渐进的递进关系。所以，《周易学习法》重点在爻辞部分下了功夫，对于每一卦的爻辞进行了全面梳理，整理出其因果逻辑发展脉络，给出了整个六爻的详细的发展内涵。按照这样的对爻辞的解读，不仅明了了爻辞的六爻分处每个阶段的意义，更使得整个六爻的发展脉络严丝合缝，没有一点"空窗期"甚至是"断崖"的感受，全程追求"行云流水"和"一气呵成"，这也是中国古人作周易时候设置每一卦的六个爻的本意，是前后衔接的不会有跳跃的。

当然了，《周易学习法》不仅对象辞和爻辞进行了"学习法"方式的论证式的解读，对卦辞也是如此。对于每一卦的卦辞，《周易学习法》一书都按照"学习法"的方式进行了详细的解读，例如益卦的卦辞为："益。利有攸往，利涉大川。"本书给出的解读是："无论是'损下益上'的损卦，还是'损上益下'的益卦，卦名的确定都是以'下'为准的，也就是'下'为本，也就是'民为本'，具体的就是'民为本，君为轻，社稷次之'，在这里，'下'代表的'民'最重要。而益卦就是'损上益下'，就是'取之于民，用之于民'，把之前'损下益上'的收益现在用来还富于民，用来做公众的公益事业，让民众获得好处，这是走群众路线、得人心的好事，也巩固了群众基础，因此从长远来看是有利于国家发展、利国利民的。所以，有益于黎民百姓的事情，都可以做，都是有利的，都值得前往，值得跋山涉水，所以，'益。利有攸往，利涉大川。'"解读可谓十分详细而具体，对于益卦卦辞的每一个字都解释得有理有据。而且，《周易学习法》对所有的 64 卦的卦辞的解读也就是"卦辞学习法"都是如此，都是有理有据的，不是简单的直译，这样的好处就是会更加地让人"豁然开朗"，知道卦辞背后的知识逻辑。

再到卦序，在上文已经提及了关于卦序的《序卦传》，古人排列64 卦都是有严格的前后因果逻辑关系的，《周易学习法》一书也是按照因果逻辑关系进行详尽的论证说明。

总之，《周易学习法》一书对于周易的解读是基于因果逻辑关系来论证、来推理的，而且内容衔接要求严丝合缝，逻辑关系遵循循序渐进，一切讲求水到渠成。

三、周易的难学难记

周易确实难学还难记，就像在《周易记忆法》里所阐明的，周易一直以来都以难懂难背而著名，现实当中，周易的普及率远远低于《论语》和《道德经》等经典名著。其中的原因在哪？还是因为，相比于《论语》和《道德经》，周易的内容十分庞大，在经部已经拥有了64卦以及386爻，而在传部还包括"十翼"，如果初学者没有找到周易内容内在联系的逻辑性，那就很容易望而却步，乖乖投降，不愿意再深入了解周易。所以，《周易记忆法》和《周易学习法》分别针对周易的难记和难学的特点从"故事性"和"因果性"入手进行了针对性的解读。记忆必须要有黏性，那就讲故事，特别是历史故事，因为没有比讲故事更能让人记忆住内容了，这就是《周易记忆法》的逻辑所在。而学习必须讲求前因后果的推断的逻辑性，不然没有经过论证证明的知识或者事物很难让人理解和"下咽"，那就运用因果逻辑分析论证，这就是《周易学习法》的底层逻辑。

"世上无难事，只怕有心人"，有句谚语是这么说的：这个世界没有解决不了的问题，如果有，那是因为你还没有找到正确的方法。对于周易当然也是，周易又是天书又不是天书。是天书，是因为它富含智慧，是因为它"易与天地准，故能弥纶天地之道"。又不是天书，是因为它最终要用来指导人生，指导实践，是因为"读书百遍，而义自见"。我们古人不会骗人，作周易的先哲们更是怀着悲天悯人的情怀来创作周易，进而用以给君王、君子以及民众以"指路明灯"。

周易是伟大的，所以周易（易经）被尊称为"群经之首"和"大道之源"，是中华智慧的总源泉，中华文化的方方面面都深受周易的影响。

四、本书内容框架安排

不同于本人之前出版的《周易记忆法》，本书不再像《周易记忆法》那样把每一卦的卦辞、象辞和爻辞分开来进行分门别类的解读，而是重新归入一整卦之内，然后进行完整的一卦一卦的解读，因为"学习法"的逻辑要求内容的完整性。同时，本书又在每一卦增加了关于《序卦传》的解读。而且由于卦序十分重要，起到了对每一卦在周易64卦中的定位作用，因此本书在对每一卦进行解读的时候，把卦序解读放在了开头部分。

对于周易的"十翼"内容，即：《彖传》上下、《象传》上下、《文言传》、《系辞传》上下、《说卦传》《序卦传》《杂卦传》共有十篇，除了《象传》上的大象部分已在卦象里阐述，《象传》上的小象部分本书没有解读，也没有在本书出现，因为小象辞对爻辞的解读也偏于离散，所以本书暂不涉及小象部分内容。对于《彖传》上下、《文言传》《系辞传》上下、《说卦传》《杂卦传》，本文放在了书籍的最后，只列出了原文，没有进行解读，因为本书主要是对周易的经部内容进行"学习法"方式解读的，对于周易的传部暂时不解读。同时，也把《序卦传》的原文列在了书籍后面，以方便检查对《序卦传》的"学习法"认知情况。

本书同时把周易的经部原文也就是周易64卦的原文内容列在了书籍后面，以方便读者阅读完前面的"学习法"内容之后只看周易64卦原文，就像学习英文单词一样来检验自己对"周易学习法"的学习掌握程度。

周易是中国国学的顶级智慧，周易的原文充满了能量和力量。更多的时候，我们后人对周易的再详细再周密再体贴的解读，都不及原文的原汁原味和深邃挺拔，因为我们后人的解读肯定都带着自己的价值观、世界观和人生观，我们的智慧又怎么可能比得了创造和写就周易的中国古人先贤呢？所以，本书在书后附录原文，一方面是方便读者脱稿不再看前面的"学习法"部分内容，只看周易原文，以反复检验自己的"周易学习法"的理解程度，另一方面是鼓励读者多读原文，"读经"本来就是中国古人学习先贤哲学的必修课，"书读百遍，而义自见"，经书是要读的，读出来，甚至是大声地读出来，经书的精华也就逐渐泉涌出来了，人，就会醍醐灌顶、豁然开朗，沁人心脾的通透就会袭来。

以上即为本书的全部内容框架安排。

目录

周易·上经

周易·下经

周易经部原文

周易传部原文

周易·上经

1【乾卦 乾为天】☰ 自强不息

《序卦传》里的乾卦："有天地，然后万物生焉。"

《序卦传》（因果关系）学习法：

乾坤二卦是周易六十四卦为首二卦，乾卦：乾为天，坤卦：坤为地，是为天地，代表着开天辟地，也意味着创造着和引领着整个周易后面的六十二卦。所以，《序卦传》说，"有天地，然后万物生焉。"

同时，乾卦，乾为天，天是一刻不停地运转的，意味着君子要效法天，要自强不息，要战斗不止。

卦辞：乾。元亨利贞。

译文：乾卦。元，开始的意思、大的意思、仁的意思，万物的根本、根源。亨，亨通、通达、畅通无阻的意思。利，有利、收益、宜、吉的意思。贞，正、正道的意思。"元亨利贞"合起来，就是健的意思。

卦辞学习法：

"乾。元亨利贞。"就像古人解释的，元，万物生长的开始；亨，万物疯长的阶段；利，万物到了结果有了利益的时节；贞，万物果实收藏保持传承。在天时运转上，元亨利贞又为春夏秋冬。在方位上，元，春天，属木，又在东方；亨，夏天，属火，又在南方；利，秋天，属金，在西方；贞，冬天，属水，在北方。所以，乾卦的卦辞"**元亨利贞**"囊括了东南西北和四时变化以及金木水火，而土居中，谓之"中土"，因而金木水火土俱全。

乾卦可谓是规定了这个世界，世界由此丰富多彩。

卦象：天行健，君子以自强不息。

译文：乾卦像天道运行一样，刚健而永不停息。君子由此得到启示，要效法天道，自我奋发图强，永远不停止地去努力追求进步。

卦象学习法：

乾卦，乾为天，天是一直不停运转的，即"**天行健**"。也因此，君子就要效法乾天，从而要自强不息，即"**君子以自强不息**"。君子为什么要效法乾天？乾为天，天运转了，万物才有了天地，才有了生机勃勃。不然，天不运转，天地之间一片死气沉沉，就是世界末日了。君子也因此要自强不息，一刻不停地努力和奋斗，为了自己的生存，也为了参与创造丰富多彩的世界。

爻辞：

初九，潜龙勿用。

注释：潜，潜伏。用，动。

爻辞学习法：[因果脉络]

君子为什么要自强不息？就是因为他在奋斗的初始阶段力量还十分弱小，阳气初生，一切未成，地位卑微，这个时候当然不能有任何的轻举妄动，因为时机未到，力量不足，要隐忍等待，要韬光养晦，要养精蓄锐，要积蓄力量，潜龙的阶段是不能有任何作为的，所以，"**潜龙勿用**"。

[发展脉络线 1/6]：君子的"潜龙"阶段。

九二，见 ^{xiàn} 龙在田，利见大人。

注释：见，现。田，田地，地。大人，大人物。

爻辞学习法：[因果脉络]

君子经过前期的潜伏和奋斗，自身的德行、素养和学识得到了发展，不再是刚开始初出茅庐时候的娇弱形象，终于从默默无闻迎来了崭露头角，从而脱颖而出，跃出在世人面前，即"**见龙在田**"。但"小荷才露尖尖角"，君子依然是羽翼未丰，需要前人和高人的提携和指引方向，需要贵人相助的一臂之力，需要伯乐识人的独具慧眼，因此要"**利见大人**"。

[发展脉络线 2/6]：君子的"见龙"阶段。

九三，君子终日乾乾，夕惕若，厉，无咎。

注释：乾乾，警惕。夕，晚上。惕若，警惕的样子。厉，危险。咎，过错。

爻辞学习法：[因果脉络]

君子一直在勤奋努力，不停地鞭策自己，同时小心谨慎，保持着居安思危的状态，白天小心，晚上还小心，时时刻刻小心，即"**君子终日乾乾，夕惕若**"。为什么要这样做？因为"言多必失，行多必过"，因为人心叵测，因为众口难调，因为人心不古，所以"**厉**"。君子拼命地努力奋斗，就会把不努力的人、不行的人比下去，"人比人，气死人。"嫉妒会使人面目全非。但君子小心谨慎了，最终就会"**无咎**"，就会转危为安。

所以，君子既要低头努力奋斗，也要抬头观察左右。

[发展脉络线 3/6]：君子的"惕龙"阶段。

九四，或跃在渊，无咎。

注释：或，可能。渊，深渊。

爻辞学习法：[因果脉络]

君子终日努力，一刻不停地奋斗，始终在自强不息，就积攒了一定的实力，这时候就可以再进一步了，于是跃跃欲试，要往上攀登，向上飞跃。不试试怎么行呢？不试试怎么知道结果呢？于是君子开始了他的腾空一跃。这一跃，就开始了他的上升过程，开始了他的爬坡阶段，这时候他已经从深渊跃了出来，但又未完全脱离深渊，即**"或跃在渊"**。君子的这一跃最弥足珍贵，因为需要勇气，需要胆识，需要时机，需要果断，需要力量，缺少哪一个就会动力不足很快就要下坠，所以君子**"无咎"**，没什么可指责的。但就是这个跃升的阶段又是最未定的阶段，飞上，平步青云；跌下，万劫不复。是进退未明的时期，这个时期最紧张，最刺激，也是君子最战战兢兢的时刻。怎么办？君子必须全力以赴向上拼刺，最终的成功跃出，将全部依托于君子此前积累的实力。

[发展脉络线 4/6]：君子的"跃龙"阶段。

九五，飞龙在天，利见大人。

注释：飞，腾飞。

爻辞学习法：[因果脉络]

君子经过长期的奋斗，成功实现了自己的阶层跃升，已经脱离了深渊，飞到了天上，来到了"九五至尊"之界，即**"飞龙在天"**。这时候，君子的地位和名望随之而来，同时还有慕名而来的仰慕者和追随者。"高处不胜寒",身处"九五"之位的君子当然不能刚愎自用而成为孤家寡人,因为个人的智慧始终是有限的,而且达到了一定高度,更要广开言路,不然就会蒙蔽双眼,会跌回深渊。当君子个人强大起来的时候,也是到了需要组建团队的时候了。独木难支,只有团队的力量才是无穷大的,也才能保持住已获取的成就。所以,**"利见大人"**,君子到了"九五"之位,必须有德之人的辅佐,需要贤臣的智谋。

[发展脉络线5/6]:君子的"飞龙"阶段。

上九,亢龙有悔。

注释:亢,过度、极度。悔,悔恨。

爻辞学习法:[因果脉络]

君子继续向上飞,继续向前发展,到达了更高的高度,已经有点"高高在上"了,居高临下的姿态让君子开始有了亢奋,唯我为大,唯我独尊,舍我其谁,有了高傲,有了迷糊,开始目空一切,即**"亢龙有悔"**。这时候君子所处的高位无人能及,没人敢亲近,也无人能帮得了了,也因此君子就会无扶无助。人获得成就之后,总是会得意忘形,觉得自己了不起,从而**"有悔"**,所以人成功之后一定要抑制住亢奋的心。

[发展脉络线6/6]:君子的"亢龙"阶段。

用九,见群龙无首,吉。

注释:首,首领、领头。吉,吉祥、吉利。

爻辞学习法:[因果脉络]

"亢龙"的高高在上唯我独尊显然不可持续,为什么?因为要人尽其才,因为强中自有强中手,因为一山还有一山高,不可固步自封，不可三六九等，每个人都可以是龙。"王侯将相宁有种乎？"没有谁能独霸天下，否则将遭遇一人专断的独裁统治的黑暗时刻，这时候就不是为公了，而是为私，仅服务于独裁者一个人。因此，唯有尊重个体，不相信宿命论，才能迎来万箭齐发、百花齐放、百鸟争鸣的繁荣景象，也就是，每个个体都是"龙"，都可以是"首"，都能独当一面，又都能团结协作。这就是"**见群龙无首，吉**"

[**发展脉络线 0/6**]：君子的"群龙"阶段。

爻辞学习法（总结）：

"乾为天"卦主旨是讲"自强不息"，其六爻的因果发展脉络为：从初爻的"君子的'潜龙'阶段"，又到二爻的"君子的'见龙'阶段"，接着到三爻的"君子的'惕龙'阶段"，然后就到四爻的"君子的'跃龙'阶段"，再到五爻的"君子的'飞龙'阶段"，最后到上爻的"君子的'亢龙'阶段"，再最后到用爻的"君子的'群龙'阶段"。

2【坤卦 坤为地】☷ 厚德载物

《序卦传》里的坤卦："有天地，然后万物生焉。"

《序卦传》（因果关系）学习法：

乾卦乾为天，天是刚健和一刻不停运转的，因此君子要自强不息。但君子只有自强不息还不行，向前进的同时还要把控住前进的方向，不然偏离了路线和航线，就要误入歧途和南辕北辙，最终就会努力白费、适得其反、事倍功半，甚至会跌入路旁的深渊，乃至万劫不复。所以，光有努力和力气还不行，还要有前进的正确的方向的保证。什么样的方向是正确的？正确，唯有来自其中的"正"，也就是要有德。德即是道，道也即是德，是规律，是原理，是公义。无德，就会打一枪换一个地方，投机主义盛行，就会逐渐偏离主路，迷失在小偷小摸小径之中，从而脱离了正轨。有德，就会一直在正道上，大踏步前进，充满自信和充实地向前进，最终会到达终点，收获成功。

所以，君子有了乾卦的"自强不息"还不行，还需要坤卦的"厚德载物"。

有了自强不息和厚德载物，那么，君子就可以创造一切，正如天地创造万物一样。

卦辞：坤。元亨，利牝 ^{pìn} 马之贞。君子有攸往，先迷，后得主，利西南得朋，东北丧朋。安贞吉。

译文： 坤卦。元始，亨通，有利于像母马一样的贞正。君子有所前往时，如果争先走在前会迷路，如果跟随在后，则会找到主人，吉利。往西南方可以得到朋友，往东北方向则会丧失朋友。必须要安于贞正，才能吉庆。

卦辞学习法：

乾坤卦是"阴阳之根本，万物之祖宗"，乾坤两卦是64卦最特殊的两卦，乾坤不可分离，有天有地才有万物，缺一不可。乾是阳，至健，坤则是阴，至顺。因此，正如"**元亨利贞**"象征"春夏秋冬"，坤卦的"元亨利贞"具有了不同于乾卦的、母性的"牝马"的属性，坤卦是大地属性，古代大地上就牛、马最多，《易经》里也是描写到马为多，在大地上，在古代，无论是生产生活还是交通，都离不开马，所以，有了马，就相当于现在的"有房有车"，当然就是利贞，就是"**利牝马之贞**"，干啥事都方便了。

《易经》全篇都是在强调"君子"的，正如宫斗剧写的都是"皇上、太后娘娘"之类的，而从不会写老百姓一样，因此做大事情的，起示范、领导、带头作用的人物只能是"君子"，即"**君子有攸往**"，也只有君子才会有所作为，因为他学识渊博，超高于当时社会其他阶层。

坤卦就是为阴、为臣、为妻之卦，而乾卦则是为阳、为君、为夫之卦，所以要乾卦在先，坤卦在后，不能颠倒了顺序，不然就会"**先迷**"，而如果正了顺序，就自然而然会"**后得主**"。有了乾卦在前引路和指导，则得利益。为什么要乾先坤后？因为乾卦是"天行健"，乾卦有主张，能带领坤卦免于迷途。

在中国古代，包括现在也是，对于方位是固定的，不会乱动的，《礼记乡饮酒义》记载"天地严凝之气始于西南……天地温厚之气始于东北……"即西南属阴，坤是阴，在属于自己归属的地方是游刃有余、理直气壮的，名正言顺做事也顺，因此"**利西南得朋**"。东北则属阳，且坤卦最主要是"顺"，要以乾为主，服从于乾，所以在东北方，要"丧朋"，不能结党营私，即"**东北丧朋**"。

坤卦就是要像大地那样，安静、安定、贞正，而不是"狂野""招摇"，坤卦就是要有坤卦的样子，自然就"吉"，即"**安贞吉**"。

卦象：地势坤，君子以厚德载物。

译文： 坤卦是大地地理形态的象征，柔顺宽广。君子因此应当效法大地的深厚远大，培养优良品德，去载育天下万物。

卦象学习法：

坤为地卦，坤就是顺的意思，坤卦是大地地理形态的象征，大地虽然有高低起伏，但是整体形势还是西高东低，呈现出高低起伏、广袤澎湃同时又柔顺宽广的气势，即"**地势坤**"。

坤取象于地，大地是柔顺的，天圆地方，地是方的，地顺从于天，大地从而孕育万物、承载万物、包容万物。因此君子要向大地学习，胸怀宽广，宰相肚里能撑船，要修身厚德，即"**厚德载物**"。坤卦主要是讲"德"的。

爻辞：

初六，履霜，坚冰至。

注释：履，踩。

爻辞学习法：[因果脉络]

坤卦就是描写大地的，也因此，君子也行走在大地上。又因为坤卦是属于十二消息卦，主农历十月，这时候已到了深秋时节，大地已经上起了霜，这时候君子观察此象，不免感慨寒冷的冬季已然不远，即将来临，即"**履霜，坚冰至**"。一叶知秋，见微知著，从而未雨绸缪，预见于未见。

[发展脉络线 1/6]：初临深秋的大地。

六二，直，方，大，不习，无不利。

注释：直，方，大，正直、端方、宏大。习，习染。

爻辞学习法：[因果脉络]

站在上了霜的苍茫大地上，君子看到了平平直直的道路、方圆万里的原野以及广袤的大地，即"**直，方，大**"，即使之前对它们并不熟悉，即"**不习**"，也不会有什么不利之处，即"**无不利**"。苍茫大地给了君子以平静、充满和信心。

[发展脉络线 2/6]：环顾深秋的大地。

六三，含章，可贞，或从王事，无成，有终。

注释：章，文采，才华。贞，贞正、正道。王事，君王事业。终，善终。

爻辞学习法：[因果脉络]

大地之上有什么"**可贞**"的呢？当然是在大地上生长的万物特别是粮食等果实，即"**含章**"万物果实都被大地所含，所以，"**含章，可贞**"。有了收获，有了五谷丰登，才能继续交皇粮和服徭役，即"**或从王事**"。春华秋实，好像一年忙到头白忙活了，为官家做了嫁衣裳，即"**无成**"，但不忙更是不行，自己和家人需要生存，需要依赖大地的产出，大地终究是养活了自己和家人，即"**有终**"。

[发展脉络线 3/6]：丰收深秋的大地。

六四，括囊 ᶰᵃⁿᵍ，无咎，无誉。

注释：括，捆，束紧。囊，囊袋。誉，赞誉。

爻辞学习法：[因果脉络]

从深秋的大地上收获了粮食，装进了口袋，即"**括囊**"，运回了家，既上贡了公家，完成了任务，从而"**无咎**"，又自足了小家，但并没有多余多少了，也就"**无誉**"了。

[发展脉络线 4/6]：收获深秋的大地。

六五，黄裳，元吉。

注释：黄裳，黄色下衣。元，大。

爻辞学习法：[因果脉络]

回想这一年在大地上的所作所为，真的是面朝黄土背朝天，穿着粗布衣服，干着粗重的农活，衣服的颜色和大地的黄土地颜色融为了一体，衣服沾满了黄泥和黄色的枝草，即"**黄裳**"。劳动是光荣的，劳动也让人踏实，所谓"不食嗟来之食"，自己动手丰衣足食，才吃得香睡得安，因而最为吉祥，即"**元吉**"。

[发展脉络线 5/6]：劳动深秋的大地。

上六，龙战于野，其血玄黄。

注释：战，战斗。野，野外，原野。玄，青黑色。

爻辞学习法：[因果脉络]

丰收和收获之后的大地，一片坦途，一览无余，再也没有任何遮挡，这正是欣赏大地的最惬意时节。在空旷的大地之上，好似有无数的龙在争战，"**龙战于野**"。龙为什么要在大地之野上争战？"海阔凭鱼跃，天高任鸟飞。"有了空阔的地带，谁都要恣意奋发一番，龙也不例外。这些龙当然来自于乾卦的龙，它们浸染了大地，也涂染了天空，即"**其血玄黄**"。大地依然具有包容之心，容纳着天地万物，也承载着战于其上的龙。

[发展脉络线 6/6]：欣赏深秋的大地。

用六，利永贞。

注释：永，永久。

爻辞学习法：[因果脉络]

大地是最可依靠的，因为它深沉，因为它承载万物。同时，劳作于大地之上，也是充满了艰难和险阻，但仍然要坚持，必须要坚持，没有什么可以随随便便得来的。大地给了我们一切，也教会了我们一切，我们只有学习大地，要厚德载物，要永远贞正，即"**利永贞**"，才能幸福和胜利。

[发展脉络线 0/6]：依靠深秋的大地。

爻辞学习法（总结）：

"坤为地"卦主旨是讲"厚德载物"，其六爻的因果发展脉络为：从初爻的"初临深秋的大地"，又到二爻的"环顾深秋的大地"，接着到三爻的"丰收深秋的大地"，然后就到四爻的"收获深秋的大地"，再到五爻的"劳动深秋的大地"，最后到上爻的"欣赏深秋的大地"，再最后到用爻的"依靠深秋的大地"。

3【屯卦 水雷屯】☵☳ 万物始生

《序卦传》里的屯卦："有天地，然后万物生焉。盈天地之间者唯万物，故受之以屯。屯者，盈也。"

《序卦传》（因果关系）学习法：

乾坤之后的第一个卦就是屯卦，天地造万物，万物充盈于天地之间，地上跑的，天上飞的，土里长的，莫不如此。这些天地万物也是囤积于天地之间，盈满于天地之间，所以，乾卦坤卦之后就是屯卦。

屯卦也是万物始生，当然意味着新生、顽强和希望，也意味着脆弱、艰难和幼稚。

卦辞：屯。元亨利贞，勿用，有攸往，利建侯。

译文： 屯卦。具有元始、亨通、有利、贞正的品德。不易，有所前往，利于建功立业、建侯立君。

卦辞学习法：

万事开头难，屯卦就是讲各种"难"的，这种难，是事业刚开始的难，不是中间，也不是最后阶段，这种难，"前途未卜"，但却有"无限种可能"。水雷屯，雷在水下爆起，就像鱼雷在水下爆炸、爆竹在水下炸响那样，象征即将爆破喷发而出、水花四溅，向上的气势还是很足的。

屯，是乾坤天地产生的第一卦，也是象征着"新生力量"在向上爬的各种未知和艰难，但新生力量犹如"早晨八九点钟的太阳"，

"新生力量"是最有前途的，所以，**"元亨利贞"**，未来必将"破土而出"，从而茁壮成长。

屯卦代表的是新生力量，《序卦传》里讲"屯者物之始生也"，这时候是力量最弱小的时候，也是经验最不足的时候，根基都没扎牢，没有大本营、根据地，肯定不能乱动，所以是**"勿用"**，不要四处出击，能力有限。但此时不动并不是一直不动，只是此时时机还不成熟，但未来等成长起来了，还是要行动的，即还是要**"有攸往"**。

处于屯卦之时，一切都是新生的，全新的，百业待兴，这个时候要干什么？这个时候正是打基础、扎牢根基、"高筑墙，广积粮，缓称王"的时候，就是积累力量实力、巩固根据地的时候，就是建功立业的大好时候，就是**"利建侯"**。"万丈高楼平地起""不积跬步无以至千里"，雄心壮志、称王称霸的想法就是在"屯"时可以确立的，不能等到"垂垂老矣"再想起来去**"建侯"**，那就晚了。所以屯卦作为"物之始生"，立下**"建侯"**之志，是最合适的时机，是有利的。

卦象：云雷屯，君子以经纶。

译文：上云下雷，这是屯卦的卦象。君子处在这样的情况，要用屯卦作为指导，要去治理国家，经略天下大事。

卦象学习法：

水雷屯卦，水即是云，云，就是水汽上升到天空，凝结成云蓄积在一起，但云还没下雨，将雨未雨，就还是云，云下成雨了就立马变成水了。云还没下雨，似乎条件还不成熟，有困难之处，也说明还在酝酿、准备阶段，因此屯卦就是囤积、蓄势阶段。而"雷"是震动、行动的寓意，整体卦象就是乌云滚滚、雷声大作，就要下大雨的征兆，但"雷声大，雨点小"，就是下不下来雨，只是在造势。所以，屯卦是积蓄、酝酿阶段，积累实力，即"**云雷屯**"。

水雷屯，作为水汽上升的云就是不下雨，一直在酝酿，在造势，在筹划，在蓄势待发。"初生牛犊不怕虎"，作为初生的屯卦已经积攒了、筹划了，以图大干一番事业。从古到今，君子有了实力，都图建功立业，做一番留名千古的事业。"满腹经纶"，说的就是那些有大志向的君子英雄人物他们的"运筹帷幄之中，决胜千里之外"的高瞻远瞩、放眼寰宇的气概。造势是为了什么？筹划又是为了啥？就是为未来做好规划，所谓"凡事预则立，不预则废"，"**君子以经纶**"就是这个意思。

爻辞：

初九，磐 ᵖᵃⁿ 桓 ʰᵘᵃⁿ，利居贞，利建侯。

注释：磐，大石头。桓，恒，恒心。建侯，建功立业。

爻辞学习法：[因果脉络]

屯卦，初生，就像大石头一样充满着坚定、闲庭自若和自信，"**磐桓**"，将来必将是国家的栋梁之才，当然也就充满着希望，也就要坚守住，守正住，"**利居贞**"，这样才有利于进一步建功立业，展现一番抱负，"**利建侯**"。

[发展脉络线 1/6]：万物的坚如磐石。

六二，屯如，邅 ᶻʰᵃⁿ 如，乘马班如，匪寇，婚媾 ᵍᵒᵘ。女子贞不字，十年乃字。

注释：屯，聚集。如，……样子。邅，回旋不前。班，原地打转。匪，非。婚媾，求婚。贞，守正。不字，不嫁。

爻辞学习法：[因果脉络]

屯卦是根正苗红的，也因此，第一次前来，难免羞赧客气，扭捏做样，骑着马在那一会儿向前，一会儿向后，又忽左忽右的，让人以为是来做坏事的盗寇，其实不然，是来提亲的，**"屯如，邅如，乘马班如，匪寇，婚媾"**。女子起了疑心，真金不怕火炼，还是要考验考验才行，于是十年之后再说，**"女子贞不字，十年乃字"**。

[发展脉络线 2/6]：万物的初次见面。

六三，即鹿无虞，惟 ^{wéi} 入于林中。君子几，不如舍，往吝。

注释：即，追逐。虞，虞官，掌管田猎的官。惟，同"唯"，只有。几，追赶、谋求。舍，舍弃、放弃。往，前往。

爻辞学习法：[因果脉络]

碰了一鼻子灰之后，君子返回途中无所事事，看到了奔跑的鹿，立刻来了打猎的兴致，于是在没有向导的情况下一通乱追，鹿跑进了林子里去了，**"即鹿无虞，惟入于林中"**。这时候要不要继续追？不行，因为没有向导，人生地不熟的，迷了路，天要黑了，就不好办了，树林里可不敢保证什么没有什么有的，那就会有危险了，**"君子几，不如舍，往吝"**。

[发展脉络线 3/6]：万物的打道回府。

六四，乘马班如，求婚媾。往吉，无不利。

注释：班，原地打转。婚媾，求婚。往，前往。

爻辞学习法：[因果脉络]

骑着马再次前来求婚配，依然是转来转去，**"乘马班如，求婚媾"**。此时已经脱去了初次来的害羞客气，多了份沉稳自信，也多了份诚意，这样前来，怎能不会吉利呢？会无所不利，**"往吉，无不利。"**

[发展脉络线 4/6]：万物的再次前来。

九五，屯其膏，小贞，吉，大贞，凶。

注释： 膏，肥膏、肥肉、财力。

爻辞学习法： [因果脉络]

为了求得婚配，准备了丰厚的聘礼，"**屯其膏**"，但娶回家之后要小的严厉，这样才能吉利，而不能要大的严苛，不然就会凶险，"**小贞，吉，大贞，凶**"。

[发展脉络线5/6]：万物的求偶成功。

上六，乘马班如，泣血涟^{lián}如。

注释： 班如，徘徊不前。泣血，眼睛哭出血。涟如，直流。

爻辞学习法： [因果脉络]

终于抱得美人归，兴奋地再次骑着马转着圈，"**乘马班如**"。这次是喜悦的转圈圈，人生大事圆满，还有比这更让人开心和幸福的吗？所以，情到深处，必然是眼睛都哭肿了，哭出了血，眼泪直流，"**泣血涟如**"。从此相拥相爱在一起。

[发展脉络线6/6]：万物的相拥相爱。

爻辞学习法（总结）：

"水雷屯"卦主旨是讲"万物始生"，其六爻的因果发展脉络为：从初爻的"万物的坚如磐石"，又到二爻的"万物的初次见面"，接着到三爻的"万物的打道回府"，然后就到四爻的"万物的再次前来"，再到五爻的"万物的求偶成功"，最后到上爻的"万物的相拥相爱"。

4【蒙卦 山水蒙】䷃ 摆脱蒙昧

《序卦传》里的蒙卦："屯者，物之始生也。物生必蒙，故受之以蒙。蒙者，蒙也。"

《序卦传》（因果关系）学习法：

屯卦是初生，初生必然是懵懵懂懂的，是蒙昧未开的，是幼稚的，因此就要开化和启蒙，也就是屯卦之后是蒙卦。反之，物之初生，不接受启蒙又会怎么样？当然就是处处碰壁，事事有碍，每每遇挫，因为什么都不懂，不可能不走弯路。更可怕的是，如果受了"近墨者黑"的污染，那就要误入歧途了。

卦辞：蒙。亨。匪^{fěi} 我求童蒙，童蒙求我。初噬^{shì} 告，再三渎^{dú}，渎则不告。利贞。

译文：蒙卦。亨通。不是我去求蒙童来受教，而是蒙童来求问于我。初次来时真诚的求教，便告知他。但如果一而再再而三地来滥问烦扰，便有对先生亵渎的意思，就不再告知他。利于坚守正道。

卦辞学习法：

蒙，就是讲"蒙昧，启蒙"的，是讲教育的，"百年大计，教育为本"，教育是最有价值的事业，所以必"亨"。

教育强调勤奋、礼貌求教，而不是傲慢娇气等人来教，从古到今，都是尊师重教，学生主动去求教老师，最著名的故事就是"程门立雪"，所以"**匪我求童蒙，童蒙求我**"。求学者的态度最为重要，必须要主动去求教，而不是让别人牵着鼻子走，不然就没有了对老师的敬畏之心，甚至开始有了亵渎之心，乃至离经叛道。

向人请教，心必须要诚，不能带有半点试探、挑衅、不恭不敬的成分，更不能乱问，老师一般都是有"传道授业解惑"的职业感，对于初次登门求教的，都是会告诉，"**初噬告**"；但是对于心不诚的则会有所保留，而对于反复挑衅亵渎的，则"**再三渎，渎则不告**"。

教育的事情，"误人子弟"是最大的罪过，所以不可随意为师，称职了，达到为"师"的标准了，才可"到处讲课、教人做事"，即教育要"**利贞**"，要坚持传授的是正道的、正确的东西。

卦象：山下出泉，蒙。君子以果行育德。

译文：就像山下冒出泉水，这就是蒙卦的卦象。君子要学习蒙卦，行动要果断，要养育德性。

卦象学习法：

山水蒙卦，蒙卦的结构是下卦为坎为水，上卦为艮为山，按照看卦次序，是从下往上看，因此蒙卦的象，首先遇到的是坎水，遇险了；再次前进，则又遇艮山，遇水拦腰、遇山挡路，山间水汽蒙蒙，看不到半米远。整个山水迷境使得人围困在中间，进退不得，犹如"不识庐山真面目，只缘身在此山中"，人好像被蒙蔽了双眼，不知所从，所以叫作"**山水蒙**"。

为什么叫"**山下出泉**"而不是"山下出水"呢？因为泉是水之源，是纯净的，泉水可怡养人，味甘形美，泉水也是智慧的象征，泉水的涌出、冒出，象征启发智慧、大彻大悟，就会赶走蒙昧，智慧就会"取之不尽，用之不竭"，这是"**蒙**"的最高境界：从蒙昧到启蒙到大彻大悟的升华。

人生的"蒙"，是需要自己身体力行去破除，也需要领路人的"指点迷津"。启蒙、教育、成长需要"行动派"，最怕"空想家"。"纸上得来终觉浅，绝知此事要躬行"，知识和智慧需要学习和掌握，要学习、领会，然后实践，才能获真知，要"知行合一"，即"**果行**"。同时还要像泉水那样，保持学习过程中的纯洁的德性，心中带着"德"去学，即"育德"。因为从屯卦进入到蒙卦，相当于从单纯的初生牛犊进入了社会大学校，或者说社会大染缸，难免沾染污邪之气之物。这样才能保证学到真知识、真智慧，而不会走入"邪门歪道"。所以，**"君子以果行育德"**。

爻辞：

初六，发蒙，利用刑人，用说桎^{zhì}梏^{gù}，以往吝。

注释：发，启发。蒙，启蒙、开窍。刑人，牢狱之人。说，脱。桎梏，刑具、枷锁。以往，过往。

爻辞学习法：[因果脉络]

蒙昧需要启发，而且是启发的越早越好，**"发蒙"**，但纯说教作用甚微，最好的启发蒙昧就是举例子、列数据、做对比，就是拿一些好的和不好的事例来讲解来教育，**"利用刑人"**，这样就会起到震慑遏止效果，让受教者害怕，从而不去犯事犯错误，也就远离了惩戒，**"用说桎梏"**。但对蒙昧之人的启发教育并不能确保万无一失，总有不听劝的鲁莽行事，那么就会等来惩罚和教训，**"以往吝"**。

[**发展脉络线 1/6**]：蒙昧的启发要举例。

九二，包蒙，吉。纳妇，吉。子克家。

注释：包，包容。纳，接纳。妇，妇人。子，子民。克，克服。

爻辞学习法：[因果脉络]

对于蒙昧，要包罗万象地去学习去受教，**"包蒙"**，这样才能更快进步，才吉利，**"吉"**。在此情景下，再去接纳妇人的蒙昧，迎娶妇人进门，成家立业，**"纳妇"**，就顺理成章了，就吉利了，**"吉"**。这时候就可以在家里独当一面了，可以当家了，**"子克家"**。

[**发展脉络线 2/6**]：蒙昧的包罗要万象。

六三，勿用取女，见金夫，不有躬。无攸利。

注释：取，娶。金夫，有钱人。躬，身躯、尊严。攸利，好处。

爻辞学习法：[因果脉络]

并不是所有的蒙昧的妇人都要包容和接纳，对于那些见钱眼开、见利忘义甚至愿意失身的妇人，就要警惕，就要摒弃，**"勿用取女，见金夫，不有躬"**。对这种蒙昧的妇人的教育和接纳，没有利益，**"无攸利"**，因为她们去除蒙昧的出发点主要是逐利，是自私，而不是利他。

[发展脉络线 3/6]：蒙昧的抉择要正义。

六四，困蒙，吝。

注释：困，困住。

爻辞学习法：[因果脉络]

但有的人的蒙昧并没有得到幸运的启发和去除，原因比如是来自于个人的固执，也可能来自于始终没有遇到好的指路之人，导致个人的蒙昧一直不能得到解除，把自己困在了蒙昧之中，**"困蒙"**。长此以往，将会越加蒙昧，寸步难行，困难重重，**"吝"**。

[发展脉络线 4/6]：蒙昧的困住要倒霉。

六五，童蒙，吉。

注释：童，儿童。

爻辞学习法：[因果脉络]

而从一开始就接受了教育的儿童，则是最幸运的，**"童蒙，吉"**。因为他及时接受到了良师的教导和圣贤的智慧，将会如虎添翼、茁壮成长，从而前程一片光明。

[发展脉络线 5/6]：蒙昧的开导要趁早。

上九，击蒙，不利为寇，利御寇。

注释：击，击打，攻击。寇，敌寇。

爻辞学习法：[因果脉络]

对于有些人的蒙昧就是顽固不化，对其的挽救就要采取猛烈的手段，就要敲打他，甚至痛击他，让他幡然醒悟，**"击蒙"**，但就算用上这样的激进和暴力手段，也还是要把握个度，掌握住分寸，本来是挽救的，不能用力过度，把他打蒙了，把他推向了更糟糕的蒙昧愚蠢层面。也就是说，要启蒙他，要让他远离不好的，而不是挤迫他变成了不好的，即**"不利为寇，利御寇"**。治病救人，而不是有病乱投医让对方更加的病入膏肓。

[发展脉络线 6/6]：蒙昧的挽救要适度。

爻辞学习法（总结）：

"山水蒙"卦主旨是讲"摆脱蒙昧"，其六爻的因果发展脉络为：从初爻的"蒙昧的启发要举例"，又到二爻的"蒙昧的包罗要万象"，接着到三爻的"蒙昧的抉择要正义"，然后就到四爻的"蒙昧的困住要倒霉"，再到五爻的"蒙昧的开导要趁早"，最后到上爻的"蒙昧的挽救要适度"。

5【需卦 水天需】䷄ 饮食之道

《序卦传》里的需卦："蒙者，蒙也，物之稚也。物稚不可不养也，故受之以需。需者，饮食之道也。"

《序卦传》（因果关系）学习法：

屯卦的万物始生又加上蒙卦的蒙昧，必须尽快成长壮大成熟起来，这就离不开饮食之道，即不断地从外界摄取营养和能量，所以蒙卦之后，就到了需卦。需卦是饮食之卦，也是等待之卦，因为"一天吃不成胖子"，要耐心等待，要慢慢成长，须知"十年树木，百年树人"，"揠苗助长"是坚决不可行的。

卦辞：需。有孚，光亨，贞吉。利涉大川。

译文：需卦。有诚信，前程光明、亨通，坚守贞正就会吉祥。有利于涉水通过大川。

卦辞学习法：

需卦，水天需，上卦是坎水卦，下卦是乾天卦，像波涛汹涌在天上，这时候不得不冷静、等待，有再多的劲头和着急都不能冒进。天上的水就是云彩，也是没有下雨的征兆，仍然需要的是等待。等待可不是轻快差事，需要耐心，更需要信心，不然急躁之人早就一拍桌子拍拍屁股走人了，所以要"**需。有孚**"。

做到了耐心和信心就没有多大问题了，能耐心等待的人，都是前途光明、能做大事的人，就会"**光亨，贞吉**"。而没有耐心和信心，就如热锅上的蚂蚁，必然是坐不住的，也就没有了等待，就会急冲冲地冲锋陷阵，必然是损兵折将、丢盔弃甲。因此，需卦最重要的就是"**有孚**"。等待之时，有耐心和信心，就有了"运筹帷幄之中"的环节，因为会等待的人，就是那种具备了超强的心理素质，知道在最关键的时刻，才会抬脚作"临门一脚"，才会拿起画笔"画龙点睛"，是具备高修养、高素质的，那必然可以"决胜千里之外"，也就是"**利涉大川**"，毫无问题。

卦象：云上于天，需。君子以饮食宴乐。

译文：云气升到了天上，这就是需卦的卦象。君子从需卦中得到启示，要饮食宴乐。

卦象学习法：

水天需卦，需卦的上卦是坎为水，下卦是乾为天，所以是"**云上于天**"。乾为君子大人，乾君子向前进则头顶上遇到了坎险，君子遇到了险要怎么办呢？唯一的正确做法就是"**需**"，等待。就相当于突然下大雨了，要暂时找个地方避一避雨，等等再走。所以"**云上于天，需**"。需，就是等待的意思。

从卦象上，"**云上于天**"，为什么不说雨或水呢？也是水汽上升到高空中，还未下雨，就是"乌云密布"，要下雨就要"翘首以待"。

等待不是消极厌世的等待，不能无所事事地等待，"机会是留给有准备的人"，要"养精蓄锐"。等待是最消耗人的体力和精力的，因此君子这时候就要吃好饭、锻炼好身体、陶冶情操、娱乐放松、心态放好、劳逸结合，以静待动，即"**君子以饮食宴乐**"。对了，再听个小曲。千万不能茶不思、饭不想，心怀"出师未捷身先死"的忧虑，而把身体搞垮了，却忘了"身体是革命的本钱"。只有"留得青山在，不怕没柴烧"的"等待"战略，才能等来"时来运转"和"笑到最后"。

爻辞：

初九，需于郊，利用恒，无咎。

注释：需，驻扎、等待。郊，郊野。恒，恒心。

爻辞学习法：[因果脉络]

需卦就是关于饮食之道的，饮食从哪儿来？还不是要靠"自己动手，丰衣足食"，要靠自己去竞争去获取。从哪获取？绝不是家里，而是要从外面获取，也就是野外。于是，君子走出了家门，首先是来到了郊野，在此等待，**"需于郊"**。作为食物的猎物并不会随叫随到，所以要耐心等待，也就是要有恒心，即**"利用恒"**，等待，等待，等待着机会，等待着猎物，等待并不是白白等待，而是有目的的等待，所以没有什么错误，即**"无咎"**。

[发展脉络线 1/6]：为了获取饮食，在郊野等待。

九二，需于沙，小有言，终吉。

注释：沙，沙地、沙滩。有言，埋怨。

爻辞学习法：[因果脉络]

在郊野并没有等到猎物和饮食，于是继续前进，遇到了一条河，来到了河边的沙地上，河里当然有饮食的可能，鱼啊虾啊蚌啊螺啊之类的，于是就在河边沙地等待，**"需于沙"**。但沙地毕竟是沙地，沙子上层是干的，但因为挨着河水，沙子下层却饱含水分，一踩上去就往下陷，这不仅站不稳还让人感觉到危险，总是疑神疑鬼的不安全，**"小有言"**。好在毕竟是离河边有点距离的沙地，并不能怎么样陷落多深，没有状况，**"终吉"**。

[发展脉络线 2/6]：为了获取饮食，在沙地等待。

九三，需于泥，致寇至。

注释：泥，泥泞、淤泥。致，导致。

爻辞学习法：[因果脉络]

由于站在沙地上还是离河边有点距离，不能近距离看清河里的鱼虾蚌螺的情况，于是又向前走近了，来到了河岸边，踩在了湿泞的泥地上，在泥泞地带等待，**"需于泥"**，翘首以盼河里最好是鱼草丰美。此刻脚旁就是河水，"常在河边走，怎能不湿鞋？"这时候就是立于危险之地了，稍一不慎就会把鞋弄湿，这还是好的，再一不小心，滑落水中就麻烦大了，会不会游泳是一回事，河里有没有水怪猛兽又是一回事。总之这时候就是找麻烦的时候，这时候就不是向河里索取饮食了，而是反过来河里索取君子为饮食，也就是要么溺水，要么被洪水猛兽吞掉，被它们拖走了，此时，它们是强盗是贼寇，即"**致寇至**"。

[发展脉络线 3/6]：为了获取饮食，在泥地等待。

六四，需于血，出自穴。

注释：血，血泊，象征河水。穴，巢穴、老巢。

爻辞学习法：[因果脉络]

但是不冒险又不行，临渊羡鱼是没用的，必须要勇敢地下水。不下水，不下海，鱼虾又不会自己蹦上来给你当饮食。于是，下到了河里，即"**需于血**"。这时候，河水里的鱼虾蚌螺全被惊动了，纷纷从先前躲藏水里的水草、洞穴、石缝里四散奔逃了出来，"**出自穴**"。

[发展脉络线 4/6]：为了获取饮食，在河里等待。

九五，需于酒食，贞吉。

注释：酒食，美酒和美食。

爻辞学习法：[因果脉络]

鱼虾蚌螺在河里四处乱窜，但功夫不负有心人，总有漏网之鱼，最终得到了渔获，有了饮食，所以可以安于享受饮食，即"**需于酒食**"，一切大好，一切安好，一切来自于耐心等待和信心，所以"**贞吉**"。

[发展脉络线 5/6]：获取到了饮食，在饮食等待。

上六，入于穴，有不速之客三人来，敬之，终吉。

注释： 穴，穴居、老巢。不速之客，不请自来客人。三人，是约数，很多。

爻辞学习法：[因果脉络]

获取到了饮食，还要把饮食在家中储存起来，**"入于穴"**。这时候饮食要不要分享？有了饮食，必然会有人来纷争，即**"有不速之客三人来"**。怎么办？是**"抗拒从严"**？拒绝了从而招来激烈反抗。还是**"坦白从宽"**？稍微分点饮食，施点小恩小惠，**"敬之"**，从而让对方有了"滴水之恩涌泉相报"的感恩之心和愧疚之感，必然会离去，最终会相安无事，即**"终吉"**。

[发展脉络线 6/6]：获取到了饮食，在家中等待。

爻辞学习法（总结）：

"水天需"卦主旨是讲"饮食之道"，其六爻的因果发展脉络为：从初爻的"为了获取饮食，在郊野等待"，又到二爻的"为了获取饮食，在沙地等待"，接着到三爻的"为了获取饮食，在泥地等待"，然后就到四爻的"为了获取饮食，在河里等待"，再到五爻的"获取到了饮食，在饮食等待"，最后到上爻的"获取到了饮食，在家中等待"。

6【讼卦 天水讼】☰☵ 做事谋始

《序卦传》里的讼卦："需者，饮食之道也。饮食必有讼，故受之以讼。"

《序卦传》（因果关系）学习法：

有了饮食，就有了各种食物，"不患寡而患不均"，那么问题就来了，谁都想要食物，谁都想多要食物，可是到底怎么分配呢？是心平气和的你一块我一块他一块的平均主义，还是一哄而上你争我夺呢？无论怎么分，谁都想多分，总是有人不满意的，所以就有了争执，也就有了争讼。所以，需卦之后是讼卦。

卦辞：讼。有孚窒惕，中吉，终凶。利见大人，不利涉大川。

译文：讼卦。有诚信被滞塞的象征，需要警惕。中和中止会是吉祥的，如果坚持争讼到终，会有凶险。利于见大人物，不利于涉渡大川。

卦辞学习法：

讼，就是争讼、打官司的意思。讼，就是涉及两方的争斗问题，必然是有诚信被破坏的现象发生了，就是为了利益而"背信弃义"，不然都按部就班，说到做到，就不会闹官司了，所以就是"**有孚窒惕**"，有诚信被堵塞了。

诉讼这种事，只有经历过了，就会明白，纠缠于其中，是长期的拉锯战，耗时耗力，有时候虽然没有金钱损失，但投入的时间也是"钱"啊，现在人最耽误不起的就是时间，最没有的就是时间，因此最好双方协商一致，及时握手言和，不然死磕到底，赢了的一方，也赔进去了大把其他成本；而输了的，也不见得拖到最后能有什么额外好处、意外惊喜出现，即"**中吉，终凶**"，中止才会吉利，闹到最后都凶险，"各退一步，海阔天空"。

有争讼了，"公说公有理，婆说婆有理"，必须要请一个第三方主持公道才行，什么样的第三方才能让争讼双方都信服？才能做到"一碗水端平"？只能是德高望重的"大人"，需要大人来断案，即"**利见大人**"。

争讼的事情，最好不要闹大，大事化小，小事化了，尽快结束，而不能无限制地扩大，否则一直纠缠在争讼之中，哪都去不了，什么事情都干不成，整个人都陷入了争讼事情中，是非常不利的，**"不利涉大川"**。

卦象：天与水违行，讼。君子以作事谋始。

译文： 天和水反向而行，这就是讼卦的卦象。君子因此做事要提前谋划好，做事的成败在于开始的谋略。

卦象学习法：

天水讼卦，讼卦是上卦为乾天，下卦为坎水。天是高高在上的，水是在下、是往下流的；天体又是自东向西运转的，而水却是自西向东流（中国情况，易经是中国的）。二者总是相违而行，这样就会产生争讼，即**"天与水违行，讼"**。有违背了就会产生争端，那这个争端是现在才产生的吗？当然不是。

有了争讼，原因在哪里？还是一开始没谈好，遗留下了问题，一出现问题，那就是都觉得自己有理，都想为自己好。但从古至今，任谁遇到诉讼之事，都是头大的事情，烦得很，没有谁想打官司，耗时耗力，啥事都干不成了，"官司缠身"就是这个意思。打赢了，最多保本；打输了钱财有损，心情还搞得乱糟糟的，你说是不是？因此，一旦出现了争讼，在最开始就要赶快把它化解掉，不要恋战，更不要"持久战"，须知讼事是要耗钱的。或者为避免讼事，一开始就要做好打算，不要把什么都想得太好，要"白纸黑字"先说好，"先小人后君子"，所以，还是要"丑话说在前头"，即**君子以作事谋始**"，只有如此，才能有备而无患。

爻辞：

初六，不永所事，小有言，终吉。

注释：永，永久、长久。有言，怨言。

爻辞学习法：［因果脉络］

争讼的事情最好不要长久纠缠下去，**"不永所事"**，做出些让步。虽然这样做，自己会有些反抗，小有争辩，**"小有言"**，但因为是让步了，最终是吉利的，**"终吉"**。

［发展脉络线 1/6］：不要纠缠于争讼。

九二，不克讼，归而逋^{bū}，其邑人三百户，无眚^{shěng}。

注释：克，战胜。逋，逃跑。眚，灾难。

爻辞学习法：［因果脉络］

一旦是在争讼中吃了败仗，就要马上逃跑回归家乡，躲藏起来，放低姿态，**"不克讼，归而逋"**，那么，家乡的其他人就不会受到牵连，**"其邑人三百户，无眚"**，因为你都逃跑了，认输了，服软了，别人还想怎么样啊？

［发展脉络线 2/6］：争讼输了，要马上逃开，以不连累无辜。

六三，食旧德，贞，厉，终吉。或从王事，无成。

注释：旧德，传统道德、乡规民约。王事，公差、公事、朝廷为官。

爻辞学习法：［因果脉络］

在争讼中吃了败仗，就要开始尝试按照传统道德、乡规民约来谈判，**"食旧德"**，能让步就让步，坚持这样的"息事宁人"的态度，才会**"贞"**。但可能会引起对方的"得寸进尺"和"变本加厉"，**"厉"**，但最终是有利于达成妥协的结果，有利于尽早脱身，**"终吉"**。但这种处理争讼的方式，不能适用于在公家办事，**"或从王事，无成"**，因为公家要以身作则、公正严明，不容许有半点打折扣、走人情、商量的余地。

[发展脉络线 3/6]：争讼的处置，还可以尝试用民俗旧德来谈判妥协。

九四，不克讼，复既命，渝，安贞吉。

注释：克，克服、战胜。复，复返。既，已发生。命，认命、服从。渝，让步、改变。

爻辞学习法：[因果脉络]

按照乡规民约的方式来处置也不奏效了，而且依然避免不了对方的争讼，再次的输了争讼，"**不克讼**"，那就要就势"顺水推舟"，从了对方，"**复既命**"，做出让步，"**渝**"。这样就免于继续陷入持久不断的争讼之中，就"**安贞吉**"了。

[发展脉络线 4/6]：争讼输了，就认输，及时了结。

九五，讼，元吉。

注释：元吉，大吉。

爻辞学习法：[因果脉络]

对方还一而再再而三的争讼、骚扰，欺人太甚，那就退到墙角了，就不能再退步，就果断应战，集中一切火力与之争讼，"**讼**"，"破釜沉舟""决一死战"，而且这时候遇到了有德和中正的大人来主持公道和正义，明断是非曲直，所以就会有意外惊喜，获得大胜利和大吉利，即"**元吉**"。

[发展脉络线 5/6]：迫不得已必须争讼，那就争讼到底，直到胜利。

上九，或锡 ˣⁱ 之鞶 ᵖⁱⁿ 带，终朝三褫 ᶜʰⁱ 之。

注释： 锡，通"赐"，赏赐。鞶带，腰带，指显贵官服。朝，朝廷。三，数次。褫，剥夺、收回。

爻辞学习法：[因果脉络]

争讼胜利了，追回了本该属于自己的东西，得到了战利品，如同朝廷赏赐了显贵官服，"**或锡之鞶带**"。但是争讼毕竟是"杀敌一万，自损三千"，就如朝廷赏赐了显贵官服，"**或锡之鞶带**"，但却多次训斥你，把官服一天之内收回来了好几次，"**终朝三褫之**"，有如"赢了官司，却输了人品""虽胜犹败"。争讼打赢了，但后遗症实在是太多，有得还有失，有时候是得不偿失。

[发展脉络线 6/6]：争讼虽胜犹败。

爻辞学习法（总结）：

"天水讼"卦主旨是讲"做事谋始"，其六爻的因果发展脉络为：从初爻的"不要纠缠于争讼"，又到二爻的"争讼输了，要马上逃开，以不连累无辜"，接着到三爻的"争讼的处置，还可以尝试用民俗旧德来谈判妥协"，然后就到四爻的"争讼输了，就认输，及时了结"，再到五爻的"迫不得已必须争讼，那就争讼到底，直到胜利"，最后到上爻的"争讼虽胜犹败"。

7【师卦 地水师】▤ 师出有名

《序卦传》里的师卦："*讼必有众起，故受之以师。师者，众也。*"

《序卦传》（因果关系）学习法：

讼卦还是动嘴皮子，但当吵架吵得不可开交解决不了问题的时候，必然就要动手动脚了，就是兴师动众了，就到了师卦。

卦辞：**师。贞，丈人吉，无咎。**

译文：师卦。守持正道，以有谋略贤明长者为统帅，就会吉祥，没有灾祸。

卦辞学习法：

师卦，就是讲军事的、兴兵打仗的事情。"师出有名""得道多助，失道寡助"，打仗最重要的是要做正义之师、做正义之事，是为国为民的，而不是为了烧杀劫掠，所以"**师**"的第一要务，就是"**贞**"，要正义、在正道上。不然"不义之师"会群神共愤、天下共诛之。

军队需要绝对的优秀的德高望重的将领来领导才行，即"**丈人吉**"，"领头羊"很重要，"纸上谈兵"的领导，只会带偏了队伍，战略战术失误，可不是闹着玩的，因为战场上都是真刀真枪，容不得开玩笑。有了"**丈人**"，才会"**吉**"，才能"**无咎**"。正是"三军易得，一将难求"，将帅太重要了。

卦象：**地中有水，师。君子以容民畜众。**

译文：地中蓄藏着水，便是师卦的卦象。君子要效法师卦，要容纳人民、畜养兵众。

卦象学习法：

地水师卦，师卦上为地，下为水，即地下蕴藏了大量的水，就是"地下水"非常丰富，水与地紧密地融合在一起，大地像国家母亲一样，水就像蕴藏在广袤大地的民众、军队，不"显山露水"，就像军事一样，绝对不能让你知道我的底细，我的底牌，不能让你清楚看到我的战力、我的战争资源、我的兵力配置，这些都是秘密地隐藏在地下，不能摆上台面的军事机密！所以叫"**地中有水，师**"。

师卦描绘了真实的兵法，即要"平时为民，战时为兵"的状态，造就了"召之即来，挥之即去"的便利性，也是强调军事斗争要隐蔽、要欺敌。也是一种备战状态，战争是需要动员广大民众和战争战备资源的，这些不会凭空而来，要靠一国的经济实力和民变为兵的速度。平时安居乐业，一到战时，则锄头变枪炮、便装变军装，汽车厂变身为坦克厂，那就雄师百万，可以横刀立马了。这种平时"歌舞升平""老虎不发威，当我是病猫"般的"隐君子"，才是最可怕的。他是"藏兵于民"，他能瞬间爆发出高于平时百倍千倍万倍的战力，哪个敌人不发抖还敢轻易挑衅呢？所以作为统帅的君子，当知这些的重要性，就要畜养人民，聚合人民，寓兵于民，兵民一体，即"**君子以容民畜众**"。

爻辞：

初六，师出以律，否臧凶。

注释：律，军纪。否，否则、不。臧，好、善。

爻辞学习法：[因果脉络]

军队出兵行军打仗，必须要有严明的军纪纪律，"**师出以律**"，否则的话，如有军纪涣散，不守纪律，"**否臧**"，就会有凶险，军队就会有吃败仗的危险，"**凶**"。

[**发展脉络线 1/6**]：军队行军打仗，要军纪严明。

九二，在师中，吉，无咎，王三锡命。

注释：师，军队。王，君王。锡，赏赐、委任。

爻辞学习法：[因果脉络]

军队出兵行军打仗，将帅必须要跟随大军一起行动，要在军中坐镇指挥，"**在师中**"，这样才能对战场瞬时情况实时了解，能够根据战场形势随时和及时调度指挥，做出正确指令，也能稳定军心，才能"**吉，无咎**"。这样的将帅，指挥得力，于是会得到君王的信任，会得到更多的作战命令授权和犒赏，"**王三锡命**"。

[发展脉络线 2/6]：军队行军打仗，将帅要坐镇指挥。

六三，师或舆 ^{yú} 尸，凶。

注释：或，可能，犹豫。舆，运载。

爻辞学习法：[因果脉络]

军队出兵行军打仗，打仗是难免不了要死人的。为什么会死人，许多情况下就是将帅指挥的时候犹豫了，判断失误了，"**师或**"，招致惨败，导致死人太多，达到了用车拉的程度，"**舆尸**"，那说明军队打仗遇到了猛烈的抵抗，军队伤亡惨重，这样必然是遇到了强敌，因而凶险，"**凶**"，就要考虑改变战略战术了。

[发展脉络线 3/6]：军队行军打仗，死人太多，那就是遇到凶险了。

六四，师左次，无咎。

注释：左次，退后、撤退。

爻辞学习法：[因果脉络]

军队出兵行军打仗，一旦遇到死了太多人，久攻不下，战场形势非常严峻，那是遇到强敌了，那就要审时度势，就要明智地见机行事，改变战略战术，赶快把军队撤下来，向后退却，"**师左次**"，这样就会减少伤亡，保存实力，是明智之举，所以"**无咎**"。

[发展脉络线 4/6]：军队行军打仗，形势不妙，就要赶快撤军。

六五，田有禽，利执言，无咎。长子帅师，弟子舆尸，贞凶。

注释：田，田野。禽，禽兽。执言，采纳建议。长子，有才能的人。弟子，才疏学浅的人。

爻辞学习法：[因果脉络]

军队一后退，敌人却来了劲，反而反扑侵犯了过来。此时就如田野来了禽鸟来侵害，"**田有禽**"，也就是国土家园遭遇了入侵，那就要宣战声讨，同仇敌忾，一致对外，把敌人驱赶出去，"**利执言**"，从而师出有名，是行使了正当的自卫权利，当然"**无咎**"。但既然抵抗了，军队打仗了，就涉及到战争了，还是要选任有才能的人率领军队，"**长子帅师**"，而才疏学浅的人就不能带兵，否则会死好多人，"**弟子舆尸**"。所以，一定要在带兵的将帅上，谨慎选将用人，才能避免凶险，"**贞凶**"。

[发展脉络线 5/6]：军队行军打仗，将帅的作用至关重要，决定军队的生死。

上六，大君有命，开国承家，小人勿用。

注释：大君，君王、天子。命，命令。开国，封诸侯国。承家，建造府第。

爻辞学习法：[因果脉络]

最终成功抵御了侵犯，捍卫了领土，取得了军事胜利，告捷凯旋，君王开始颁发命令，论功行赏，"**大君有命**"，功劳大的封侯封王，"**开国**"，功劳小的封官封职，"**承家**"，而对于德行和才能不够的，又在军事中有所纰漏、失误的小人，则虽有赏赐，但绝不能给其重任，"**小人勿用**"，让其卸甲归田最好。

[发展脉络线 6/6]：军队行军打仗，战斗胜利，君王论功行赏。

爻辞学习法（总结）：

"地水师"卦主旨是讲"师出有名"，其六爻的因果发展脉络为：从初爻的"军队行军打仗，要军纪严明"，又到二爻的"军队行军打仗，将帅要坐镇指挥"，接着到三爻的"军队行军打仗，死人太多，那就是遇到凶险了"，然后就到四爻的"军队行军打仗，形势不妙，就要赶快撤军"，再到五爻的"军队行军打仗，将帅的作用至关重要，决定军队的生死"，最后到上爻的"军队行军打仗，战斗胜利，君王论功行赏"。

8【比卦 水地比】☵☷ 亲比原则

《序卦传》里的比卦："师者，众也。众必有所比，故受之以比。比者，比也。"

《序卦传》（因果关系）学习法：

师卦就是兴师动众，浩浩荡荡，军事斗争。战争中，将帅需要谋士的辅佐，需要智囊团的比划；战争结束了，就要论功行赏，比谁功劳大功劳小，这些都是比。所以，师卦之后是比卦。

卦辞：比。吉。原筮 ^{shi} **，元永贞，无咎。不宁方来，后夫凶。**

译文： 比卦。吉祥、吉利。再三考察、研究、审查，（如果亲比者）尊长、成熟稳定、贞正，则没有灾咎。以前不朝王归顺的也来归附了，落在后面的后来者，便是情况不妙有凶险的。

卦辞学习法：

战争之后，不仅是论功行赏比功劳大小的时刻，也是拉帮结派结盟亲比的时刻。比，就是亲比的意思，就是人与人、军队与军队、国家与国家之间的相亲相和。中国人讲究"以和为贵"，所以比卦全卦都是积极意义的，是"吉"的。

本卦中的"比"在当时古代环境，是讲政治上的亲比，所以，这时候有前来想亲"比"的，还是有必要再三考察、确认的，即"**原筮**"，就像现在的"政审"一样，只有具备了优良品质"**元永贞**"，才可"比"，才能保证"**无咎**"。

态度很重要，站队很重要。不表态、打太极，或站错队伍，都是很危险的，别人不会信任你，更不会当成"自己人"。谁都喜欢认可投靠自己的人，所以"**不宁方来**"，之前没归顺，现在来了，归顺了，"七擒孟获""亡羊补牢"也是不晚的，也会给安排好位子、给予待遇。但对于落在最后才来的，已经没有突出价值意义了，就是"鸡肋"，"食之无味，弃之可惜"，就是"多你不多，少你不少"，只有"凑数"的意义了。中国讲究"先来后到"，最后来的只能吃别人剩下的，当然就"**后夫凶**"了。平时不烧香，急时抱佛脚，就要悔之晚矣。

卦象：地上有水，比。先王以建万国，亲诸侯。

译文： 地上汇聚着水，这就是比卦的卦象。先王们要以比卦的精神，分封万国，亲近诸侯。

卦象学习法：

水地比卦，比卦上为水，下为地，地面上布满了水，水紧紧"贴"在地上，没有间隙，像亲吻大地一样，与大地亲密无间，没有一点缝隙，形成一种亲比关系，所以"**地上有水，比**"。同时，水都在地面上了，"和尚头上的虱子，明摆着"，就像物品都摊在桌面上了，一清二楚，可以"比大小"了，仍然是"**地上有水，比**"。

水亲比滋润着地，地默默地无怨无悔地承载着水，你贴着我，我靠着你，亲密无间，似密友，似联盟，又似同伙。这给先王以启发，就是要更加地在自己的国土上封赏万千小国，"**先王以建万国**"，以代己管理国土，还要和周边的诸侯王国亲近示好结盟，"**亲诸侯**"，从而全方位地巩固自己的国土疆域和保卫自己的领土安全。

爻辞：

初六，有孚比之，无咎。有孚盈缶 fǒu，终来有它，吉。

注释： 有孚，有诚信。比，亲比。盈，满。缶，缸缶。

爻辞学习法：［因果脉络］

亲比的总原则，是要带着诚意去和别人亲比，"**有孚比之**"，那么就会赢得别人的信赖，就会获得关注和结盟，自然就没错误，"**无咎**"。有诚意的程度就像缸缶里装满了美酒，没有一点空空荡荡的，诚意满满，"**有孚盈缶**"，那自然会招引来更多的亲比，"**终来有它**"，所以吉利，"**吉**"。

［发展脉络线 1/6］：亲比的总原则，要有诚意去亲比别人，别人也会有诚意前来亲比你。

六二，比之自内，贞吉。

注释： 自内，自己内部。

爻辞学习法：［因果脉络］

亲比，首先要和自己人亲比好，"**比之自内**"，就是首先要和自己人处好亲比关系，然后才有基础再去和外面人亲比。如果和自己内部人都亲比不了，再想着去亲比其他人，那是不现实的，也是虚伪的。绝对不能犯"宁予外邦，不予家奴"的错误。和自己人亲比，当然是应该的、必需的，"**贞**"，也会"**吉**"。

［发展脉络线 2/6］：亲比首先要和自己人亲比。

六三，比之匪人。

注释：匪人，不正的人。

爻辞学习法：[因果脉络]

亲比，千万不能比错了对象，去亲比那些不正的人，"**比之匪人**"，千万不要亲比错了对象，不然就会陷入"夫鸡鸣狗盗之出其门，此士之所以不至也"的境地。

[发展脉络线 3/6]：亲比不要亲比错了对象。

六四，外比之，贞吉。

注释：外，外部之人。

爻辞学习法：[因果脉络]

亲比，要继续扩大，不仅要诚信去亲比，去亲比内部的人，不与不正的人亲比，还要向外部扩展去亲比，扩充联盟范围，增大亲比势力，扩大朋友圈，"**外比之**"，这些都是带着诚信和原则去亲比的，所以"**贞吉**"。

[发展脉络线 4/6]：亲比还要向外亲比。

九五，显比，王用三驱，失前禽，邑人不诫，吉。

注释：显，明显。三驱，三面驱赶。邑人，当地人、民众。诫，戒备。

爻辞学习法：[因果脉络]

经过了之前的一系列的亲比举措，王的亲比势力达到了强盛状态，万国来朝，众诸侯亲比，那么，就到了展示自己的强大亲比实力的时候了，是时候显摆了，即"**显比**"。为什么这么做？要"**显比**"？因为"老虎不发威，别人当是病猫"，就如"富贵不归乡，如锦衣夜行。"就会失去震慑作用，别人就会低估实力，就会轻举妄动，所以要"**显比**"。但君王的"**显比**"并不是要恃强凌弱、斩尽杀绝，而是仍然心怀宽厚仁慈，哪怕在打猎的时候，也会只围起来三面，从而"网开一面"，让那一面的禽兽有机会跑掉，"**王用三驱，失前禽**"。君王的仁厚打动了民众，使得对君王没有戒备之心，"**邑人不诚**"，国家社会达到了"路不拾遗"的民风淳朴佳境，一切都是这么的安详、融洽，所以"**吉**"。

[发展脉络线 5/6]：亲比之后还不要忘记显摆，同时不忘仁慈。

上六，比之无首，凶。

注释：无首，没有带头的。

爻辞学习法：[因果脉络]

无论怎么亲比，都不能放弃自己作为首领带头亲比的领导指引作用，不然大家一通胡乱亲比，却没有一个带头的，领路的，放任一切，"**比之无首**"，就会乱成一锅粥、一团麻，就会生隙，就会乱了套，没有了亲比的团结一致的大方向，最终就会出大乱子，就会由亲比到混战，就要凶险了，"**凶**"。

[发展脉络线 6/6]：亲比必须要有领头的，不然就会由比变争。

爻辞学习法（总结）：

"水地比"卦主旨是讲"亲比原则"，其六爻的因果发展脉络为：从初爻的"亲比的总原则，要有诚意去亲比别人，别人也会有诚意前来亲比你"，又到二爻的"亲比首先要和自己人亲比"，接着到三爻的"亲比不要亲比错了对象"，然后就到四爻的"亲比还要向外亲比"，再到五爻的"亲比之后还不要忘记显摆，同时不忘仁慈"，最后到上爻的"亲比必须要有领头的，不然就会由比变争"。

9【小畜卦 风天小畜】☴ 小有积蓄

《序卦传》里的小畜卦："比者，比也。比必有所畜，故受之以小畜。"

《序卦传》（因果关系）学习法：

比是亲比，亲比之后必然是力量增强，势力聚集，有所蓄积，所以比卦之后是小畜卦。另外，比，也是比大小，论功行赏，谁的功劳大必然是奖赏大，从而得到了奖励，有了积蓄，所以比卦之后接着小畜卦。

卦辞：小畜。亨。密云不雨，自我西郊。

译文：小畜卦。有亨通的品德。乌云密布却不下雨，从我西郊飘过来就开始的现象。

卦辞学习法：

"畜"字，从玄从田，玄是水的颜色赤黑色，所以"畜"就是田里有水，可以长庄稼，就是有小蓄养、小财富，就是种些田过小日子，不是"大买卖"。只要有蓄积，即使是"小"，但不是对外散财，那当然是"**亨**"的，所以，小畜卦是亨通的。

小畜卦就是讲过小日子、不对外散财、小蓄养、小积累的，"畜"就是"蓄止"的意思，就是讲究"憋功"，凡是有小积蓄的，都是一分钱一分钱都会节省下来，都是有很好的克制力，不随便消费，这就是"**密云不雨**"的功力，比喻乌云密布却并不下雨，说明了乌云的克制力。乌云为什么不下雨？也是有原因的，云彩飘自西方，即"**自我西郊**"。"云行东，车马通；云行西，披雨衣"，生活经验也告诉我们，从西面刮来的风，很少能下雨，都是干风；只要一刮东风或东南风，凉飕飕的，下雨的概率就大了，而且往往飞沙走石、乌云密布，一会雨就下来了，这也与我国的地理气候特征相符合。

卦象：风行天上，小畜。君子以懿^{yì}文德。

译文： 风在天上吹，这就是小畜卦的卦象。君子要按照小畜卦之道，美化人文与德业，加强自身修养。

卦象学习法：

"**风行天上**"，就是风还没有刮到地上，还没有让大地感受到恩惠，也就意味着风对于大地还没有施撒任何膏泽，那么风即使在天上再怎么刮，也是小的蓄积，小的动作，甚至是小气，舍不得往地上刮，而不是大手笔，是"光打雷不下雨"，是在造势，是在甜言蜜语；况且，风在天上再怎么刮，也是不持久的，总会有风吹着吹着吹不动了，力量有限，只是暂时的小有积蓄在刮动，所以为"**风行天上，小畜**"。

风一个劲地在天上刮，既不往地上刮，也不往地上下雨，明显是舍不得，根底子还是思想上在落后。那么君子就要得到启示了，就要批判和改变这种舍不得的思想，就要提高自己的形象，提升自身的品德，即"**君子以懿文德**"。同时，风在天上刮的时候，天还没下雨，人没事干只能在等待，但等待不能虚度光阴空等待，那就要利用等待的时间去学习和提升自己，即"**君子以懿文德**"。

爻辞：

初九，复自道，何其咎？吉。

注释： 复，复返。自道，原来的道路。

爻辞学习法：[因果脉络]

又回到了本来正确的道路，"**复自道**"，那还有什么好说的？还有什么可指责的？"**何其咎**"，没有了，所以吉利，"**吉**"。

[发展脉络线 1/6]：自己改掉毛病，回归正轨。

九二，牵复，吉。

注释：牵，牵引、引导。

爻辞学习法：[因果脉络]

自己改掉毛病了，也牵引着别人改掉毛病，都走在正道上，"**牵复**"，还是吉利，"**吉**"。

[发展脉络线 2/6]：自己改掉毛病，也帮助别人改变毛病。

九三，舆说辐，夫妻反目。

注释：舆，车轮。说，脱。辐，辐条。

爻辞学习法：[因果脉络]

"忠言逆耳，良药苦口"，帮助别人改掉毛病，别人并不领情，反而激化了矛盾，关系瞬间僵化了，就像车辐辘掉了，车子走不了了一样，"**舆说辐**"，这种状况的激烈程度就像夫妻反目闹翻天了一样的严峻，"**夫妻反目**"。

[发展脉络线 3/6]：帮助别人改变毛病，有时候适得其反，换来激烈反抗。

六四，有孚，血去，惕出，无咎。

注释：血，恤，忧虑。惕，警惕。

爻辞学习法：[因果脉络]

但是只要自己秉承至诚之心，"**有孚**"，就会让对方把担忧、顾虑和警惕消去，"**血去，惕出**"，最终还是没有过失的，"**无咎**"。

[发展脉络线 4/6]：帮助别人改变毛病，只要至诚，没有过失。

九五，有孚挛如，富以其邻。

注释：挛如，连接一起。邻，近邻。

爻辞学习法：[因果脉络]

最终依靠诚信打动了对方，对方也投桃报李给予至诚，双方互信无间就像孪生兄弟一样，"**有孚挛如**"，从此不再小气，而是愿意给予，愿意分享，共同富裕，有福同享，"**有孚挛如**"。

[发展脉络线5/6]：帮助别人改变毛病，终于赢得信任，互相帮助。

上九，既雨，既处，尚德载。妇贞厉，月几望，君子征凶。

注释：既，已经。雨，下雨。处，相处，处置。尚德载，高尚品德承载。几，接近、快要。望，十五。

爻辞学习法：[因果脉络]

风不再是只在天上刮了，雨下下来了，"**既雨**"，人也牵引走到正道了，也相处融洽了，"**既处**"，道德在承载在尊尚，"**尚德载**"。但还是要警惕，因为"唯女子与小人为难养也，近之则不逊，远之则怨"。为什么夫妻会反目，还是很多时候夫方娇宠妇方，妇方势力强盛，久而久之，夫方就成了傀儡，稍有不合心意，妇方就会怒目而视，恶语相向，拳打脚踢。所以，帮助别人是一回事，防止对方发生妇人的反目行为，就要"**妇贞厉**"。同时，也要见机行事，见好就收，不要一股劲地只想着帮助了，不要太满，就像满月的月亮一样，"**月几望**"，须知"剃头挑子一头热"的一厢情愿，只会碰一鼻子灰，甚至会有危险，即"**君子征凶**"。

[发展脉络线6/6]：帮助别人改变毛病，也要有度，不可一厢情愿。

爻辞学习法（总结）：

"风天小畜"卦主旨是讲"小有积蓄"，其六爻的因果发展脉络为：从初爻的"自己改掉毛病，回归正轨"，又到二爻的"自己改掉毛病，也帮助别人改变毛病"，接着到三爻的"帮助别人改变毛病，有时候适得其反，换来激烈反抗"，然后就到四爻的"帮助别人改变毛病，只要至诚，没有过失"，再到五爻的"帮助别人改变毛病，终于赢得信任，互相帮助"，最后到上爻的"帮助别人改变毛病，也要有度，不可一厢情愿"。

10【履卦 天泽履】☱ 履行礼制

《序卦传》里的履卦："物畜然后有礼，故受之以履。"
《序卦传》（因果关系）学习法：

"仓廪实而后知礼节"，小有积蓄之后就会开始关注自己的言行举止仪表体态，这也符合"马斯洛需求层次理论"，即从生理需求，安全需求，社交需求，尊重需求，到自我实现满足需求。即，人在满足了生存需求之后，就会寻求更好更高的需求了，特别是提升自己的礼仪方面的需求，就开始要求自己从之前的野性十足到以后的知书达理。所以小畜卦之后是履卦，履，既是履行的意思，也是遵礼的意思，因为设定了礼节就要去履行，二者合二为一。

另外，小畜是众物蓄积聚集，如果没有尊卑贵贱的等级排序，就会乱了套了，所以就需要礼制，也就是要遵循等级制度。因此，小畜卦后面就是履卦。

卦辞：履 lǚ 虎尾，不咥 dié 人，亨。
译文：（履卦。）踩在老虎尾巴上，老虎却不咬人，亨通。

卦辞学习法：

履就是踩的意思，64 卦中，只有履卦是去踩虎尾巴的，虎还不咬人，所以奇特、特别，独特景观。

履卦，不仅讲实践、履行的意思，而且还是讲"礼"的方面。"礼多人不怪"，只要礼节到位，能以和悦、谦卑的礼节待人接物，哪怕遇上凶猛的老虎，老虎是脾气最大的，那老虎也会欣赏你的礼貌，也会原谅你，从而安然无恙而亨通，所以 **"履虎尾，不咥人，亨"**。"来而不往非礼也""你敬我一尺，我必敬你一丈。你若得寸进尺，我必寸步不让"。力的作用是相互的，人与人之间，甚至人与动物之间也是相互的，只要你以诚待我，那么狗熊、豹子、虎、狼也都可以和你称兄道弟、和平相处的，新闻报道的熊、虎、狮子、豹子和人类成为亲密伙伴的并不少。都是自己兄弟了，还会吃了你吗？生活中也是如此，你就是对恶人点头哈腰、礼貌谦卑，他也不好下手去伤害你了，坏人脾气重，但也不会没道理地去伤害一个对自己示弱的人。

卦象：上天下泽，履。君子以辨上下，安民志。

译文：上面是天，下面是泽，这就是履卦的卦象。君子要辨别上下等级尊卑秩序，安定天下民心。

卦象学习法：

天泽履卦，履卦，天在上，泽在下，**"上天下泽"**，天高地低，天尊地卑，上下有别，各安其位，井然有序，尊卑之礼，也因此，就是履卦，履行和礼节，即 **"履"**。君子因此就要效法此象，就要辨别上下，尊卑有序，**"君子以辨上下"**，不能没大没小，乱了礼数。履卦生动描写了"天尊高、泽卑下"的自然正道反映到人类社会就要有的"尊卑有别"秩序，只有确立了稳固的国家政治、社会生活、民间交往中的人与人之间的上下尊卑关系，上至天子下至黎民百姓都各安于自己的身份，人民懂得礼法和规范了，社会才不会乱套，秩序才能井然，从而做事会有所预期，而不是什么都不确定，不确定民心就不稳了，民众就会焦虑，那就啥都不敢做了。只有民心稳了，社会才能得到治理，民众才敢放心付出劳动和投入，才能有最终的国富民安，即"安民志"。

爻辞：

初九，素履往，无咎。

注释：素，朴素。履，践履、做事。

爻辞学习法：[因果脉络]

安于本分质朴本色地去做人做事，遵守礼制，**"素履往"**，这样不会有一点错误，**"无咎"**。

[发展脉络线 1/6]：遵守礼制，安于本分。

九二，履道坦坦，幽人贞吉。

注释：坦坦，平坦。幽人，孤独之人。

爻辞学习法：[因果脉络]

礼制的道路是坦荡的，也是坦途，遵守礼制，坦坦荡荡，**"履道坦坦"**，但老实人容易吃亏，做人做事守规守礼就不会左右逢源，不会投机取巧，就会鹤立鸡群，导致被孤立，成为了孤家寡人，**"幽人"**，但保持正道，心胸坦荡，是对的，是吉利的，**"贞吉"**。

[发展脉络线 2/6]：遵守礼制，坦坦荡荡。

六三，眇 ^{miǎo} 能视，跛 ^{bǒ} 能履，履虎尾，咥人，凶。武人为于大君。

注释：眇，瞎了一只眼。视，看见。跛，跛脚。履，走路。咥人，咬人。武人，军队之人、将士。大君，君王。

爻辞学习法：[因果脉络]

如果不去遵守礼制，而是不自量力，贸然出格，急促上阵，去闯去干去投机取巧，就如独眼龙看东西，瘸着腿去走路，"**眇能视，跛能履**"，那么就会心有余而力不足，就会像是在打乱拳，在黑暗里胡乱抓拿，必然是会掉入险境，就如踩到了老虎的尾巴一样，"**履虎尾**"，老虎一扭头，看是盛气凌人、刚愎自用、不懂礼数的你，会饶了你？必然一口把你吞了，凶险至极，"**咥人，凶**"。这种状况就是看不清形势，趾高气昂，本身心比天高，其实命比纸薄，想"乱拳打死老师傅"，从一介武夫一跃而为君王，是痴心妄想，"**武人为于大君**"。

[发展脉络线 3/6]：遵守礼制，不能出格。

九四，履虎尾，愬 ^shuò 愬，终吉。

注释：履，踩。虎尾，老虎尾巴。愬愬，恐惧、惊恐。

爻辞学习法：[因果脉络]

再次意识到了礼制的重要性，从而心怀戒惧，小心谨慎，非礼不履，那么现在如果再踩上老虎的尾巴，"**履虎尾**"，老虎一扭头，看到一脸恐慌还带着诚敬谦卑表情的你，"**愬愬**"，一定会选择原谅你，还会摆摆手，以示"只此一次，下不为例"就让你走开了，所以最终会吉祥，"**终吉**"。

[发展脉络线 4/6]：遵守礼制，心怀戒惧。

九五，夬履，贞厉。

注释：夬，决定、决断。履，施行、行动。

爻辞学习法：[因果脉络]

如果就要强势去破坏礼制，断然我行我素，妄自尊大，独断独行，不管不顾行为规范，"**夬履**"，觉得自己了不得，来个霸王硬上弓，强权政治，但必然会招致失误，得到不好的后果，"**贞厉**"。

[发展脉络线5/6]：遵守礼制，不能独断专行。

上九，视履考祥，其旋元吉。

注释： 视履，亲自考察。考祥，考察周详。旋，回旋、回来。

爻辞学习法：[因果脉络]

最后再次回归遵守礼制的过往，进行各个环节的审视、考察周详，"**视履考祥**"，不断地螺旋式的改进和上升，最终会有大大的所得、大大的吉祥，"**其旋元吉**"。因为"礼多人不怪"，礼到了，事才能做成，人才能圆满。

[发展脉络线6/6]：遵守礼制，审视考察。

爻辞学习法（总结）：

"天泽履"卦主旨是讲"履行礼制"，其六爻的因果发展脉络为：从初爻的"遵守礼制，安于本分"，又到二爻的"遵守礼制，坦坦荡荡"，接着到三爻的"遵守礼制，不能出格"，然后就到四爻的"遵守礼制，心怀戒惧"，再到五爻的"遵守礼制，不能独断专行"，最后到上爻的"遵守礼制，审视考察"。

11【泰卦 地天泰】☷☰ 天地交泰

《序卦传》里的泰卦："履而泰，然后安，故受之以泰。泰者，通也。"

《序卦传》（因果关系）学习法：

履卦是礼制之卦，人人都遵守尊卑等级规范，必将是礼仪之邦，社会秩序井然，也就会迎来国泰民安、繁荣通达的景象，所以，履卦之后是泰卦。

卦辞：泰。小往大来，吉亨。

译文：泰卦。小的往去，大的到来，吉祥，亨通。

卦辞学习法：

泰，就是通的意思。《易经》以阳为大，以阴为小，由内卦向外卦称为"往"，由外卦向内卦称为"来"，所谓"来而不往非礼也"讲明了来往的指向性。泰卦是"地天泰"，天在下为阳，地在上为阴，阳气往上来，**"大来"**，阴气往下走，**"小往"**，所以**"小往大来"**，二者交融，阴阳合作、万物生遂、生命诞生，就是天地相交、阴阳二气相通，这是自然界最好的一种状态，生机盎然，所以**"吉亨"**。

卦象：天地交，泰。后以裁成天地之道，辅相天地之宜，以左右民。

译文：天地阴阳二气交合，这就是泰卦的卦象。君王由此得到的启示，要裁制出符合天地运行的规律，辅助天地的安排，以此来指导民众，扶植国计民生。

卦象学习法：

地天泰卦，泰卦，地在上，地为阴气，阴气向下走；天在下，天为阳气，阳气向上走，这样天地阴阳二气相交相合，万物通泰，所以**"天地交，泰"**。

天与地，乾与坤，二者泾渭分明，二者又相交相合，从而孕育出通泰繁华的世界。因此，天地运行的变化，造就了丰富多彩、千变万化的世界，创造了无数种可能的组合方式，君王就要充分利用天造地设带来的丰富世界进行进一步的深耕细作，依据天地运行的道理，把一年裁切成四季，把空间划分为四方，**"后以裁成天地之道"**，同时根据天地天崩地裂、沧海桑田造就的地形变化，因地制宜地辅助安排生产生活活动，**"辅相天地之宜"**，左右民众做出正确的选择，**"以左右民"**，从而让民众顺天应地，最终泰和景象。

周易
·
上
经

爻辞：

初九，拔茅茹 ⁿ，以其汇。征吉。

注释： 茅，茅草。茹，相连、一大片。汇，同类相汇。

爻辞学习法：[因果脉络]

拔起一棵茅草，一拔把一大堆根系也连带带出来了，汇集在了一起，**"拔茅茹，以其汇"**，比喻在上位者提携任用大量的下位的贤能者，一起奋斗事业。"长江后浪推前浪"，上者、长者、智者、能者负有举贤任能的职责，这样接力传承，薪火相传，必然吉利，**"征吉"**。

[发展脉络线 1/6]：天地交泰，上提拔下。

九二，包荒，用冯河，不遐遗，朋亡，得尚于中行。

注释： 包，包容。荒，荒废、污秽。冯河，会制作渡河工具的村夫。遐，远。遗，遗弃。朋，朋党。尚，崇尚。中行，行为持中。

爻辞学习法：[因果脉络]

上与下交泰的时候，要包容和宽宏大量，要人尽其才，不吹毛求疵、挑肥拣瘦，**"包荒"**，只要勇敢不用船都敢去渡河，都是有用的人才，**"用冯河"**，也绝不因为位置疏远而遗弃远地之人，**"不遐遗"**，也不结党营私，**"朋亡"**，这些都是因为行为规范崇尚中正无偏，**"得尚于中行"**。

[发展脉络线 2/6]：天地交泰，中正无偏。

九三，无平不陂 ^{pō}，无往不复。艰贞无咎，勿恤 ^{xù} 其孚，于食有福。

注释：陂，倾斜。复，复返、回来。恤，担心、忧虑。孚，取信、诚信。食，吃下、吞并。

爻辞学习法：[因果脉络]

世界上并没有一成不变的东西，没有任何平地不会说到了远处就不会有陡坡的，也就是不会一直平下去，有平就会有不平，**"无平不陂"**，也没有任何往前就不会再有返回的，**"无往不复"**，世事难预料。所以说，在平的时候，在往的时候，就要认识到艰险的可能到来，而要贞正，这样就会没有遗憾和错误，**"艰贞无咎"**。月亮的阴晴圆缺自有它的运行轨迹和规律，不需要担心忧虑它的诚信，**"勿恤其孚"**，哪怕是遇到了月食的情况，也是有福的情况，**"于食有福"**。

[发展脉络线 3/6]：天地交泰，世事无常。

六四，翩翩，不富以其邻，不戒以孚。

注释：翩翩，潇洒、有风度。戒，戒备。

爻辞学习法：[因果脉络]

上下互动频繁，像翩翩起舞的蝴蝶一样上下往来飞动活跃，**"翩翩"**，互动往来的目的不是为了掠夺财富，不以自己财富积累建立在近邻的基础上，**"不富以其邻"**，所以，不用戒备，因为有信，**"不戒以孚"**。

[发展脉络线 4/6]：天地交泰，平等有信。

六五，帝乙归妹，以祉 ^{zhǐ} 元吉。

注释：帝乙，商纣王的父亲。归妹，嫁女儿。祉，福祉、福气。

爻辞学习法：[因果脉络]

在上位者礼贤下士，以尊降卑，甚至愿意把自己的女儿嫁给在下位者，"**帝乙归妹**"，这样，在下位者的福祉达到了大大的吉祥，"**以祉元吉**"。

[**发展脉络线 5/6**]：天地交泰，礼贤下士。

上六，城复于隍，勿用师，自邑告命。贞吝。

注释：复，通"覆"，倒塌。隍，城墙外的壕沟。邑，城邑。告命，通报命令、发布命令。

爻辞学习法：[因果脉络]

天旋地转，斗转星移，天地并不是一直不变的，也有改天换地的时候。城池也是如此，城墙也会有倾覆到城河里的时候，即"**城复于隍**"，城墙倒了，那就是到了兵败城破的时候，这时候在上位者已经失势了，这时候就是兵败如山倒，无力回天了，也就没有力量再次兴师动众去征战，"**勿用师**"，而在下位者也失去了向上交泰的对象，那么就要返回到自己的城邑里去，告知民众的使命，"**自邑告命**"，坚持正义的交泰的事业，以防备黯淡的前路，"**贞吝**"。

[**发展脉络线 6/6**]：天地交泰，天旋地转。

爻辞学习法（总结）：

"地天泰"卦主旨是讲"天地交泰"，其六爻的因果发展脉络为：从初爻的"天地交泰，上提拔下"，又到二爻的"天地交泰，中正无偏"，接着到三爻的"天地交泰，世事无常"，然后就到四爻的"天地交泰，平等有信"，再到五爻的"天地交泰，礼贤下士"，最后到上爻的"天地交泰，天旋地转"。

12【否卦 天地否】☶☰ 天地否塞

《序卦传》里的否卦："泰者，通也。物不可以终通，故受之以否。"

《序卦传》（因果关系）学习法：

这个世界就是这么奇妙，也是这么现实甚至是残酷。前一秒还晴空万里，下一秒就大雨磅礴。人在一念之间，就在天堂和地狱之间徘徊，只是当局者迷，并不知晓。乐极生悲，月盈则亏，水满则溢，"祸兮福之所倚，福兮祸之所伏""人有悲欢离合，月有阴晴圆缺"，这些都是在描述一种状态在达到极限时就会即刻转变为另一种完全相反的状态。物极必反，也就是通泰到达了极限就是否塞，就是"泰极否来"，然后又会"否极泰来"。所以，泰卦之后就是否卦，两极反转。

卦辞：**否之匪人，不利君子贞，大往小来**。

译文：否卦。（天地不交则万物不生）否闭不通，不是人间正道，不利于君子贞正，大的去，小的来（阳往阴来）。

卦辞学习法：

否卦，天地否，天之阳为大，天之阳气往上，地之阴为小，地之阴气向下，天地不交，万物不生，就是否塞不通的世界，也就是小人横行、小人当道、黑白颠倒、是非不分的世界，他们不按常理出牌，不讲道理，胡作非为，即"**否之匪人**"，这当然不利于君子守正持重，"**不利君子贞**"，在阳气向上空而去，阴气逼人于地上，小人横行的世界里，君子就要往，而小人来，所以为"**大往小来**"，君子为大，小人为小。

卦象：天地不交，否。君子以俭德辟难，不可荣以禄。

译文：天地阴阳二气不相交，这就是否卦的卦象。君子要以收敛德性约束自己以避开灾难，不可追求高官厚禄来荣耀自己。

卦象学习法：

天地否卦，天在上，天之阳气上升，地在下，阴气下降，二者没有相交的机会，因此"**天地不交**"，当天地不交的时候，也就是阴阳不调和的时候，这时候要么天热得热死人，要么天冷得冷死人，要么使劲地下雨洪涝成灾，要么久旱不止干得冒烟，搞得民不聊生，这反映在人治上，那肯定就是君臣不接，奸佞横行，天地之间好像关闭上了，来到了黑暗世界，没有了太阳，万物也别想生长了，一片否塞，"**否**"。

当否塞的世界来临的时候，光明消失，黑暗笼罩，小人当道。小人能是大气的人吗？"因言获罪"从哪里来？"睚眦必报"又是哪种人最擅长使用的？"指鹿为马"又是谁经常干的？"吹毛求疵"又是何许人的专利？都是小人。所以，小人当道，君子别想有好日子过，做得再好都会被小人找茬。所以当身处否塞的世界，这时候就要该有多收敛就要有多收敛，能有多节俭就有多节俭，在身体力行上节俭，在言语上节俭，在抛头露面上节俭，总之，极力向后退缩和收缩，躲避小人，避其锋芒，以此来躲开来自小人的"暗箭难防"和"无妄之灾"，即"**君子以俭德辟难**"。

这时候君子更不可以充满幻想地去出仕做官，去拥抱荣华富贵，这是绝对不现实的。因为此时"小人道长，君子道消"，社会黑暗，豺狼当道，没有正义。就是这时候的世道不再讲道理，而且君子的仗义执言、两袖清风的言谈举止很容易"鹤立鸡群"，一下子显摆出来了，就容易成为坏人眼里的"出头鸟"，必然为"匪人"所嫉妒，因为你凸显了"匪人"之"匪"处，"枪打出头鸟"，被"匪人"惦记着可就危险了。因此，君子还要"**不可荣以禄**"。要低调，要隐世，要韬光养晦，要明哲保身，此时是万万不可出来做官妄想贪图荣华富贵的，要理智地远离是非之地，远离小人，远离灾难。

爻辞：

初六，拔茅茹，以其汇。贞吉，亨。

注释：茅，茅草。茹，相连、一大片。汇，同类相汇。亨，亨通。

爻辞学习法：［因果脉络］

小人往往不是单打独斗，都是成群成群活动的，都是狼狈为奸、臭气相投，都是"蛇鼠一窝"的。他们结党营私，蝇营狗苟。所以，你招惹了一个小人，就招惹了一群小人，如同"**拔茅茹，以其汇**"，拔茅草，却带出来一大片茅草，就好像被"群起而攻之"，必然会惹得自己一身骚。所以，就要和小人保持距离，洁身自好，不招惹小人，"**贞**"，才能"**吉**"，结果就会"**亨**"。

［发展脉络线 1/6］：**天地否塞，小人成群。**

六二，包承，小人吉，大人否，亨。

注释：包，包装。承，奉承。

爻辞学习法：［因果脉络］

小人狡猾得像个狐狸，他们四处逢迎，最会奉承，他们包装了自己，"**包承**"，他们围了个水泄不通，让大人看到的都是一片大好，其乐融融，这种情况，对小人当然吉利了，"**小人吉**"。但大人毕竟是大人，如果也跟随着小人随波逐流，就不是大人了，大人否决了小人的小心思，"**大人否**"，仍然坚持故我，所以最终还是会亨通，"**亨**"。

[发展脉络线 2/6]：天地否塞，小人奉承。

六三，包羞。

注释：羞，羞耻、羞辱。

爻辞学习法：[因果脉络]

小人进一步地包藏住自己的羞耻，他们就是寡廉鲜耻，现在还包装了起来，"**包羞**"，这更让人难以识别他们虚伪狰狞的面目。

[发展脉络线 3/6]：天地否塞，小人包装。

九四，有命，无咎，畴离祉。

注释：有命，有着使命。畴，范畴、众人、身边的人。离，附丽、依附。祉，福祉。

爻辞学习法：[因果脉络]

但是君子毕竟是肩负着使命，"**有命**"，有"修身齐家治国平天下"的使命，更有"天下兴亡，匹夫有责"的使命，是得道必然会多助，所以不会有过错，"**无咎**"。"物以类聚，人以群分"，这样的君子一来就是一群，他们同仇敌忾、万众一心，他们忧国忧民、兼济天下，那么，他们与福祉就会附着在一起，"**畴离祉**"，获得肯定。

[发展脉络线 4/6]：天地否塞，君子肩负使命。

九五，休否，大人吉。其亡其亡，系于苞桑。

注释：休，否定。否，否塞、小人。其亡其亡，灭亡的速度很快。系，系于。苞，花朵。桑，桑树。

爻辞学习法：[因果脉络]

君子肩负着使命，力量逐渐恢复和积蓄，终于到了能够否定和推翻小人的否塞的时候了，**"休否"**，也到了拨乱反正的时候了，这时候作为君子的大人就会吉利，**"大人吉"**。否塞的世界真的要灭亡了，没有任何可以回旋、反攻的余地。胜利的喜悦、兴奋的心情难以掩饰，于是大喊着"就要灭亡了，就要灭亡了"，**"其亡其亡"**，这种大势所趋，这种排山倒海的不可逆，就像错节盘根的桑树的根系一样的稳固，没有任何力量可以改变，**"系于苞桑"**。

[发展脉络线 5/6]： 天地否塞，大势所趋。

上九，倾否，先否后喜。

注释： 倾，倾覆。否，否塞、小人。

爻辞学习法：[因果脉络]

彻底地倾倒、推翻否塞的世界，小人被清除掉，**"倾否"**，否结束，泰再次来临，与小人斗争的过程真的是先委屈、受辱、惊险，而后是行动、胜利、荣誉，否极泰来，能不欣喜吗？**"先否后喜"**。

[发展脉络线 6/6]： 天地否塞，否极泰来。

爻辞学习法（总结）：

"天地否"卦主旨是讲"天地否塞"，其六爻的因果发展脉络为：从初爻的"天地否塞，小人成群"，又到二爻的"天地否塞，小人奉承"，接着到三爻的"天地否塞，小人包装"，然后就到四爻的"天地否塞，君子肩负使命"，再到五爻的"天地否塞，大势所趋"，最后到上爻的"天地否塞，否极泰来"。

13【同人卦 天火同人】☲ 天下大同

《序卦传》里的同人卦:"物不可以终否,故受之以同人。"

《序卦传》(因果关系)学习法:

天地否塞的状态下,怎么去否?靠一个人的力量肯定是不行的,因为黑暗势力能够做大,说明势大,不同仇敌忾,不救民于水火,不群策群力,不志同道合,不同舟共济,又怎么能够推翻否境?所以否境倾倒,必然是群体的力量,是志同道合之人的力量。所以否卦之后,就迎来了同人卦。同人,就是与人和同。

卦辞:同人于野,亨。利涉大川,利君子贞。

译文:(同人卦。)会同众人于远处郊野,亨通。利于涉渡大川,利于君子坚持正道。

卦辞学习法:

同人,是与人同,就是与人相同,而不是不同、不和。最大的同人是什么呢?就是"天下大同",天下人都"同"。天下大同,天下,再远的地方,再野的地方,都要大同,所以"**同人于野**"。天下大同了,也就是到了"天下为公"的社会,天下人都有为公的意识和行动,社会文明到达很高的高度,所以"**亨**"是必然的。

大同社会,"路不拾遗,夜不闭户",没有偷抢扒拿,所以"走遍天下都不怕",能够到达任何江河湖川,即"**利涉大川**"。这时候,君子走到哪里都有"志同道合"的朋友,也不怕被带偏了路,当然了,前提是同人,同舟共济,志同道合,要始终建立在坚贞纯正的道义之上,不能失去了初心,改头换面,挂羊头卖狗肉,去聚众闹事,干些偷鸡摸狗甚至是伤天害理的事情去了,所以"**利君子贞**"。

卦象：天与火，同人。君子以类族辨物。

译文：天与火在一起，这就是同人卦的卦象。君子要效法同人卦的大同精神，归类族群，分辨万物。

卦象学习法：

天火同人卦，同人卦是天在上，火在下，但卦象并没有说"天下有火"或"火在天下"，却说"**天与火**"，为什么呢？是因为天为阳，阳气向上升；而火性炎上，二者虽然外形不同，但二者都是向上，二者性质相同，同，主要是内在相同，而不是外在相同，"**天与火**"因此"**同人**"；也因为乾天代表的"天道"文明与离火代表的人类社会创造的"人道"文明也是异曲"同"工，因此"**天与火，同人**"。

同人卦举出"**天与火**"的例子，二者虽然外表形态种类不同，但二者的内在具有相同之处，就是在讲"同"是需要相同条件的，意味着有一道甄别程序，而不能全盘接受，囫囵吞枣，不然就区分不出来哪些是"同"的，哪些又是"不同"的了。"物以类聚，人以群分"，君子从同人卦中得到启示，就是要明确分辨能力，即"**君子以类族辨物**"。炼就"火眼金睛"，要分清楚"君子小人""善恶是非"，千万不能"黑白颠倒""敌我不分""张冠李戴"。

爻辞：

初九，同人于门，无咎。

注释：同人，统一思想、统一战线。门，城门。

爻辞学习法：[因果脉络]

怎么样才能同人？同人不是一蹴而就，是要有个把"不同"的地方去掉才行。怎样去掉"不同"？小打小闹是不行的，谈判更是痴心妄想，必须动用非常手段，就是武力战争，因为"枪杆子里出政权", 因为"战场上得不到的, 谈判桌上也别想得到", 所以同人卦的爻辞就是在讲通过武力战争来消除"不同"达到同人的措施过程。

既然是发动武力战争, 必先集合军队于城门外, 整装待发, 即"**同人于门**", 现场气势恢宏, 士气高涨, 没有什么过错, 即"**无咎**"。

[发展脉络线 1/6]: 天下大同, 整装待发。

六二, 同人于宗, 吝。

注释: 宗, 宗族。

爻辞学习法: [因果脉络]

武力战争没有幻想, 只能通过战绩来获取想获取的"同人"的目标, 如果聚集在宗庙, 寄希望于祖宗神仙保佑, "**同人于宗**", 心里没底甚至还六神无主的, 那肯定会有吝错了, 即"**吝**"。

[发展脉络线 2/6]: 天下大同, 放弃幻想。

九三, 伏戎于莽, 升其高陵, 三岁不兴。

注释: 伏戎, 埋伏军队。莽, 草莽。升, 登高。高陵, 高地。不兴, 不打仗。

爻辞学习法: [因果脉络]

武力战争并不能鲁莽行事, 去硬拼硬, 要讲究智谋, 要讲究战场瞬息万变的信息, 要灵活应用兵法, 所以要先趴在草丛树林中隐藏起来, "**伏戎于莽**", 不轻举妄动, 不暴露自己, 然后登高望远, "**升其高陵**", 占据有利地形, 侦察敌方情况, 做到知己知彼。在没搞清楚地方情况之前, 绝不贸然出击, 哪怕等三年都行, "**三岁不兴**"。

[发展脉络线 3/6]: 天下大同, 待时而动。

九四，乘其墉^{yōng}，弗克攻，吉。

注释： 乘，乘上、攻破。墉，城墙。弗，不。克，攻克。攻，进攻。

爻辞学习法： ［因果脉络］

武力战争，终于到了进攻摊牌的时刻，攻上了敌方的城墙，"**乘其墉**"，但城池就是攻不下来，军队伤亡减员较大，于是果断地不再进攻和撤退，"**弗克攻**"，这时候没有硬攻硬上，是吉祥的，"**吉**"

［发展脉络线 4/6］：天下大同，出师不利。

九五，同人，先号咷^{táo}，而后笑，大师克相遇。

注释： 号咷，大哭。大师，大军。相遇，会师。

爻辞学习法： ［因果脉络］

武力战争，攻打敌方"不同"的地方，久攻不下，这时候来了"同人"的友军了，"**同人**"，那么这时候就是来了援军了，能不喜极而泣，能不又哭又笑的吗？"**先号咷，而后笑**"，我方实力大增，很快就攻克了敌方城池，最后与援军会师在一起，"**大师克相遇**"。

［发展脉络线 5/6］：天下大同，同心协力。

上九，同人于郊，无悔。

注释： 郊，郊野。

爻辞学习法： ［因果脉络］

武力战争之后，城池被拿下，城池也大同了，那么就去到最远的郊野进行和同，继续进行天下大同的事业，"**同人于郊**"，城市大同了，郊野也要大同，最终城乡大同，也就是天下完全大同，并无怨无悔，"**无悔**"。

［发展脉络线 6/6］：天下大同，全部大同。

爻辞学习法（总结）：

"天火同人"卦主旨是讲"天下大同"，其六爻的因果发展脉络为：从初爻的"天下大同，整装待发"，又到二爻的"天下大同，放弃幻想"，接着到三爻的"天下大同，待时而动"，然后就到四爻的"天下大同，出师不利"，再到五爻的"天下大同，同心协力"，最后到上爻的"天下大同，全部大同"。

14【大有卦 火天大有】䷍ 大有作为

《序卦传》里的大有卦："与人同者，物必归焉，故受之以大有。"

《序卦传》（因果关系）学习法：

天下大同，人人都来归顺，也同舟共济，志同道合，统一思想，统一战线了，这种局面，这种力量，这种气势，这种能量，都聚集在了一起，是大大的拥有的，所以同人卦之后就是大有卦。而且，人人和同，人人为我，我为人人，必然是安乐祥和的大好局面，人人互帮互助，而不是各自为政，社会分工紧密，必然会形成大有富有的良好局面，所以同人卦之后就会到了大有卦。

卦辞：大有。元亨。

译文： 大有卦。元始、亨通。

卦辞学习法：

火天大有，火在天上，火是什么？火是太阳，所有的火都来自太阳，地球不产火，或者说所有的火的来源都来自太阳。那么万物生长靠太阳，有了太阳，什么万物都有了，都生长出来了，一片生机盎然，所以是"元亨"，是最伟大的亨通，到顶了。

周易全 64 卦，只有大有卦只说了"元亨"两个字，就只有这两个字，而别无它字。"**元亨**"是大大的亨通。

为什么呢？古代也强调个人财富的重要性，与同人卦不同，同人是与别人同，是"先天下之忧而忧，后天下之乐而乐"的情怀，而大有卦是强调"物归我有"，而且是大大的有。国家和人民奋斗的目标是什么？还不是国家和人民都富有。大有，也是说明国家富有，天下人也人人皆有、人人富足，"仓廪实而知礼节"，社会才能安定团结，国家才能强盛，这是盛世的景象，这是无论是国家还是个人追求的最高目标，当然"**元亨**"。

卦象：火在天上，大有。君子以遏恶扬善，顺天休命。

译文：火在天上燃烧，这就是大有卦的卦象。君子由此卦得到的启示，就是要崇尚光明、抑制邪恶，发扬美善，顺承天道的美德，求得人生的吉庆。

卦象学习法：

火天大有卦，大有卦，是火高高在天上，使得火焰闪亮，照见天底下众多万物，而不是空无一物，所以"**火在天上，大有**"，大量的"有"，"有"区别于"无"。而且火在天上，照得光火通明，没有什么不被照得现出原形的，什么善恶丑俊全部无处遁形，被识破了个遍，全部到场了，全部都有了，"**火在天上，大有**"。所以，这时候君子不再被迷惑，就要把善恶丑俊单独挑出来，区别对待，就要抑制邪恶，发扬美善，从而顺应天理，秉承上天的使命，即"**君子以遏恶扬善，顺天休命**"。为什么是"**顺天休命**"？因为天是为天下苍生万物的，为公的，是无私的，是最崇高的，反而是那些妖魔鬼怪最怕见到光，最怕见到太阳，一见到光，立马尖叫逃窜，甚至直接化为一缕青烟而嗝屁了。

爻辞：

初九，无交害，匪咎，艰则无咎。

注释：交害，交往的伤害。匪，非、不。艰，艰苦奋斗。

爻辞学习法：[因果脉络]

大有卦就是讲君子要大有作为的，但一开始君子并不如此，君子要从底层慢慢往上升行才行。刚开始，君子还地位卑微，没有交往到厉害的人物，同时也省去了各种交往的害处，**"无交害"**，但不是他的错，**"匪咎"**，在这种无人问津，"无人识君"的艰难的低谷期，君子要耐得住寂寞，那么就会没有什么过错，**"艰则无咎"**。

[发展脉络线 1/6]：大有作为，初期无人识君。

九二，大车以载，有攸往，无咎。

注释：载，运载、装载。

爻辞学习法：[因果脉络]

君子作为君子，当然是有两把刷子的，是金子总会有发光的时候，就是"肚子里有货"，就是"腹有诗书气自华"，君子是富有才华还有能力的人，君子的才华和能力使得他就像一辆大车并且是满载着货物的大车，**"大车以载"**，不仅有货而且稳固，可以担当重任，不用担心倾覆翻车的问题。所以，可以放心前往，可以放心任用，**"有攸往"**，没有任何指摘和多虑的，**"无咎"**。

[发展脉络线 2/6]：大有作为，打铁还需自身硬。

九三，公用亨于天子，小人弗克。

注释：公用，奉公。亨，进献。弗克，不能。

爻辞学习法：[因果脉络]

作为肩负"穷则独善其身，达则兼济天下"使命的君子，要想大有作为，必然要出仕为官，君子作为个人，不仅仅属于自己，还属于国家和人民，而且在古时，"普天之下，莫非王土；率土之滨，莫非王臣"，疆域范围内都是天子的，包括将臣百姓，都要朝献天子，为天子效力效劳，所以"**公用亨于天子**"。但小人就不同了，小人自私自利，眼光短浅，更不知道厉害，就是蛮干，就是什么都自己独吞，自己独享，吃独食，小人做不到把自己分享出去，即"**小人弗克**"。

[发展脉络线 3/6]：大有作为，出仕为官。

九四，匪其彭，无咎。

注释：匪，非、不。彭，膨胀。

爻辞学习法：[因果脉络]

君子出仕为官，为天子效力，随着自己越来越大有作为，有了心理膨胀和气势过盛的资本，但是伴君如伴虎，大有作为了，功劳多了，就会功高震主，就会陷入险境，这时候就要坚决不能膨胀和过盛，要降低姿态，要谦虚谨慎，"**匪其彭**"，才会平安度过，最终没有过错，"**无咎**"。

[发展脉络线 4/6]：大有作为，也要降低姿态。

六五，厥孚交如，威如，吉。

注释：厥，其，他的。孚，诚信实惠。交，交往。威，威望。

爻辞学习法：[因果脉络]

君子以诚信待人，本分做官，君子与天子之间以至诚相待，同时也不越雷池一步，不混淆君臣之别，维护天子威严，保持诚敬谨慎的态度，"**威如**"，那么就会大吉，"**吉**"。

[发展脉络线 5/6]：大有作为，不忘初心。

上九，自天祐^{yòu}之，吉，无不利。

注释：祐，通"佑"，保佑。

爻辞学习法：[因果脉络]

君子出仕为官，做到了以上的行为准则，"打铁还需自身硬"，自助做到了极致，那么"自助者天助之"，必然会得到天助，来自上天和天子的帮助和护佑，"**自天祐之**"，因为君子的才华、能力和付出得到了认可。所以，吉利，"**吉**"，没有什么不好的利害关系的，"**无不利**"。

[发展脉络线 6/6]：大有作为，自助者天助之。

爻辞学习法（总结）：

"火天大有"卦主旨是讲"大有作为"，其六爻的因果发展脉络为：从初爻的"大有作为，初期无人识君"，又到二爻的"大有作为，打铁还需自身硬"，接着到三爻的"大有作为，出仕为官"，然后就到四爻的"大有作为，也要降低姿态"，再到五爻的"大有作为，不忘初心"，最后到上爻的"大有作为，自助者天助之"。

15【谦卦 地山谦】☷☶ 谦谦君子

《序卦传》里的谦卦："有大者，不可以盈，故受之以谦。"

《序卦传》（因果关系）学习法：

大有了之后，再继续大，就会盈满溢出来，就会酿成灾害，所以必须谦虚，必须收住大有，不能再大了，再大就要炸开了。所以大有卦之后是谦卦。另外，从人性的角度来看，有了之后，就不能骄傲，要谦虚，因为别人还没有，不能把别人比下去，把别人气死，更不能故意显摆自己的大有去气人，那只会招致祸端。"满招损，谦受益"，所以大有卦之后必须是谦卦。

卦辞：谦。亨，君子有终。

译文：谦卦。亨通，君子因为谦让的品德终有成就、善终。

卦辞学习法：

什么是谦？谦就是谦虚、谦卑、退让，往后退的意思，就是在人前能放下身段，让着别人先。把"第一"都让给你了你还想怎么样？已经后退都快退到墙角了，不和你争了，"满招损，谦受益"，当然就亨通了，所以"**亨**"。因为这是一个每时每刻、无处不在都是你争我夺、争强好胜的世界，而君子却逆向而行，主动退让，枪只打出头的鸟，而君子不是，所以君子安全，也因此可以善始善终，"**君子有终**"，善终是很难的，而谦虚的君子就会获得。讲谦，讲谦虚的君子可以善终，但小人呢？小人谦虚就不可以善终，因为他的谦虚不是发自内心的，是有目的的，是虚伪的。

卦象：地中有山，谦。君子以哀 ^{póu} **多益寡，称物平施。**

译文：地里包藏着山，这就是谦卦的卦象。君子从谦卦中得到启发，要减损多余的增益缺少的，就像称量物品那样，做到公平施予。

卦象学习法：

地山谦卦，谦卦是地在上面，山在地中，山通常明明是高起于地上的，怎么就跑到地下了呢？这就好比一个人明明是个高人，但却从来不显露自己拥有的"高度"，而是非常谦卑、非常低调地处在别人之下，到哪都是低姿态，从来"不把别人比下去"，这就是谦虚的表现，即"**地中有山，谦**"。

地山谦，就是山不再是在地面以上了，而是到了地面以下，那是怎么办到的？就是山塌了，塌到了地下，把地上的坑坑洼洼给填平了，而自己本来高的地方也消失不见了，这种就是山的"谦虚"了，降低自己的高度，来到了地平线的下方。这种"谦"的过程，就是降低自己、抬高别人，实际就是一种"重新分配"机制，形成一种平等的、不"鹤立鸡群"的效果。本来自己是冒尖了，硬是收敛下来，和别人平起平坐，有种"劫自己富、济别人贫"的感觉，即"亏取多者，增益寡者"，使得物品平均分配，这就是"**君子以裒多益寡，称物平施**"。"谦"就是君子内心的一种重新分配机制，即"不患寡而患不均"的思想。

爻辞：

初六，谦谦君子，用涉大川，吉。

注释：谦谦，非常谦虚。涉，涉越、跨越。大川，大河大川。

爻辞学习法：[因果脉络]

谦卦就是讲谦谦君子的，君子是谦虚、谦虚再谦虚又谦虚的人，是"风吹草低见牛羊"都见不到君子的人，君子谦虚低调，低头哈腰到了极点，是非常的谦虚，即"**谦谦君子**"，那么君子如此的低调谦和，谁还会和他争风吃醋甚至是打击报复呢？就会安然渡过一切，走遍天下都不怕，放之四海而皆准，即"**用涉大川**"，所以"**吉**"。

[发展脉络线 1/6]：谦谦君子，四海皆准。

六二，鸣谦，贞吉。

注释：鸣，鸣叫，声名远播。

爻辞学习法：[因果脉络]

君子因为谦虚、谦虚再谦虚，从而声名远播，这是好事，是正义的事，"**贞**"，当然吉利，"**吉**"。

[发展脉络线 2/6]：谦谦君子，声名远播。

九三，劳谦，君子有终，吉。

注释： 劳，勤劳、有功劳。终，最终、有结果。

爻辞学习法： [因果脉络]

到处谦虚的君子并不能是"站着说话不腰疼"的那种人，就是只讲仁义道德，而不身先士卒、事必躬亲，而是辛劳勤勉，而且有了功劳还不到处喧嚷夸赞自己，"**劳谦**"，主打一个闷头干活不吭声。君子又谦虚又辛劳，当然就会有善终，"**君子有终**"，也就一切吉利了，"**吉**"。

[发展脉络线 3/6]：谦谦君子，辛劳谦和。

六四，无不利，㧑 ^huī 谦。

注释： 㧑，通"挥"，发挥。

爻辞学习法： [因果脉络]

君子的谦谦之道所向披靡，无所不利，"**无不利**"，那么就要继续发挥谦谦之道，进行发扬光大，"**㧑谦**"，让更多的人知道谦谦之道。

[发展脉络线 4/6]：谦谦君子，发扬光大。

六五，不富以其邻，利用侵伐，无不利。

注释： 侵伐，征伐、征服。

爻辞学习法： [因果脉络]

谦谦君子，已经把自己的谦德到处播撒了，但还是没有影响到一些顽固的邻里，"**不富以其邻**"，他们顽固不化，嚣张跋扈，反而视君子的谦和为好欺负。于是，君子就要动用真格的，基于前期的谦谦之道获得的群众基础，去征伐讨伐，"**利用侵伐**"，就必然是得道多助，最终必然是没有不吉利顺利的，"**无不利**"。

[发展脉络线 5/6]：谦谦君子，软硬兼施。

上六，鸣谦，利，用行师，征邑国。

注释： 行师，用兵。征，出征。

爻辞学习法：[因果脉络]

再次地宣扬弘扬谦谦之道，"**鸣谦**"，有利，"**利**"。君子的谦虚并不是盲目的谦虚，君子是有使命的，肩负着"穷则独善其身，达则兼济天下"的伟大使命，还有"修身齐家治国平天下"的宏伟志向，从来不是点头哈腰的"和事佬"，也不是谁想捏就能捏的"软皮蛋"。君子的谦谦之道俘获了民心，在此基础上，实力壮大，再去施展君子"穷则独善其身，达则兼济天下"的伟大使命和"修身齐家治国平天下"的宏伟志向，这时候就不再是谦虚了，而是放弃幻想，以排山倒海之势压倒一切，因为"不是东风压倒西风，就是西风压倒东风"，一切凭实力说话，所以就要"**用行师，征邑国**"，这时候好言好语不好使了，谦恭低调更不起作用了。

[发展脉络线 6/6]：谦谦君子，放弃幻想。

爻辞学习法（总结）：

"地山谦"卦主旨是讲"谦谦君子"，其六爻的因果发展脉络为：从初爻的"谦谦君子，四海皆准"，又到二爻的"谦谦君子，声名远播"，接着到三爻的"谦谦君子，辛劳谦和"，然后就到四爻的"谦谦君子，发扬光大"，再到五爻的"谦谦君子，软硬兼施"，最后到上爻的"谦谦君子，放弃幻想"。

16【豫卦 雷地豫】䷏ 乐极生悲

《序卦传》里的豫卦："有大而能谦必豫，故受之以豫。"

《序卦传》（因果关系）学习法：

大有作为、大有财富之后，又能谦虚待人，这样的君子谁能不喜欢呢？大家都开心而不会心烦，君子自己没有招惹到别人也开心，所以大有卦、谦卦之后接着就是豫卦。

卦辞：豫。利建侯行师。

译文：豫卦。利于建立侯王事业，利于行军出师征战。

卦辞学习法：

豫卦，就是欢乐，心情大好的意思。豫就是"雷地豫"，上卦为震为雷，下卦为坤为地，雷震动于地上。雷震动，那就要做事情的，是要做一些改变的事情，不是小打小闹，是要做大事的征兆，要兴师动众了；而坤则为地，有聚众、聚集之象。那么豫卦又是兴师动众，又是蜂拥蚁聚，这时候就是万众一心，斗志昂扬，一致对外，时机已经成熟，想做什么都能做成，而不是生气的时候四分五裂、七嘴八舌，导致"公说公有理，婆说婆有理"，那就乱了套了，啥事都别想干成了。所以，在豫之时，豫就具备了兴师动众的"震"的举动和聚众的"坤"的群众基础，所以"万事皆具备"，豫卦可以"**利建侯行师**"了，就是要在兴头上，趁热打铁，去建立侯王事业和行军出征，而不能等群众的热火劲过了，再想起来做事情，再去生拉硬拽，再去炒冷饭，就时过境迁不好使了。

卦象：雷出地奋，豫。先王以作乐崇德，殷荐之上帝，以配祖考。

译文：雷声在地上震动轰鸣，这就是豫卦的卦象。先王从豫卦中得到启示，制礼作乐推崇美德，用丰盛的祭礼敬献于上帝，同时也配享给历代的祖先。

卦象学习法：

雷地豫卦，雷声在天上打响震声隆隆，雷的声音像一种召唤，也是一种惊动，把地下的万物全都震动惊醒了，万物像听到号令一样，知道是时候可以安全钻出地面了，于是都是憋足了劲，使劲往地面爬，干什么？春天来了，又到了万物复苏、生机勃发、一片温暖祥和的季节，要迎着阳气，奋力生长，即"**雷出地奋，豫**"，春雷雷声一打出，地里的万物都兴奋地往外爬。

万物齐刷刷地跃出地面，拼力迎着阳气生长，形成"百花齐放，百花争鸣"的大场面，也容易乱哄哄。这时候作为先王，作为最高地位的统治者，有责任也有义务"制礼作乐"，宣扬最好的品德，赞美上帝与祖先，即"**先王以作乐崇德，殷荐之上帝，以配祖考**"，为"百花齐放，百花争鸣"做示范，以使得这些"百花"们能学学榜样，从而能排好队、站好岗、不乱套，规范其无序性。榜样的力量是无穷的。

豫卦实际上呈现的是古代祭祀的场景，庄严神圣，通过礼乐之礼祭献给上帝和先祖，宣扬他们的"崇德"，即"**先王以作乐崇德，殷荐之上帝，以配祖考**"，这是庆祝欢乐中的最高礼仪等级。

爻辞：

初六，鸣豫，凶。

注释：鸣，宣扬、自鸣得意。豫，安逸享乐。

爻辞学习法：[因果脉络]

处于豫之时，一开始就去高调享受欢愉，自鸣得意，"**鸣豫**"，会有凶险，"**凶**"。

[**发展脉络线 1/6**]：乐极生悲，不可高兴得太早了。

六二，介于石，不终日，贞吉。

注释：介，坚固。于，像。石，磐石。终日，整天。

爻辞学习法：[**因果脉络**]

欢愉容易让人沉溺，只有对于欢愉能有抵抗力就如坚如磐石那般，"**介于石**"，并且还能抵抗住诱惑，不整天沉迷于安逸享乐，"**不终日**"，就会贞正和吉利，"**贞吉**"。

[**发展脉络线 2/6**]：乐极生悲，不可纸醉金迷。

六三，盱 ^{xū} 豫，悔，迟有悔。

注释：盱，向上看、溜须拍马。迟，迟晚。

爻辞学习法：[**因果脉络**]

向上谄媚求得欢愉，贪图更多的安逸享乐，"**盱豫**"，这种靠出卖人格换取及时行乐的享受的方式就是不正义的，必然会有悔恨，"**悔**"，如果继续仰人鼻息，不思悔改，就会陷入进去了，再后悔就晚了，"**迟有悔**"，因为出卖自己的人格，人就变质了，就无救了。

[**发展脉络线 3/6**]：乐极生悲，不可仰人鼻息。

九四，由豫，大有得。勿疑，朋盍 ^{hé} 簪 ^{zān}。

注释：由，自由、自然。大有，大的收获、大吉大利。疑，怀疑。朋，朋友。盍，通"合"，会合、都。簪，扎束头发的首饰、美好事物。

爻辞学习法：[**因果脉络**]

由正当理由得到的欢愉，"**由豫**"，会得到拥护，会由"独乐乐"

转变为"众乐乐"，大家都围拢过来一起欢愉，所以"**大有得**"，这时候就不用怀疑欢愉的正当性了，"**勿疑**"，因为这次的欢愉是众望所归，是符合道德标准的，所以众人聚集在一起欢愉就像用簪子聚拢头发一样的美好，"**朋盍簪**"。

[**发展脉络线 4/6**]：乐极生悲，正当地可以欢聚一堂。

六五，贞疾，恒不死。

注释：恒，恒久、永远。不死，不会有问题、不会灭亡。

爻辞学习法：[因果脉络]

欢愉容易使人沉沦，所以必须常怀戒心，防备因为欢愉而染上疾病，这并不是危言耸听，纵欲必会染疾，所以要守正戒惧，"**贞疾**"，这样不纵欲，就不会有问题，更不会死亡，"**恒不死**"。

[**发展脉络线 5/6**]：乐极生悲，欢愉要有度。

上六，冥豫，成有渝，无咎。

注释：冥，冥顽不化。成，养成。渝，改变。

爻辞学习法：[因果脉络]

如果昏天黑地地、冥顽不化地沉迷于欢愉之中，"**冥豫**"，对于这种已经养成的欢愉如果还能及时改变，"**成有渝**"，那就会逢凶化吉，没有咎害，远离灾祸，即"**无咎**"。

[**发展脉络线 6/6**]：乐极生悲，回头是岸。

爻辞学习法（总结）：

"雷地豫"卦主旨是讲"乐极生悲"，其六爻的因果发展脉络为：从初爻的"乐极生悲，不可高兴得太早了"，又到二爻的"乐极生悲，不可纸醉金迷"，接着到三爻的"乐极生悲，不可仰人鼻息"，然后就到四爻的"乐极生悲，正当地可以欢聚一堂"，再到五爻的"乐极生悲，欢愉要有度"，最后到上爻的"乐极生悲，回头是岸"。

17【随卦 泽雷随】☱☳ 为官之道

《序卦传》里的随卦："豫必有随，故受之以随。"

《序卦传》（因果关系）学习法：

开心快乐的事情当然都愿意跟随了，谁愿意闷闷不乐呢？快乐乃人生之本，没有了快乐，那人生还有什么意义呢？而且从医学角度来看，快乐使人健康，不快乐容易使身体生病。因此，人人都愿意跟随快乐。所以，豫卦之后就是随卦。

卦辞：随。元亨利贞，无咎。

译文：随卦。具有根元的、亨通的、利益的、守正道的德性，当然是没有灾祸的。

卦辞学习法：

随卦，追随，随从，跟随。这个随，不是随随便便的随的，不能盲从的，正所谓"男怕入错行，女怕嫁错郎"，选错了跟随对象就是选错了要走的路，就危险了。所以，随重在"**元亨利贞**"，即要"良禽择木而栖，贤臣择主而事"，随的时候就要按照根元的、亨通的、有利的、贞正的去随，即"**随。元亨利贞**"，这样就能没有咎错，"**无咎**"。

卦象：泽中有雷，随。君子以向晦入宴息。

译文：泽湖中有雷在蛰伏，这就是随卦的卦象。君子由此要在到了黄昏时候，便要进入安静休息的状态。

卦象学习法：

泽雷随卦，雷在泽的下面，雷是震雷，雷一震动，上面的泽水必然会随着震雷一起震动，所以"**泽中有雷，随**"。在周文王的后天八卦图中，随卦的下卦震卦位于日出的东方，兑卦位于日落的西方，卦是从下往上看的，即随卦形成了从日出到日落的这样一个自然循环现象，太阳跟随自然规律，东升西落，也即"**泽中有雷，随**"。另外，雷始于春雷，震卦属春，雷收于秋雨，兑卦属秋，"春华秋实"，又是一个自然跟随的现象，因此，泽雷随，"**泽中有雷，随**"。

寰宇世界、天地间，什么是最大"随"？就是要顺天，要顺时，不要逆时而行。因此君子就要跟随天时，要"日出而作，日落而息"，该吃饭的时候吃饭，该睡觉的时候睡觉，不要黑白颠倒，即"**君子以向晦入宴息**"。

爻辞：
初九，官有渝，贞吉，出门交有功。

注释：官，官方、官府。渝，命令、改变。交有功，结交有实力人物。

爻辞学习法：[因果脉络]

随卦就是讲如何做官的。官府来了任命书，要君子走马上任，"**官有渝**"，当然了，做官要堂堂正正地做官，要"为官一任，造福一方"，即要"**贞吉**"，走出家门了，进入官府为官，开始结交有实力的人物，开始建功立业了，"**出门交有功**"。

[发展脉络线 1/6]：为官之道，初入官场。

六二，系小子，失丈夫。

注释：系，交往。失，失去。

爻辞学习法：[因果脉络]

官场上，有忠言直谏的忠臣就有溜须拍马的小人，什么人都有。所以，如果和小人这样的笑里藏刀的官员天天缠在一起，那么那些高风亮节、赤胆忠心的官员就会远离你，不会和你交往了，即"**系小子，失丈夫**"。官场站队很重要。

[发展脉络线 2/6]：为官之道，站错了队。

六三，系丈夫，失小子。随，有求得，利居贞。

注释：随，随和、随众。

爻辞学习法：[因果脉络]

在官场为官，这次站对了队伍，和忠肝义胆、做官正派的大丈夫官员打交道，那么小人就不好再来结交你，就会远离你，因为他们也认为你不属于他们的圈子，他们也不想打入你的圈子了，即"**系丈夫，失小子**"，正所谓"物以类聚，人以群分"。在朝廷为官，和大丈夫一般的官员交往是有好处的，他们仗义执言，他们提携贤能，在你有难的时候也不会袖手旁观，正义感和友情会促使他们挺身而出为你说话说情，"**随，有求得**"。当然了，君子仍然要保持正直正义的品格，"**利居贞**"，而不被官场的一些乌烟瘴气给带偏了。

[发展脉络线 3/6]：为官之道，站好了队。

九四，随有获，贞凶。有孚，在道，以明，何咎？

注释：有获，有所收获。在道，在轨道、道理。以明，可以看得到。

爻辞学习法：[因果脉络]

在官场为官，养成了长时期的跟随性的为官之道，获得了升迁，**"随有获"**，这时候更要谨慎，保持贞正以防备凶险，**"贞凶"**。那就要在官场上要表明诚意和忠心，**"有孚"**，在官场做事要在正确的轨道和道理上，**"在道"**，并明明白白地展现自己，不藏藏掩掩的，**"以明"**，那么做到了这些，还能有什么过错呢？**"何咎？"**。

[发展脉络线 4/6]：为官之道，要表忠心。

九五，孚于嘉，吉。

注释： 嘉，嘉奖、赞许。

爻辞学习法：[因果脉络]

官位进一步上升，这时候就不是结交丈夫或者小人了，而是要更加遵守为官之道，并为朝中文武百官称赞，**"孚于嘉"**，不能到了高处之后，身居高位，无人管束了，就无法无天了，还是要遵从真理，这样就会吉利，**"吉"**。

[发展脉络线 5/6]：为官之道，约束自己。

上六，拘系之，乃从，维之，王用亨于西山。

注释： 拘，捆绑。乃从，顺从。维，释放。亨，祭祀。西山，岐山。

爻辞学习法：[因果脉络]

最伟大的为官之道是什么？是跟随到了极致，就是得到了百姓万般爱戴，他们形影不离，紧紧跟随，二者就像被用绳子捆绑在了一起，**"拘系之"**，百姓全部顺从，**"乃从"**，维系着稳定的跟随关系，**"维之"**，君王因此在西山祭祀上天，**"王用亨于西山"**，以表示自己的追随。

[发展脉络线 6/6]：为官之道，追随上峰。

爻辞学习法（总结）：

"泽雷随"卦主旨是讲"为官之道"，其六爻的因果发展脉络为：从初爻的"为官之道，初入官场"，又到二爻的"为官之道，站错了队"，接着到三爻的"为官之道，站好了队"，然后就到四爻的"为官之道，要表忠心"，再到五爻的"为官之道，约束自己"，最后到上爻的"为官之道，追随上峰"。

18【蛊卦 山风蛊】☶☴ 拯救蛊坏

《序卦传》里的蛊卦："以喜随人者必有事，故受之以蛊。蛊者，事也。"

《序卦传》（因果关系）学习法：

欢天喜地之后必然就有人跟随，人一跟随就会聚众，就会闹事，就会有诉求，就会希望得到满足和解决，不然谁无事聚拢来干嘛？这时候就会有歪风邪气，所谓"无事不登三宝殿"。所以，欢天喜地的豫卦之后有人跟随就到了随卦，豫卦和随卦之后就会遇到蛊坏腐败的事情，就到了蛊卦。所以，豫卦、随卦之后就是蛊卦。

卦辞：蛊^{gǔ}。元亨，利涉大川。先甲三日，后甲三日。

译文：蛊卦。具有根元、亨通的德性，利于涉渡大川。在治蛊之前要详细谋划，在治蛊之后要总结经验。

卦辞学习法：

蛊卦的蛊，就是腐败、不通的意思，这时候社会腐败堕落黑暗，越是乱世，越是出英雄的时候，越是英雄辈出，英雄大展拳脚的时候，这时候英雄有用武之地了，来整治这个"蛊"，因而会"**元亨**"，这个英雄就是君子。一旦蛊坏，就不是一星半点的蛊坏，而是塌方式的蛊坏，所以，君子这时候就是大展拳脚的时候，大江南北、河流山川都要征战闯荡，因此"**利涉大川**"。

蛊，不是小事，而是大坏事，大坏事就要做好长期斗争的准备，正如"凡事预则立，不预则废"所说。从古至今，革除蛊坏者必须保持冷静和进行斗争，必须预备时间提前周密筹划，即"**先甲三日，后甲三日**"，持久战要打的。

卦象： <u>山下有风，蛊。君子以振民育德。</u>

译文： 山下吹着风，这就是蛊卦的卦象。君子因此要振兴民生，培育道德。

卦象学习法：

山风蛊卦，蛊卦，山高高在上，风在山下，但不说"山下风行"，而说"山下有风"呢？因为山太高太大，把风阻住了，风被山围在山下，这时候风就动弹不得了，就吹不出去了，就不能"风行"了，最多只能叫"有风"，就是这个风已经软绵绵了。这个软绵绵的风，在山里乱转，不换气，山里空气郁积无法宣发，导致各种物体就会开始腐败、发臭，臭味就过来了，就是蛊坏了，所以"**山下有风，蛊**"。

蛊坏之时，就是空气不通、思想僵化、社会停滞，就是有事，而且是出大事了。当国家社会蛊坏了，民众也不能幸免，民众萎靡，民德败坏。民是国之基础，"君以民存，亦以民亡"，所以拯救天下蛊坏之事，君子就要采取措施去振作民心，去养育民德，"**君子以振民育德**"，以荡除藏污纳垢、污秽不堪的蛊象，还朗朗乾坤。

81

爻辞：

初六，干父之蛊，有子，考无咎。厉，终吉。

注释：干，纠正。父，父亲、父辈。蛊，过失、教训。考，父亲。

爻辞学习法：[因果脉络]

现在蛊坏的造成并不是一天形成的，是需要时间的，是上一代遗留下来的问题，就是父亲造成的错误，因为男主外、女主内，所以要纠正和弥补父亲的过失，**"干父之蛊"**，而纠正的人就是儿子这一代，**"有子"**，后代做到了弥补和纠正，父亲就无憾了，**"考无咎"**。虽然对父亲的错误的指正会有伤感情，**"厉"**，但最终是吉利的，**"终吉"**。

[发展脉络线1/6]：拯救蛊坏，纠正父亲的错误，最终吉利。

九二，干母之蛊，不可贞。

注释：母，母亲、母辈。

爻辞学习法：[因果脉络]

父亲所犯的错误都是大错误，所以必须坚决纠正，而对于纠正母亲所犯的错误，**"干母之蛊"**，这就因为往往是家庭里的事情，这就牵扯到儿女私情了，而且"清官难断家务事"，就不好那么认真了，不能那么较真和上纲上线，**"不可贞"**，而应方式方法灵活。

[发展脉络线2/6]：拯救蛊坏，纠正母亲的错误，不可认真。

九三，干父之蛊，小有悔，无大咎。

注释：小有悔，小有悔意、过意不去。

爻辞学习法：[因果脉络]

再次的回过头来去纠正和弥补父亲所犯的错误，**"干父之蛊"**，随着纠正的深入，会纠正越来越多的错误，也会遇到干预、抵触甚至指责，因而自己内心也会有所悔意，**"小有悔"**，但由于方向是对的，是为了吸取失败的教训，就如同"前车之覆，后车之鉴"，吃一堑长一智，所以没有大的错误，**"无大咎"**。

[发展脉络线 3/6]：拯救蛊坏，继续纠正父亲的错误，没有问题。

六四，裕父之蛊，往见吝。

注释：裕，宽裕、纵容。往，前往、前进的路。

爻辞学习法：[因果脉络]

如果因为纠正父亲的错误受到了指责而却步，反而去宽容、纵容甚至视而不见父亲的过失，**"裕父之蛊"**，那就没有吸取过去所犯的错误的教训了，就会重蹈覆辙，犯下更大的错误，就有危险了，**"往见吝"**。

[发展脉络线 4/6]：拯救蛊坏，纵容父亲的错误，会有危险。

六五，干父之蛊，用誉。

注释：誉，荣誉。

爻辞学习法：[因果脉络]

再次的回过头来坚决地去纠正父亲的错误，**"干父之蛊"**，会有美誉和荣誉，**"用誉"**。

[发展脉络线 5/6]：拯救蛊坏，再次纠正父亲的错误，会有荣誉。

上九，不事王侯，高尚其事。

注释：不事，不再侍奉。高尚其事，做高尚的事业。

爻辞学习法：[因果脉络]

蛊坏已经纠正，父亲的错误已经得到了弥补，但毕竟是犯过了错误，也就不再在官府里做官，不再从事政治事务，"**不事王侯**"，但将仍然去做去除蛊坏的高尚的事业，"**高尚其事**"。

[发展脉络线 6/6]： 拯救蛊坏，继续去做去除蛊坏的事情。

爻辞学习法（总结）：

"山风蛊"卦主旨是讲"拯救蛊坏"，其六爻的因果发展脉络为：从初爻的"拯救蛊坏，纠正父亲的错误，最终吉利"，又到二爻的"拯救蛊坏，纠正母亲的错误，不可认真"，接着到三爻的"拯救蛊坏，继续纠正父亲的错误，没有问题"，然后就到四爻的"拯救蛊坏，纵容父亲的错误，会有危险"，再到五爻的"拯救蛊坏，再次纠正父亲的错误，会有荣誉"，最后到上爻的"拯救蛊坏，继续去做去除蛊坏的事情"。

19【临卦 地泽临】䷒ 君临天下

《序卦传》里的临卦："有事而后可大，故受之以临。临者，大也。"

《序卦传》（因果关系）学习法：

蛊卦就是有事了，就要去解决这个事情，不然局面就要更加失控。蛊卦之时，天下蛊坏、腐败，正是乱世的时候，乱世出英雄，时势也造英雄。不然，朗朗乾坤，天下太平，什么事情都是美好的，不需要去拯救，还要什么英雄呢？所以，蛊卦所处的乱世给予了大时代的机会，大乱之后必有大定，建立大功大业，这时候君临天下，昭告和平安宁的时代再次到来。所以蛊卦之后就是临卦。

卦辞：**临。元亨利贞。至于八月有凶。**

译文：临卦。具有根元、亨通、有利、贞正的四种德性。但到了八月有凶祸。

卦辞学习法：

临，是君临天下，是居高临下，君王是天子，是地位最高，君"临"，天子来了，当然要**"元亨利贞"**，什么都是美好的，因为是天子降临了。君临天下，君王自然是威风凛凛、霸气十足的气势，独揽天下，但越是这样往往越意味着再无任何力量去约束君王，于是君王就自由洒脱，"一句顶一万句"，这就危险了，长久这样就会出事，就会急转直下，事情来个"一百八十度大转弯"，即**"至于八月有凶"**。为什么说**"八月有凶"**？因为在十二消息卦里，临卦代表农历十二月，八个月之后是观卦，代表农历八月。临卦和观卦互为综卦，且临卦是阳气逐渐上升，观卦则是阴气逐渐上升，二者完全相反，也就是说，临卦八个月后，行事就完全逆转了，而且是就像临卦和观卦互为综卦的原理，真的是"一百八十度大转弯"。所以，君临天下，最怕形势急转直下，所以，临，既是**"元亨利贞"**，也是**"至于八月有凶"**。

卦象：**泽上有地，临。君子以教思无穷，容保民无疆。**

译文：地在泽的上面，这就是临卦的卦象。君子要按照临卦之道，尽自己能力教化民众至于无穷，宽容保护民众没有止境。

卦象学习法：

地泽临卦，上卦为地，下卦为泽，泽比地的地势更低，因此叫临卦。临卦，地高于泽，泽水边界就是岸边，岸上就是地了，地高而泽卑，地"居高临下"泽，地也是近距离临近泽，又有"临幸"的味道，所以"**泽上有地，临**"。

临，地泽临，就是地观临着泽，泽浸润着地，就是上临下，君王临臣民，领导临百姓。临，离不开关怀。事实也是如此，上临下的时候，往往也是领导上台讲话"长篇大论"、训话、教导、讲政治课的时候，同时也往往离不开拨款拨物以表现亲民爱民情怀，即"**君子以教思无穷，容保民无疆**"。君子为什么要这么做呢？"**教思无穷**"能启发民众思想、教化民众，使民众成才，这样国家就会人才济济、集思广益；"**保民无疆**"则是保护国家自己的力量，使得疆土无限广阔而安定有人守卫。

爻辞：

初九，咸临，贞吉。

注释：咸，感。临，君临、统治。

爻辞学习法：[因果脉络]

君王从心出发，以心之所感去临天下，与民有感应，"**咸临**"，这样就是贞正的也是吉利的，"**贞吉**"。

[发展脉络线 1/6]：君临天下，从心出发。

九二，咸临，吉，无不利。

注释：无不利，无往不利。

爻辞学习法：[因果脉络]

君王持续地从心出发，以心之所感去临天下，与民有感应，"**咸临**"，而未有变化，则会吉利，"**吉**"，并且没有什么不利的地方，"**无不利**"。

[发展脉络线 2/6]：君临天下，持续从心出发。

六三，甘临，无攸利。既忧之，无咎。

注释：甘，甘甜、甜言蜜语。忧，忧虑。

爻辞学习法：[因果脉络]

如果君王是靠花言巧语、甜言蜜语去临天下，"**甘临**"，靠说好话来敷衍做不到的事情，那对国对民都没有好处，"**无攸利**"。如果君王对于自己的花言巧语、甜言蜜语有所忧虑，"**既忧之**"，知道自己做错了，那就没有过失了，"**无咎**"。

[发展脉络线 3/6]：君临天下，不能花言巧语。

六四，至临，无咎。

注释：至，至诚，临近。

爻辞学习法：[因果脉络]

君王至诚地去临天下，"**至临**"，那么就没有过错了，"**无咎**"。

[发展脉络线 4/6]：君临天下，以至诚之心。

六五，知临，大君之宜，吉。

注释：知，智慧。大君，一国之君。之宜，应该、必须。

爻辞学习法：[因果脉络]

君王以智慧去临天下，"**知临**"，这就是一国之君必须要拥有的治国本领，即"**大君之宜**"，当然是吉利的，"**吉**"。

[发展脉络线 5/6]：君临天下，要靠智慧。

上六，敦临，吉，无咎。

注释：敦，敦厚、亲切。

爻辞学习法：[因果脉络]

君王要敦厚地去临天下，"**敦临**"，仁义天下，爱民如子，宽容百姓，这当然吉利，"吉"，没有什么过错，"无咎"。

[发展脉络线 6/6]：君临天下，要敦厚爱民。

爻辞学习法（总结）：

"地泽临"卦主旨是讲"君临天下"，其六爻的因果发展脉络为：从初爻的"君临天下，从心出发"，又到二爻的"君临天下，持续从心出发"，接着到三爻的"君临天下，不能花言巧语"，然后就到四爻的"君临天下，以至诚之心"，再到五爻的"君临天下，要靠智慧"，最后到上爻的"君临天下，要敦厚爱民"。

20【观卦 风地观】☶ 眼观六路

《序卦传》里的观卦："临者，大也。物大然后可观，故受之以观。"

《序卦传》（因果关系）学习法：

君王来君临天下了，巡视的队伍浩浩荡荡，君王居高临下，那百姓肯定围拢过来了，纷纷围观和抬头观望。所以，临卦之后是观卦。

而且事物还很微小的时候是没有人观察注意到的，只有临近了观察，事物变大了变清晰了，就好观察了。所以，临卦之后就是观卦。

卦辞：观。盥^{guàn} 而不荐，有孚颙^{yóng} 若。

译文：观卦。祭祀前洗净双手，还没有供献祭品，已经是心中有信仰、恭敬的状态。

卦辞学习法:

《易经》最重要的,就是"设卦观象",一个就是"象",一个就是"观",这概括了《易经》的核心。人的一切学识、技能、经验都来自"观",双目失明,是没法"观"的,就中断了外界信息"输入"的途径,自然就没有自身感知"输出"的产出。"当局者迷,旁观者清","当局"说的就是临卦,就是身临其境,光临现场,因此所见就眼前那一片,视野受限;而"旁观"就是观卦,观就是与现场拉开了距离,看得更远、更广阔。观卦是临卦的综卦,观卦是两个阳爻在五爻、六爻上,高高居上。观是涉及人的思想和教化的,因此观是从上往下观,眼睛向下看,观卦的五爻、六爻相当于眼睛。

观,也有什么值得观,什么不值得观,而在古代最值得观的就是去宗庙主持祭祀仪式。那么就要在祭祀前将手洗净,主持隆重的祭祀礼仪,心诚情敬,这时候先不供献祭品,防止程序紊乱坏了氛围,"**盥而不荐**"。主持内心至诚,外表肃然温静,这让观者更加的仰慕敬服,"**有孚颙若**"。

卦象: 风行地上,观。先王以省方,观民设教。

译文: 风吹拂于地上,这就是观卦的卦象。先王由此得到启示,要省视四方,观察民情,设立教化。

卦象学习法:

风地观卦,观卦风吹行于地上,风无处不去、无孔不入,风所到之处飞沙走石、尘土飞扬,也遍览庶物,对一切都观察细微,风土人情皆所获悉,什么都看到了,广泛而深入,所以,"**风行地上,观**"。

风,吹行于地上,无所不至,就像君王巡视四方,遍及四海,察看民情,"**先王以省方**"。"读万卷书,还要行万里路",亲临一方,才能获取各地风俗民情的第一手资料,而不是高坐殿堂等着部下报上来"报喜不报忧"的二手资料，从而准确获悉民生民情舆论，进而实事求是，"一方水土养一方人"，根据当地实际情况因地制宜地设定不同的教化方案，即**"观民设教"**，从而使教化决策深入人心，教化就会风行大地。

爻辞：

初六，童观，小人无咎，君子吝。

注释：童，儿童。观，观察。

爻辞学习法：[因果脉络]

观，距离的远近当然重要，刚开始观的距离较远，难以看清事物，所看到的就如儿童所观，**"童观"**，比较幼稚、肤浅、片面，这对于小人来说尚可接受，**"小人无咎"**，但君子就不行了，就会有所吝错，**"君子吝"**。

[**发展脉络线 1/6**]：眼观六路，儿童之观。

六二，窥观，利女贞。

注释：窥，窥视、看不全面。女贞，守静、不乱动。

爻辞学习法：[因果脉络]

观，距离又靠近了，但还只能是透过门缝里去偷看，去窥视，**"窥观"**，毫无疑问，这种观视野狭窄，看法不全面，会形成狭隘的观念，这种对于居家的妇女还可以，不至于酿成大祸，**"利女贞"**。

[**发展脉络线 2/6**]：眼观六路，妇人之观。

六三，观我生，进退。

注释：我生，自己情况。

爻辞学习法：[因果脉络]

经过对观的进一步总结，君子既不采纳儿童之观，也不接受妇人之观，而是反思和更上一层楼，观察自己的情况，考虑自己的才能和德行，"**观我生**"，然后能进步的进步，不能进步的就果断退回来，"**进退**"。

[发展脉络线 3/6]：眼观六路，内观自观。

六四，观国之光，利用宾于王。

注释：国之光，国家实力。宾，宾客、臣子。王，君王。

爻辞学习法：[因果脉络]

观的能力进一步提升，已经上升到了能观察国家，提出施政观点了，"**观国之光**"，所以这时候就可以去出仕为官，辅佐君王，"**利用宾于王**"。

[发展脉络线 4/6]：眼观六路，一国之观。

九五，观我生，君子无咎。

注释：我生，自己实力、自己情况。

爻辞学习法：[因果脉络]

此时，君子的观，已达到了炉火纯青的地步，四海之内都来观君子，"**观我生**"，受君子影响，受教而臻善，君子就彻底没有咎害了，"**君子无咎**"。

[发展脉络线 5/6]：眼观六路，天下观我。

上九，观其生，君子无咎。

注释：其生，对手的实力。

爻辞学习法：［因果脉络］

这时候观察天下苍生，"**观其生**"，都深受君子的熏陶感染而得到教化，君子就问心无愧了，没有任何过错，"**君子无咎**"。

［发展脉络线 6/6］：眼观六路，我观天下。

爻辞学习法（总结）：

"风地观"卦主旨是讲"眼观六路"，其六爻的因果发展脉络为：从初爻的"眼观六路，儿童之观"，又到二爻的"眼观六路，妇人之观"，接着到三爻的"眼观六路，内观自观"，然后就到四爻的"眼观六路，一国之观"，再到五爻的"眼观六路，天下观我"，最后到上爻的"眼观六路，我观天下"。

21【噬嗑卦 火雷噬嗑】䷔ 严明执法

《序卦传》里的噬嗑卦："可观而后有所合，故受之以噬嗑。嗑者，合也。"

《序卦传》（因果关系）学习法：

观了之后，人们的思想观念上来了，觉悟提高了，就会集思广益，众人拾柴火焰高，但总有不同意见捣蛋的，这时候就要清除异己，就要吃掉，所以观卦之后是噬嗑卦。

观卦讲教化，讲观念进步的；而噬嗑卦讲刑罚，讲体罚校正的，胡萝卜加大棒，恩威并施，效果才能最有效。所以观卦之后就是噬嗑卦。

卦辞：<u>噬 ^shi 嗑 ^hé</u>。亨。利用狱。

译文：噬嗑卦。亨通，有利于判案和施用刑狱。

卦辞学习法：

噬，就是啮（niè），嗑，就是合，噬嗑就是咬合的意思。嘴里有东西了，才需要去咬合，嘴里没有东西就是颐卦了。噬嗑卦的外形就是中间有"九四爻"这个如鲠在喉，所以，要咬合的东西就是这个"九四爻"，有了"九四爻"，初爻和上爻象征上嘴唇和下嘴唇，就合不上嘴了，九四爻象征有"从中作梗""眼中钉""肉中刺"，导致不通畅，所以必须给它吃掉、咬掉，铲除这个梗，必"除之而后快"才能舒坦。吃掉"九四爻"之后，就是颐卦了，就是吃饱了，也代表赢了对方，自然亨通，即"**亨**"。

噬嗑卦，就是讲要咬掉像"九四爻"这样的硬物，铲除异己、除掉障碍，这是涉及残酷剧烈的斗争的，那么就不可能用甜言蜜语、软言细语去实施，是要动手动刀子动枪的，就得要"**利用狱**"，要动真格的才有效果，书生意气、娘娘腔从来都是要失败的，对方永远不会去就范，必须来狠的制裁才行。

卦象：雷电噬嗑，先王以明罚敕^{chi}法。

译文：雷电交加、电闪雷鸣，这就是噬嗑卦的卦象。因此，先王应该效法噬嗑卦，要明确刑罚，确定法律，公布于民众，使民众有所畏惧，不触犯法律。

卦象学习法：

火雷噬嗑卦，噬嗑卦离为火为电在上，震为雷在下，有火电而明、震雷而威之意，雷电在一起，则雷电交加、电闪雷鸣，吓人的场面！人世间如此惊心动魄，宣示雷电怒气威严的场合也就是用刑用狱的场合了，就是把你拿下，吃定了你，所以，"**雷电噬嗑**"。

火电天下明，雷震天下威，使得作奸犯科者受到震慑和明照，因而无法躲避，民众为之畏惧，威和明俱在，则就会有效果。先王就是"火雷噬嗑"用刑用法的制定者和执法者，就要开诚布公地颁布刑律，设立"红线"，亮明威严，告示万民，**"先王以明罚敕法"**，使民知晓哪些要避开，不要"以身试法"，要心怀畏惧之心，"不敢越雷池一步"。

爻辞：

初九，履校灭趾，无咎。

注释：履，戴着。校，木制刑具。趾，脚趾。

爻辞学习法：[因果脉络]

噬嗑卦就是刑罚惩戒，吃掉对方的意思。对于初次作奸犯科的，对其予以轻微的惩戒，就是戴着脚镣，限制其自由，让其走路艰难，甚至看不到自己的脚趾了，**"履校灭趾"**，这样就会没有过错，**"无咎"**。

[发展脉络线 1/6]：严明执法，小试牛刀。

六二，噬肤灭鼻，无咎。

注释：噬，咬噬。肤，肤肉。灭鼻，割鼻。

爻辞学习法：[因果脉络]

如果犯法者还不收敛，则继续加大刑罚，就要啃他的皮，削他的鼻，**"噬肤灭鼻"**，这样没有咎错，**"无咎"**

[发展脉络线 2/6]：严明执法，加大药量。

六三，噬腊肉，遇毒，小吝，无咎。

注释：腊肉，冬天风干的肉。毒，不顺。

爻辞学习法：[因果脉络]

惩治作奸犯科进入了深水区，遇到了更难啃的骨头和硬肉，难啃也要啃，就要攻坚克难，狠劲地啃掉腊肉，"**噬腊肉**"，这遇到了很大的反抗，就像吃到了毒物一样，"**遇毒**"，那么会有小小的损失，但最终还是会获胜，所以"**无咎**"。

[发展脉络线 3/6]：严明执法，以毒攻毒。

九四，噬干胏 ^{zǐ}，得金矢，利艰贞，吉。

注释：干胏，带骨头的干肉。金矢，金色箭头。

爻辞学习法：[因果脉络]

惩治作奸犯科进入了越来越深的水区，还遇到了激烈反抗，这时候就像吃到了带骨的干肉，"**噬干胏**"，十分难啃，那就要更加的惩罚力度，还要严明执法，秉持正义，就像拿到了"尚方宝剑"一样，"**得金矢**"，同时要做好长期斗争准备才能有好的结果，"**利艰贞**"，当然吉利，"**吉**"。

[发展脉络线 4/6]：严明执法，尚方宝剑。

六五，噬干肉，得黄金，贞厉，无咎。

注释：干肉，风干干瘪的肉。

爻辞学习法：[因果脉络]

惩治作奸犯科遇到了疯狂的抵抗，这时候更要加强攻势，乘胜追击，就像啃咬干肉一样，要狠命地咬，"**噬干肉**"，这同时得到了充足的援助，"**得黄金**"，也要保持贞正，因为斗争是长期的、不易的，"**贞厉**"，这样做就没有遗憾，"**无咎**"。

[发展脉络线 5/6]：严明执法，乘胜追击。

上九，何校灭耳，凶。

注释：何，通"荷"，扛着。校，刑具。灭耳，耳朵割掉。

爻辞学习法：[因果脉络]

如果作奸犯科者还不知道悔改，悍然继续抵抗，还违法乱纪，则灭顶的时候到了，就会被施以最严酷的刑罚，就是脖子上戴着重重的刑具，耳朵也割掉不见了，"**何校灭耳**"，离小命不保就不远了，最凶险的时刻到了，"**凶**"。

[发展脉络线 6/6]：严明执法，灭顶之灾。

爻辞学习法（总结）：

"火雷噬嗑"卦主旨是讲"严明执法"，其六爻的因果发展脉络为：从初爻的"严明执法，小试牛刀"，又到二爻的"严明执法，加大药量"，接着到三爻的"严明执法，以毒攻毒"，然后就到四爻的"严明执法，尚方宝剑"，再到五爻的"严明执法，乘胜追击"，最后到上爻的"严明执法，灭顶之灾"。

22【贲卦 山火贲】☲ 人靠衣装

《序卦传》里的贲卦："**物不可苟合而已，故受之以贲。贲者，饰也。**"

《序卦传》（因果关系）学习法：

噬嗑卦就是关于咬合的，要合在一起，吃掉对方，然后牙齿合上，这就舒服了。但是牙齿合上也要文雅地合上，不能龅牙，或者龃牙甚至是牙上还有颗菜，这就需要文明，需要修饰，就是吃掉对方、惩罚对方，很暴力，还要给这个暴力的过程粉饰一下，以显得正当、正义和文明，而不至于太粗暴，太原始人了，这就用到了文饰，就是贲卦。噬嗑卦是关于刑罚的，是为了治理天下恢复秩序，当刑罚执行之后，就要文化大行天下才行。所以，噬嗑卦之后就是贲卦。

卦辞：贲^{bì}**。亨，小利，有攸往。**

译文：贲卦。亨通，可以有小利，可以前往。

卦辞学习法：

贲卦就是讲文饰、打扮、礼貌、文雅的，所谓"礼多人不怪"，所以在贲之时，是亨通的，即"**亨**"。正如"人靠衣装马靠鞍"所说的，稍微的打扮肯定有利的，"**小利**"，"爱美之心人皆有之"，谁都喜欢好看的，但又因为"文过饰非"，过度的文饰又会过了，失了本质，反而虚头巴脑了，所以，文饰只能是起辅助作用，所以只能有"**小利**"，可以去做，有比没有好，"**有攸往**"。

贲卦就是讲"文饰"的，目的是为了更好地展现自己、推销自己。善于营销，这首先会达到吸引人的注意力，有了注意力，也就有了更大概率买卖的可能，因此是"**亨**"的。

但贲卦的"文饰"是依附在物的"质"上的，故文饰不能太过，文饰只能是装饰，而不能喧宾夺主，故而只能"**小利**"，不能作为主业而达到"大利"。文饰也是有必要的，适当的装扮更有利于展现自己，因此"**有攸往**"，值得前往去做这件事情，即"**贲**"。

卦象：山下有火，贲。君子以明庶^{shù}**政，无敢折狱。**

译文：山下升起了火，这就是贲卦的卦象。君子看到贲卦这样的形象，就要明治各种政事，不可带着文饰和求情去治狱。

卦象学习法：

山火贲卦，山在上，火在下，火在山下，即山下燃起了火，火光通天，照亮了山体，山上有绿色的树木，有蹦蹦跳跳的小动物，也有飞来飞去的鸟儿，再加上火焰是火红火红的，一下子点亮了本来是漆黑一片的山脚，山体和草木禽兽被火焰的光芒照耀映射得红彤彤的一片，似火树银花般艺术装点，所以，"**山下有火，贲**"。

火在山下，火照得山体灯火通明，无有遮掩，而光亮所到之处，山上的草木禽兽皆受到文明光亮的点缀，齐刷刷露出头来，点头哈腰，不敢对"明"说半个不字。君子当然是"光明使者"，而从来不是"黑暗野兽"，因此，君子看到了山火贲卦的文明，就要明辨各种政治事务，**"君子以明庶政"**，不能有半点隐藏私心私利去干预断狱，**"无敢折狱"**。

爻辞：

初九，贲其趾，舍车而徒。

注释： 贲，打扮、装饰。舍车，不乘车。徒，徒步。

爻辞学习法：［因果脉络］

贲卦就是讲文饰的，最讲究打扮装饰的是什么时候呢？当然是人生大事的时候，就是结婚的时候，这时候就要梳妆打扮一番，无论男女。所以，结婚，出发去接亲，首先要装饰打扮好自己，打扮就要从头到脚，首先从脚部开始，即**"贲其趾"**，然后坐上车前行去女方家，但坐着坐着，内心兴奋，再加上要表现出诚意，也是重视求偶这件事，就下了车，继续徒步前行，**"舍车而徒"**，以表对婚配的虔诚之心。

［**发展脉络线 1/6**］：人靠衣装，从脚开始。

六二，贲其须。

注释： 须，胡须。

爻辞学习法：［因果脉络］

去接亲，当然要把面部打扮好，把胡须剃好，**"贲其须"**。不像现代，古代理发、剃须都很不方便，大都是胡子很长，如果不好好剃一番，必然是胡子拉碴的。

好多天也不好容易洗头，如果不进行打扮梳洗一番，就肯定是"蓬头垢面"的。因此在接亲这么重要的事情上，必须要把自己胡须收拾干净了。

[发展脉络线 2/6]：人靠衣装，脸面打扮。

九三，贲如濡如，永贞，吉。

注释：濡，浸润、干净。

爻辞学习法：[因果脉络]

去接亲，光剃掉胡须还不够，还要洗漱一番，全身上下都要整洁干净，"**贲如濡如**"，而且结婚以后要一直保持爱干净的习惯，做一个表里如一的人，而不是就接亲这一次做做样子，"**永贞**"，那么就会吉利，"**吉**"。

[发展脉络线 3/6]：人靠衣装，洗漱一番。

六四，贲如皤 ᵖᵒ 如，白马翰如，匪寇，婚媾。

注释：皤，白、白白净净。翰如，气宇轩昂。匪寇，不是劫匪。

爻辞学习法：[因果脉络]

古代也有白马王子，并不是现在才有，而且白色象征纯洁。穿着白白净净的衣服，打扮得朴素大方，犹如白面小生，显得年轻俊朗，"**贲如皤如**"，连同去的白马都装扮上了羽毛，气宇轩昂，"**白马翰如**"，这当然不是劫匪的队伍，"**匪寇**"，而是接亲的队伍，"**婚媾**"。

[发展脉络线 4/6]：人靠衣装，白马王子。

六五，贲于丘园，束帛戋 ʲⁱᵃⁿ 戋，吝，终吉。

注释：丘园，庄园。束帛，扎起来的丝帛。戋戋，小、少。

爻辞学习法：[因果脉络]

终于接到了亲，新郎新娘回到了已经装扮好的庄园，"**贲于丘园**"，这里就是婚房，只见庄园用小小的丝帛装扮了起来，"**束帛戋戋**"，这虽看起来比较简单朴素，不够奢华、不够气派，小气了点，"**吝**"，但婚姻嘛，更注重纯洁、朴素和持家，两个人结合了，就要会过日子了，过度文饰的东西反而不重要了，所以最终是吉利的，"**终吉**"。

[发展脉络线 5/6]：人靠衣装，勤俭持家。

上九，白贲，无咎。

注释：白，朴素。

爻辞学习法：[因果脉络]

接完了亲，结完了婚，男女结合在了一起，又回归到了生活的本原，就是返璞归真，举案齐眉，不再有虚假和修饰，互相忠诚，互相扶持，勤俭持家，坚守本心，白头偕老，"**白贲**"，最终不会有过失，"**无咎**"。

[发展脉络线 6/6]：人靠衣装，白头偕老。

爻辞学习法（总结）：

"山火贲"卦主旨是讲"人靠衣装"，其六爻的因果发展脉络为：从初爻的"人靠衣装，从脚开始"，又到二爻的"人靠衣装，脸面打扮"，接着到三爻的"人靠衣装，洗漱一番"，然后就到四爻的"人靠衣装，白马王子"，再到五爻的"人靠衣装，勤俭持家"，最后到上爻的"人靠衣装，白头偕老"。

23【剥卦 山地剥】 抽丝剥茧

《序卦传》里的剥卦："贲者，饰也。致饰然后亨则尽矣，故受之以剥。剥者，剥也。"

《序卦传》（因果关系）学习法：

贲卦，就是在本质之上涂抹、粉饰、装扮，如果过于文饰，那么这些文饰的"胭脂水粉"就会由于过重从而挂不住，从而剥落下来。另外，社会风气太过于粉饰，那么就会陷入虚假繁荣之中，那么一阵繁华之后，就是一片凋零，假的装的东西全部被无情剥去了。

所以，贲卦之后是剥卦。

卦辞：剥。不利有攸往。

译文： 剥卦。不利于有所前往。

卦辞学习法：

仔细看剥卦的外形，仅有一个上九为阳爻，而且身居最高位，"高处不胜寒"，寒气逼人，让人瑟瑟发抖，这也不难怪，因为上九阳爻下面全是阴爻，阳气就要被剥尽，这时候剥卦的根基被完全掏空了，不能再往前进了。所以，**"剥。不利有攸往。"**

而且剥卦，就是"剥落"的意思，就像墙体剥落、不停地往下掉墙皮、砖瓦石头，肯定不能再前往靠近了。也是**"剥。不利有攸往。"**

另外，剥卦是十二消息卦之一，代表九月秋冬之际，这个季节植物正在面临枝枯叶败、凋零的时刻，只剩最上面一个阳爻了，阳气将要剥尽，更不能主动出击了，要保存实力，原地不动。还是**"剥。不利有攸往。"**

《周易》中，阳一般代表君子，阴代表小人，这时候小人得势，气势汹汹，君子孤单一人，更不可意气用事，不能前往"凑热闹"去硬拼硬干，即**"不利有攸往"**，否则容易吃亏被害，宜等待时机。

卦象：山附地上，剥。上以厚下安宅。

译文： 山依附于地上，这就是剥卦的卦象。统治者要以民为本，厚待下民，使其安居。

卦象学习法：

山地剥卦，剥卦山立于地上，山是怎么来的？是地壳运动从大地隆起变来的，就是山本来就属于大地母亲的一个分子，山实际上是寄附于大地之上的，不可"数典忘祖"。山隆起于地，高耸于云端，必遭受长年累月的风吹雨打、饱经风霜、遭受飞沙走石侵蚀，最终山体日益风化、崩塌、剥落，即**"山附地上，剥"**。

另外，山就是山，地就是地，山立于地上，山不能立在空中，所以地对于山十分地重要。地动就会山摇，地是山的基础，基础不厚实牢固，那山也就危了，就要山体滑坡甚至分崩离析了。所以山要想立住，就必须厚地。作为统治者的"上"由山地剥卦的卦象所观察到的，就要明白"民为本"的至关重要之处，功臣爱将可以杀，对谁不好都不能对民不好，"水能载舟，亦能覆舟"，民的力量是最强大的，因此就要厚待民众，**"上以厚下"**，做到了这些，就像厚实了自己宅子的地基一样，这样才能根基厚实、安全稳固，地基稳，房梁、墙体、屋顶也才能稳固，就安稳了，这样睡在宅子里也才能睡得着觉，就可以安枕无忧了，即**"安宅"**。

爻辞：

初六，剥床以足，蔑贞，凶。

注释： 剥，腐败、剥蚀。足，床腿。蔑，消掉。

爻辞学习法：[因果脉络]

剥卦的剥落从来都是慢慢剥落的，主要来自大自然的风化作用。因此，剥落有个时间流淌过程中的不同地方先后剥落的顺序。用床来比喻剥落是最合适不过了，因为床是一个人安身之处，安身是要晚上安身，白天要出去干活溜达的不需要安身，所以，没有了床，晚上去哪睡觉呢？

那么，床的最开始剥落，首当其冲的就是床脚，就是剥蚀床脚，**"剥床以足"**，相当于"釜底抽薪"，床脚被剥蚀掉了，床就要倾倒了，当然就没有了安全和稳定，**"蔑贞"**，就凶险了，**"凶"**。

[发展脉络线 1/6]：抽丝剥茧，剥到床腿了。

六二，剥床以辨，蔑贞，凶。

注释：辨，床板。

爻辞学习法：[因果脉络]

继续向上剥落，剥到了床的床柱子上，**"剥床以辨"**，侵蚀了床的稳定性和安全性，**"蔑贞"**，凶险，**"凶"**。

[发展脉络线 2/6]：抽丝剥茧，剥到了床柱了。

六三，剥之，无咎。

注释：剥之，清除掉。

爻辞学习法：[因果脉络]

没有睡大觉，及时发现了这些剥落床的现象，把这些剥落床的事由去除，**"剥之"**，警铃解除，"亡羊补牢，为时未晚"，就没有不好的了，即**"无咎"**。

[发展脉络线 3/6]：抽丝剥茧，把剥落剥除掉。

六四，剥床以肤，凶。

注释：肤，肌肤。

爻辞学习法：[因果脉络]

剥落的力量实在是太强大了，沿着床柱子继续向上剥，已经剥到了床板上，而床板受到了剥蚀，这使得睡在床上伤及了肌肤，"**剥床以肤**"，这更危险了，已经到了"切肤之痛"的危机程度了，所以凶险，"**凶**"。

[**发展脉络线 4/6]：抽丝剥茧，剥到了床板了。**

六五，贯鱼，以宫人宠，无不利。

注释：贯鱼，像鱼一样鱼贯而入，有次序。宫人宠，宠幸后宫。

爻辞学习法：[因果脉络]

剥落的问题十分严重，必须加以重视了。那么解决剥落的问题，要有个轻重缓急、分清主次，"**贯鱼**"，就是"鱼贯而入"，就像鱼一样排着队按照先后顺序通过，也像皇帝宠后宫妃子一样也是有次序的，"**以宫人宠**"，那么做到了这些，就没有不利的了，"**无不利**"。

[**发展脉络线 5/6]：抽丝剥茧，按次序剥除剥落。**

上九，硕果不食，君子得舆，小人剥庐。

注释：硕果，努力的成果。得舆，得到一车赏赐。剥庐，房子被毁。

爻辞学习法：[因果脉络]

做了以上的努力，终于硕果仅存了，没有被剥落掉，即"**硕果不食**"。经过对剥落的反抗斗争，君子最后得到了一大车的奖励，"**君子得舆**"，而小人则会得到惩罚，失去了房子，象征抄家，即"**小人剥庐**"。

[发展脉络线 6/6]：抽丝剥茧，停止了剥落。

爻辞学习法（总结）：

"山地剥"卦主旨是讲"抽丝剥茧"，其六爻的因果发展脉络为：从初爻的"抽丝剥茧，剥到床腿了"，又到二爻的"抽丝剥茧，剥到了床柱了"，接着到三爻的"抽丝剥茧，把剥落剥除掉"，然后就到四爻的"抽丝剥茧，剥到了床板了"，再到五爻的"抽丝剥茧，按次序剥除剥落"，最后到上爻的"抽丝剥茧，停止了剥落"。

24【复卦 地雷复】䷗ 回头是岸

《序卦传》里的复卦："物不可以终尽，剥，穷上反下，故受之以复。"

《序卦传》（因果关系）学习法：

这个世界没有永动机，剥卦也是，它不能一直剥，不能无止境地剥，因为事物终归是有大小的，是有量的，剥到最后剥完了也就到底了、到头了。而且关键是到底了、到头了，却是"绝地反击""山重水复疑无路，柳暗花明又一村"的时刻到了，就会迎来反弹，迎来了"一元复始"。即，山地剥，之前山顶剥落到地上的山石，又开始重新慢慢聚集起来了，日久天长，又一座山将会重新拔地而起而复现。

所以，剥卦之后是复卦。

卦辞：复。亨。出入无疾，朋来无咎。反复其道，七日来复，利有攸往。

译文：卦。亨通。阳气初生生长没有阻挡、没有侵害，其他诸阳朋友必定结伴前来，渐次生长，自然没有灾祸。阴阳此消彼长之道，过了七天就变为复卦，利于有所前往。

卦辞学习法：

复卦也有"小父母卦"之称。复卦就是讲复出、初生、生长的，复卦只有初九爻为阳爻，代表"一阳复始"，代表了新生命、新气象，万象更新，有种"东山再起""十八年后又是一条好汉"的味道，当然就是"**亨**"。

复，就是要一直生长，阳气在逐渐地增强，没有阻拦，还要拉队伍、壮大前行的力量，这时候的复，一阳爻始生，开始阳进阴退，有更多的阳气进来，逼退阴气出去，就是"君子道长，小人道消"的阶段，所以这时候"**出入无疾，朋来无咎**"，即生长没有阻挡、来的阳爻的朋友一起助阵前行，更加的安全无咎。

复卦是从剥卦变化过来的，经历了七次变爻过程，因此"**反复其道，七日来复**"，也说明复的到来是不容易的，而且是积极向上的。一阳始生，破坏容易复建难。而且"复"代表未来方向，是阳气再次的回归，因而再度地充满了希望和生机，而不是"垂垂老矣"，当然是"**利有攸往**"。

卦象：雷在地中，复。先王以至日闭关，商旅不行，后不省方。

译文：地中雷在孕育，这就是复卦的卦象。先王因此在冬至这一天，闭上关卡，安静修养，商旅的人在这一天也不出行，国君也不再省察四方。

卦象学习法：

地雷复卦，复卦雷跑到了地下，那就是休眠不发出隆隆雷声了，因为复卦所处的是十二消息卦的冬至日这天，雷跑到地下，似乎是在躲避寒冷的冬季，但还是会复返的。复卦的冬至日，这时候一阳始生，阳气复生，即将迎来的就是春天，接着就是春雷的到来，雷就会从地下复出来，所以，**"雷在地中，复"**。

复卦是一阳爻在下，五阴爻在上，是"一阳复始"，这时候到了节气的一年之中的冬至时刻。冬至之时，天地之间是天寒地冻，"千里冰封万里雪飘"，万物都在蛰伏沉睡之中，复卦刚刚冒出来的"一阳独苗"，稚嫩而脆弱。这个"一阳独苗"哪里是冰天雪地阴寒冷酷冬至的对手？因此，先王就立下了规矩，冬至之日，一切活动暂停，政府领头，衙门不办公，各行各业都放年假，暂停一切应酬，商旅停摆，君王也不再巡视四方，即**"先王以至日闭关，商旅不行，后不省方"**。闭关修养，一切都为了休养生息，滋补、调养好那"一阳独苗"，以期阳气逐渐累积，养精蓄锐，"待到春暖花开时"，便可以"厚积薄发"再次绽放生命。

爻辞：

初九，不远复，无祗悔，元吉。

初九，不远复，无祗di悔，元吉。

注释： 复，回头。祗，大。

爻辞学习法：［因果脉络］

复卦是讲发现问题，幡然悔悟，回头是岸，回来了，而不是在错误的道路硬着头皮继续前行。所以，刚走不远，就回头，**"不远复"**，那就不会有大的后悔，**"无祗悔"**，而且已经是大大的幸运了，**"元吉"**。这样错误不会扩大化，损失减少到了最低了。

［发展脉络线 1/6］：回头是岸，没走多远就回头。

六二，休复，吉。

注释： 休，美好。

爻辞学习法：[因果脉络]

回头回来之后，后知后觉，还赞美自己的果断返回来，"**休复**"，这是吉利的，"**吉**"。

[发展脉络线 2/6]：回头是岸，肯定自己的决定。

六三，频复，厉，无咎。

注释：频，频繁。厉，严厉、仔细。

爻辞学习法：[因果脉络]

但终归是经验不足，频繁犯错误，又频繁返回来，"**频复**"，这会产生损失，还会影响到心情，"**厉**"，但是正确的，最终没有过失，"**无咎**"。

[发展脉络线 3/6]：回头是岸，频繁返回来最终还是好的。

六四，中行独复。

注释：中行，中道行进。

爻辞学习法：[因果脉络]

随着返回来的次数的增加，逐渐有了主见，不再听从别人的劝告，而是自己走在中正的道路上，不听任何人的，自己做主，自己独立返回，"**中行独复**"，但这时候就不知道吉利还是悔吝了。

[发展脉络线 4/6]：回头是岸，自己听自己的。

六五，敦复，无悔。

注释：敦，敦厚。

爻辞学习法：[因果脉络]

这时候呢，由于自己独立的回来，没有别人的参谋和帮助了，那做出复返回来的决定也敦厚地慢了下来，"**敦复**"，但终归是回来了，而不是硬往前闯，没有后悔，"**无悔**"。

[**发展脉络线 5/6**]：回头是岸，返回来的速度是慢了下来了。

上六，迷复，凶，有灾眚。用行师，终有大败，以其国君凶。至于十年不克征。

注释：迷，迷失、迷茫。灾眚，灾难伤亡。行师，用兵打仗。

爻辞学习法：[**因果脉络**]

终究是"是祸躲不过"，该返回来的反应敦厚迟钝慢了下来之后，终于在回途之中迷失了方向，"**迷复**"，这就凶险了，"**凶**"，还会有灾难，"**有灾眚**"。如果按照这样的迷迷糊糊的状态去出兵用兵的话，"**用行师**"，就是莽汉行为，肯定会碰得头破血流而大败，"**终有大败**"，甚至可能急转直下，兵败如山倒，连国家君王都要受到牵连而凶险，"**以其国君凶**"。自此一役之后，必将损兵折将，元气大伤，国力不振，以后十年都不要再想去征战了，"**至于十年不克征**"。

[**发展脉络线 6/6**]：回头是岸，频繁的返回终于迷失了道路。

爻辞学习法（总结）：

"地雷复"卦主旨是讲"回头是岸"，其六爻的因果发展脉络为：从初爻的"回头是岸，没走多远就回头"，又到二爻的"回头是岸，肯定自己的决定"，接着到三爻的"回头是岸，频繁返回来最终还是好的"，然后就到四爻的"回头是岸，自己听自己的"，再到五爻的"回头是岸，返回来的速度是慢了下来了"，最后到上爻的"回头是岸，频繁的返回终于迷失了道路"。

25【无妄卦 天雷无妄】☳ 无妄之灾

《序卦传》里的无妄卦："复则不妄矣，故受之以无妄。"

《序卦传》（因果关系）学习法：

复卦是一阳复始，是阳气重新降临了，阴气逐渐散去，朗朗乾坤即将重现光芒，正道、良知全部回归，一切都没有躲躲藏藏的、蝇营狗苟的了，充满着复返归来的阳刚之气，一切都是真实、真切、真诚的，而没有虚妄、妄想、妄动。

所以，复卦之后就到了无妄卦。

卦辞： 无妄。元亨利贞。其匪正有眚^{shěng}，不利有攸往。

译文： 无妄卦。不妄为，则元始亨通、利于坚守正道。如果妄为不守正道就有灾祸，不利于有所前往。

卦辞学习法：

无妄，就是不轻举妄动，没有妄为，冷静不冲动，一切以真诚、真心、真意出发，就是归真，一切都是真的，没有一点虚的，这是世界的本来面目，是唯物主义的核心，回到了事物的本原，万事万物都按照客观真理来运行和生长有序，所以，"**无妄。元亨利贞**"。

无妄，如果不无妄，就是妄为了，就是行为不正，那就会有灾祸了，"**其匪正有眚**"，就要赶紧停止前进，悬崖勒马，即"**不利有攸往**"。

这是处理事物的最高城府，无妄，是发自内心的真心、本心，不会妄为，而不是虚伪、虚头巴脑的假装奉承，当然就会"**元亨利贞**"，就要果断停止妄为。

卦象： 天下雷行，物与无妄。先王以茂对时育万物。

译文： 天下打雷，这就是无妄卦的卦象。先王观察无妄卦现象，就要凭借威严来顺时而行，来使百姓和万物都茂盛、繁育。

卦象学习法：

天雷无妄卦，无妄卦说"天下雷行"，而不是"天下有雷"，"有雷"就是静态的，而"雷行"就是动态的、在行动，震声雷动，气势汹汹，这个响动的气势也让地上万物震动了，不再是之前的静默状态，于是天下万物慑于天上震雷的威声，莫不害怕，不敢胡来，也应着雷声和雨点，知道生长的季节到来了，这时候就不能来虚的了，万物根据自身本性，老老实实地、没有差错地、各安其道地按照自然界的生长规律顺时成长，即"**天下雷行，物与无妄**"。

先王观察万事万物都是顺着季节天时天性来无妄生长的，于是法此现象，就也要顺应时令，"**先王以茂对时**"，目的是培育更多的万物，即"**育万物**"。帮万物也是帮自己，这样自己也能万古长青。"大道之行，天下为公"，这些都是先王为王之时"在其位，谋其政"应该做的，所以"**先王以茂对时育万物**"。

爻辞：

初九，无妄，往吉。

注释： 无妄，不妄想妄为。往，前往。

爻辞学习法： [因果脉络]

无妄卦，就是心态放开了，对得失不再那么斤斤计较了，没有非分之想，只要心中怀有诚意，真诚无妄，"**无妄**"，到哪里都会吉利，"**往吉**"。

[发展脉络线 1/6]：无妄之灾，内心真诚。

六二，不耕获，不菑^{zī}畲^{shē}，则利有攸往。

注释：不耕，不去耕种。获，收获。不菑，不去翻地垦荒。畲，熟地肥地。

爻辞学习法：[因果脉络]

坚持无妄之后，一切都不那么着急了，不再急着一耕种就想着收获，不再盼着地才开垦一年就变为三年的熟田，**"不耕获，不菑畲"**，没有了功利之心，只埋头苦干，不空想遥望，所谓"眼是孬，手是勤"，那么就会现实和实干，就会"一分耕耘，一分收获"，即**"则利有攸往"**。

[发展脉络线2/6]：无妄之灾，不问前程。

六三，无妄之灾，或系之牛，行人之得，邑人之灾。

注释：无妄之灾，无故灾祸。或，例如、比如。系，拴住。邑，村邑。

爻辞学习法：[因果脉络]

就如开车一样，你不撞人，别人也会撞你，主打一个防不胜防。就是说，无妄，即使自己一直无妄，不拈花惹草，不惹是生非，但不耽误别人惹你，这就来了**"无妄之灾"**，即本来不是自己的错，却平白无故背了锅，遭受了陷害，得了**"无妄之灾"**。就是说虽然你没干这事，却诬赖是你干的，就如**"或系之牛，行人之得，邑人之灾"**一样，被当替罪羊了。

[发展脉络线3/6]：无妄之灾，背了黑锅。

九四，可贞，无咎。

注释：可贞，固守正道。

爻辞学习法：[因果脉络]

背了黑锅之后，自己一身正气，"平生不做亏心事，半夜不怕鬼敲门"，只要自己"行得正、坐得稳"，即"**可贞**"，就不怕天上平白无故掉下来大黑锅砸到自己身上的"无妄之灾"，最终就没有灾难，"**无咎**"。

[发展脉络线 4/6]：无妄之灾，一身正气。

九五，无妄之疾，勿药有喜。

注释：疾，问题。勿药，不要吃药、不要干预。有喜，好了、好事。

爻辞学习法：[因果脉络]

自己坚持不妄想，不妄动，不妄念，但还是有疾患了，但这个病不是自己招来的疾病，而是外来的，"**无妄之疾**"自己并没有病，那么，就不要去吃药，顺其自然，很快就会自然而然就好了，"**勿药有喜**"。

[发展脉络线 5/6]：无妄之灾，顺其自然。

上九，无妄，行有眚，无攸利。

注释：眚，牵绊、灾祸。

爻辞学习法：[因果脉络]

无妄，坚持到了最紧要的关头了，依然要坚持无妄，仍然不要妄想、妄动和妄念，"**无妄**"，这时候如果按捺不住，松动了，想着一直无妄而无事，就去贸然行动，就会有灾祸，"**行有眚**"，没有什么获利，"**无攸利**"。

[发展脉络线 6/6]：无妄之灾，按捺不住。

爻辞学习法（总结）：

"天雷无妄"卦主旨是讲"无妄之灾"，其六爻的因果发展脉络为：从初爻的"无妄之灾，内心真诚"，又到二爻的"无妄之灾，不问前程"，接着到三爻的"无妄之灾，背了黑锅"，然后就到四爻的"无妄之灾，一身正气"，再到五爻的"无妄之灾，顺其自然"，最后到上爻的"无妄之灾，按捺不住"。

26【大畜卦 山天大畜】䷙ 蓄势待发

《序卦传》里的大畜卦："有无妄然后可畜，故受之以大畜。"

《序卦传》（因果关系）学习法：

无妄，没有了虚妄，就是一切真心实意、真诚真实，"诚信赢天下"，所以就会赢得信任，紧随而来的就是收获和蓄积，所以无妄卦之后就是大畜卦。

无妄，表示摒弃了一切虚妄，回归本真，即返璞归真。真，是最正确的事情，越是正确的事情，就越需要坚持，需要养护，不然就会坚持着、坚持着就走斜了，就误入歧途了，所以，越是珍贵的"真"，就越要养护，而大畜就是畜养的意思，因此，无妄卦之后就是大畜卦。

卦辞：**大畜。利贞。不家食，吉。利涉大川。**

译文：大畜卦。有利于坚守正道。不食于家中（食禄于朝廷），是吉利的事情。有利于涉渡大川。

卦辞学习法：

大畜卦，山天大畜，天该有多大啊，但天都在山里了，那山该有多大的蕴藏！有蕴藏，就是有家底，就是有了很大的蓄积，就是财富，就是有钱。有了财富要干什么？当然是"兼济天下"，所谓"能力有多大，责任就有多大"，天下需要拯救，天下也需要英雄。所以，处于大畜卦之时，要走在正道上，要把能力用在正义的事情上。所以，**"大畜。利贞"**。大畜之时，能力甚大，当然不是偷偷躲在家里赏鸟观花自娱自乐醉生梦死，在家里吃个圆滚滚、胖墩墩。大畜之时，不再是只管自己吃饱穿暖畜养自己的问题了，而是要肩负"先天下之忧而忧"的使命感，去朝廷做事，这样借助国家机构的平台去为天下造福，去畜养天下黎民百姓和贤能之才，就是要吃公家饭，拿朝廷俸禄，即**"不家食"**。大畜，是做公事的，不是为私的，当然吉利，**"吉"**。大畜胸怀天下，格局伟大，当然是**"利涉大川"**的，为国做事，天南海北畅行无阻。

卦象：天在山中，大畜。君子以多识前言往行，以畜其德。

译文： 天包含在山中，这就是大畜卦的卦象。君子由此要学习大畜卦，学习山的蓄藏能力，多学习前贤往哲的言谈举止，以此来积蓄自己的德性。

卦象学习法：

山天大畜，大畜卦，天被包在了山里，山里有天，这个山该有多大的蓄积啊，天可是包罗天下，现在天还在山中，那就是大的蓄积，所以，**"天在山中，大畜"**。

"天外有天，人外有人"，就是说智慧永无止境，所以就要学习、学习再学习，学习谁？当然是学习古之圣贤的言行，**"君子以多识前言往行"**，他们的言行代表着人类的最高智慧，只有学习和领悟之后，自己的德行也就蓄积了起来，**"以畜其德"**。人的大畜从哪来？不仅是靠"诚信赢天下"得来的，还靠勤学苦练得来的，不会平白无故飞到自己身上。

爻辞：

初九，有厉，利已。

注释： 厉，厉害、危险。已，通"已"，停止。

爻辞学习法：［因果脉络］

大畜卦其实是讲有了蓄积之后，要控制住内心一直向前冲出去的躁动之心，要稳住，不要急跳出去。所以，在大畜之时，内心会膨胀，觉得自己不是自己了，就会躁动，就会跃跃欲试，就是想往外冲一把，那么就会有危险，**"有厉"**，这时候有利于停下来，不要冒进，**"利已"**。

［发展脉络线 1/6］：蓄势待发，按捺住冲动。

九二，舆说辐。

注释： 舆，车子。辐，辐条。

爻辞学习法：［因果脉络］

就在犹豫之际，突然车轴子掉了，**"舆说辐"**，这还怎么冲出去？没法前进了。这是冥冥之中"如有神助"在帮忙劝阻不要冲动冒进。

［发展脉络线 2/6］：蓄势待发，如有神助。

九三，良马逐，利艰贞。曰闲舆卫，利有攸往。

注释： 曰，通"日"。闲，练习。舆卫，驾车马和防卫技术。

爻辞学习法：［因果脉络］

大畜卦由于大畜，还是浑身都是劲，不撒出去就是浑身都是难受，于是到处窜动，就像骑着良马不知道哪是哪了到处乱跑，**"良马逐"**，那这时候就要知道艰难从而守正，**"利艰贞"**，不可忘乎所以。还要每天练习驾驭和防卫，**"曰闲舆卫"**，勤学苦练，以备不测，这样才能有所前往而有利，**"利有攸往"**。

[发展脉络线3/6]：**蓄势待发，厉兵秣马。**

六四，童牛之牿^{gù}，元吉。

注释：童牛，小牛。牿，横木。

爻辞学习法：[因果脉络]

大畜，锁住其冲动，还要在其对事物的认识还有是非不分的时候就要出手去限制，就像"初生牛犊不怕虎"，提前给这个牛犊的牛角上架上横木，**"童牛之牿"**，这样它就顶不了人了，做不了坏事了，就是大大的吉利，**"元吉"**。

[发展脉络线4/6]：**蓄势待发，约束于它。**

六五，豶^{fén}豕^{shǐ}之牙，吉。

注释：豶豕，阉割过的公猪。

爻辞学习法：[因果脉络]

大畜卦，一直在控制、控制再控制，绕了一大圈，又回到了原点，回到了大畜卦最直面的问题，就是向外冲的势太大，还是要从大畜的能量入手，就要把野性消除，这个消除只能是"斩草除根"式的消除，就是要"釜底抽薪"，就像给兽性十足的公野猪一下子阉割了之后，性情立马温顺了下来，公野猪的獠牙也温柔地耷拉了下来了，没有进攻性了，**"豶豕之牙"**，所以吉利，**"吉"**。

[发展脉络线5/6]：**蓄势待发，釜底抽薪。**

上九，何天之衢^{qú}，亨。

注释：何，通"荷"，肩负。衢，大道。

爻辞学习法：[因果脉络]

经历了一连串的"憋大招"，终于压制住了大畜内心的暴躁冲动性情，养成了强大的静定力。这时候既有强大的蓄积，又有强大的静定力，那就是有通天之才，通天之功了，就能担当重任，就能"条条大道通罗马"，就能能力达到了"高耸入云"，**"何天之衢"**，就能能力神通广大，事业和人脉四通八达，当然就是亨通的，**"亨"**。

[发展脉络线 6/6]：蓄势待发，四通八达。

爻辞学习法（总结）：

"山天大畜"卦主旨是讲"蓄势待发"，其六爻的因果发展脉络为：从初爻的"蓄势待发，按捺住冲动"，又到二爻的"蓄势待发，如有神助"，接着到三爻的"蓄势待发，厉兵秣马"，然后就到四爻的"蓄势待发，约束于它"，再到五爻的"蓄势待发，釜底抽薪"，最后到上爻的"蓄势待发，四通八达"。

27【颐卦 山雷颐】▤ 生存之道

《序卦传》里的颐卦："物畜然后可养，故受之以颐。颐者，养也。"

《序卦传》（因果关系）学习法：

大畜卦，是有大大的蓄积，有了蓄积，就需要保养啊，蓄积动物，需要畜养他们，哪怕是机器，也要维护保养，反正蓄积拥有了物品之后，就不能当甩手掌柜不管不问，就要时时刻刻负起责任保养之，而颐卦就是养，所以，大畜卦之后就到了颐卦。

卦辞：<u>颐。贞吉。观颐，自求口实。</u>

译文：颐卦。颐，养的意思。养正则吉利。观其所养人之道，也观自养口实之道。

卦辞学习法：

颐卦，就是养的意思，人有两方面要去养，德要去养，身要去养，这两个养还都要正，才能吉利，"**贞吉**"因为"病从口入，祸从口出。"吃进去的不正，人就要生病；德不养，则出言不逊，就要招惹祸端。观察颐养，就要知晓"种瓜得瓜，种豆得豆"，也即"**观颐**"，这些都是投入产出原理，也就是你"吃"进去什么，就会"变"成什么，所以还是要养正。对于养的问题，人还是要靠自己的双手，要自食其力，不能好逸恶劳，"**自求口实**"，这就要求说话不能虚头巴脑、言之无物，吃进来的东西要实实在在有营养，因为颐卦就像人的一张嘴。

卦象：山下有雷，颐。君子以慎言语，节饮食。

译文：山下响动震雷声，这就是颐卦的卦象。君子从颐卦中得到的启示，要谨慎言语，节制饮食。

卦象学习法：

山雷颐卦，颐卦是上为山，下为雷，上面的山岿然不动，而下面的雷时不时地震动一下，这个形成的画面就是上面不动、下面动，这就像人的嘴巴吃东西，仔细观察，吃东西的时候嘴巴的上颚是不动的，下颚却在活动以咀嚼吃进的东西，因此，所以说"**山下有雷，颐**"。颐就是吃。从卦象上看，上卦山下卦雷形成的初九、上九为阳爻，中间四爻为阴爻的象，像极了一个张开的嘴巴。

颐卦，就是讲养的，养生、吃饭，与人的口有关。山，是静止的，雷，是震动的，因此山雷颐卦强调了嘴巴的动静适宜的重要性，须知"病从口入，祸从口出"，吃饭不要暴饮暴食，要节制，说话要慎重考虑，因此"**君子以慎言语，节饮食**"，以养德养身。

爻辞：

初九，舍尔灵龟，观我朵颐，凶。

注释：舍，舍弃、不顾。观，观察、看。朵颐，进食、吃饭。

爻辞学习法：[因果脉络]

颐卦就是讲生存之道的，目的是为了养自己，在社会中挣扎以分得一杯羹。很多时候，生存要有求于人。但是有求于人的时候，有时候眼睛没有擦亮。本来自己是有资本的，有自食其力的能力的，自己是有宝贝的，宝贝就像灵龟一样，却放弃了自己的自尊，"**舍尔灵龟**"去羡慕追捧别人的高高在上，看着别人大口吃肉，"**观我朵颐**"，期望能帮自己一把，这样绝对是痴心妄想、癞蛤蟆想吃天鹅肉，最终结局就是凶险，"**凶**"。

[发展脉络线 1/6]：生存之道，舍己求人。

六二，颠颐，拂^{fú}经于丘，颐征凶。

注释：颠，颠倒了、空了。拂经，违反道理。丘，山丘。征，征途、作为。

爻辞学习法：[因果脉络]

到了没有自养的能力，开始慌不择路，颠倒了颐养之道，先是向不如他的人求养，没有如愿，"**颠颐**"，又去向上求助，就是向位于高山之上的尊者求养，"**拂经于丘**"，妄图走捷径，这当然更不靠谱，因为没有交换的资本，这样搞来搞去，像无头苍蝇到处乱跑，颐养的事情就要凶险了，有饿肚子的危险，"**颐征凶**"。

[发展脉络线 2/6]：生存之道，无头苍蝇。

六三，拂颐，贞凶，十年勿用，无攸利。

注释：拂，违反。

爻辞学习法：[因果脉络]

现在继续向上求养，因为攀上了些关系了（因为六三和上九相应），但还是存在着阶级和地位的差距，依然违反了颐养之道，"**拂颐**"，必须返回颐养的正道以防止凶险，"**贞凶**"，从而以止损，这样的攀关系向上求养的方式最好永远都不要用，没有利益，"**十年勿用，无攸利**"，因为地位不对等。

[发展脉络线 3/6]：生存之道，向上攀附。

六四，颠颐，吉。虎视眈^{dān}眈，其欲逐逐，无咎。

注释：颠，颠倒了、空了。欲，欲望。逐逐，急迫。

爻辞学习法：[因果脉络]

继续向上攀关系，继续违反颐养之道向上求养，"**颠颐**"，这时候就吉利了，因为自己的地位和实力已经来到了高处。这时候，就如同一只大老虎一样的眼睛直往上挑，直瞪着上方，"**虎视眈眈**"，向上求养，欲望很急迫也很明确，"**其欲逐逐**"，那谁敢不答应它的请求呢？谁让它有实力呢？不过老虎只求养不吃人，没有咎害，"**无咎**"。

[发展脉络线 4/6]：生存之道，实力说话。

六五，拂经，居贞吉。不可涉大川。

注释：拂经，违反道理。居，安于、采取。

爻辞学习法：[因果脉络]

到了这个高度，本身自身能有自养的能力，但仅此而已，不能再过多地去养别人，于是求助于上，这依然是违反了颐养之道，"**拂**

经"，因为颐养之道始终强调要"自求口实"，但这没事，因为上能力广大，能够养下以及更多的人，但这时候的求养于上要保持贞正才能吉利，"**居贞吉**"，因为毕竟是有求于人的，而不是自己的，所以这时候是不可以到处乱跑、南征北战的，"**不可涉大川**"，因为实力不是自己的，是来自于上面的，不能拿别人的东西撑场面。

[发展脉络线 5/6]：生存之道，低调行事。

上九，由颐，厉，吉，利涉大川。

注释：由，自由、自然而然。

爻辞学习法：[因果脉络]

颐养之道终于练成，"**由颐**"，但仍然要心存敬畏之心，"**厉**"，才能吉利，"**吉**"，掌握了颐养之道，就可以行走江湖了，"**利涉大川**"。

[发展脉络线 6/6]：生存之道，颐养之道。

爻辞学习法（总结）：

"山雷颐"卦主旨是讲"生存之道"，其六爻的因果发展脉络为：从初爻的"生存之道，舍己求人"，又到二爻的"生存之道，无头苍蝇"，接着到三爻的"生存之道，向上攀附"，然后就到四爻的"生存之道，实力说话"，再到五爻的"生存之道，低调行事"，最后到上爻的"生存之道，颐养之道"。

28【大过卦 泽风大过】☱☴ 过犹不及

《序卦传》里的大过卦："颐者，养也。不养则不可动，故受之以大过。"

《序卦传》（因果关系）学习法：

颐卦，颐养之卦，养得太足了，就会"温饱思淫欲"，必然要去找乐子，那就要闯祸了，而且是大的祸，那就是大大的过错了，所以颐卦之后是大过卦。

卦辞： **大过。栋** ^{dòng} **桡** ^{ráo}**，利有攸** ^{yōu} **往，亨。**

译文： 大过卦。栋梁虽然弯曲了，仍有利于有所前往，亨通。

卦辞学习法：

大过，是"大"的方面过了头了。大过卦，四个阳爻在中间，两个阴爻在两头，《周易》中有四阳爻的卦有 15 个，但唯独此卦为大过卦，因为阳为大，四个阳爻集中在卦中间、中部，两个阴爻分散在初爻和上爻上，造成"肚子大，却头小、脚细"，那么二阴爻就无法承受四阳爻的重量，故有压弯之象，即为"**栋桡**"。

大过，也指有大过人之才。在大过之时，栋梁即将要被压弯，时势非常紧急，天下有大难，那么有大过人之才的贤能就"英雄有用武之地"了，施展抱负，展现才华，成就非常之伟业，即"**利有攸往**"，这样的"力挽狂澜于既倒，举扶大厦于将倾"的大英雄怎能不亨通？"**亨**"，会被万世景仰的。

卦象： **泽灭木，大过。君子以独立不惧，遁世无闷。**

译文： 泽水淹没了树木，这就是大过卦的卦象。君子看到此象，要审时度势，进则敢作敢为、独立自主，退则隐身遁世无怨无悔、不苦闷。

卦象学习法：

泽风大过卦，大过卦，上为兑为泽水，下为巽为木，泽水在上，漫过了下面的树木，就把树木淹掉了，没多久就会枯槁掉了。这样的泽水太大了，乃是"过大"。水太大，就是发大水了，洪水泛滥成灾，导致树木遭遇了"灭顶之灾"，这就是"大过"了，所以"**泽灭木，大过**"。

泽水漫过了树木，但树木依然矗立在水中，屹立不倒，就是面对死亡也不逃不闹的，展现出了独自一个也毫无畏惧的精神，"**独立不惧**"，就要退隐江湖了，也无任何的憋闷，没有丝毫的不开心，"**遁世无闷**"，表现出了"打死也不吭一声"的坚强精神。

君子可以做到"**君子以独立不惧，遁世无闷**"，因为君子不同于常人，有"过人之处"，也是应了"大过"之意，即"大过人"之处。君子是守住文明制度和国家社稷的"最后一道防线"。他们"头可断，血可流，志不屈"，即使是在这样的"大过"的极度危局中，仍然可以坚守节操，以独立自尊、不怕死的心态不惧危险，哪怕离开了这个世界，遁隐于山林之中，也丝毫没有不开心，连一点点的沉闷憋气都没有。

爻辞：

初六，藉 ^{jiè} **用白茅，无咎。**

注释：藉，衬垫。白茅，白色茅草。

爻辞学习法：[因果脉络]

大过卦，就是描述各种"大过"的。过于谨慎，极为小心，做事慎重，就像祭祀时候诚敬地铺垫洁白的茅草一样，"**藉用白茅**"，真实、朴素、真诚、至敬立刻油然而生，所以，没有错误，"**无咎**"。

[发展脉络线 1/6]：过犹不及，过于谨慎反而是好事。

九二，枯杨生稊 ^{tí}**，老夫得其女妻，无不利。**

注释：枯杨，枯杨树。生稊，生出嫩芽。老夫，老年人。女妻年轻妻子。

爻辞学习法：［因果脉络］

阳气刚有点过，还来得及，还有得用，就像枯杨树生出嫩芽了，**"枯杨生稊"**，意味着新生，就像老头娶了个少妻，**"老夫得其女妻"**，没有不利的，一切都利，**"无不利"**。

［发展脉络线 2/6］：过犹不及，**刚过于阳刚，无事**。

九三，栋桡，凶。

注释：栋，栋梁。桡，弯曲。

爻辞学习法：［因果脉络］

阳刚继续往上冲，开始大过起来了，就像房梁被压弯了一样，**"栋桡"**，那当然是凶险的，**"凶"**，房子要塌了。

［发展脉络线 3/6］：过犹不及，太过于阳刚，凶险。

九四，栋隆，吉。有它，吝。

注释：隆，隆起。有它，有意外。

爻辞学习法：［因果脉络］

这时候阳刚缓和了，房梁不会被压弯了，还会向上弯曲，**"栋隆"**，房子就不会塌了，所以吉利，**"吉"**。但如果还有其他的想法，**"有它"**，即继续向上弯曲，那就又开始"大过"了，那就会有悔吝，**"吝"**。

［发展脉络线 4/6］：过犹不及，不过于阳刚，吉利。

九五，枯杨生华，老妇得士夫，无咎无誉。

注释：生华，开花。老妇，老妇人。士夫，强壮丈夫。

爻辞学习法：[因果脉络]

阳刚继续缓和，已经接近阴气了，就有点柔弱，就像枯的杨树开了花一样，"**枯杨生华**"，就如老妇人得到了壮男，"**老妇得士夫**"，这样的结果，只能是没有错误但也没有美誉，"**无咎无誉**"。

[发展脉络线 5/6]：过犹不及，更加不阳刚，无错。

上六，过涉灭顶，凶，无咎。

注释：过涉，过河。灭顶，淹没头顶。

爻辞学习法：[因果脉络]

阳刚之气再次下降，以至沉沦，就如遭遇了灭顶之灾一样，"**过涉灭顶**"，凶险，"**凶**"，但没有咎错，"**无咎**"

[发展脉络线 6/6]：过犹不及，再次不阳刚，沉沦。

爻辞学习法（总结）：

"泽风大过"卦主旨是讲"过犹不及"，其六爻的因果发展脉络为：从初爻的"过犹不及，过于谨慎反而是好事"，又到二爻的"过犹不及，刚过于阳刚，无事"，接着到三爻的"过犹不及，太过于阳刚，凶险"，然后就到四爻的"过犹不及，不过于阳刚，吉利"，再到五爻的"过犹不及，更加不阳刚，无错"，最后到上爻的"过犹不及，再次不阳刚，沉沦"。

29【习坎卦 坎为水】☵ 坎坷不平

《序卦传》里的习坎卦："物不可以终过，故受之以坎。坎者，陷也。"

《序卦传》（因果关系）学习法：

"一帆风顺"只是祝福语，人生不可能一路坦途畅通无阻地通过而没有坎坷，路上总是有些坑坑洼洼，有时候还会陷入进去。人生不能一直顺，一直顺也是坎，让你没有经历苦难的经验，在社会的大洪流中早晚要栽个头破血流，因为社会险恶，别人可不会宠着你、护着你，没有动机，所以学费很快就要交上，单子也要买上。总之，因为人的认知限制，隔行如隔山，不可能在事事上都过得去，必得有你不熟悉的，你一不熟悉，这个前方的路就是不平的了，就是坎坷了，再往前试探，就要陷进去。

所以，大过卦之后是坎卦。

卦辞：习坎。有孚，维心，亨，行有尚。

译文：习坎卦。心有诚信，坚定内心的信念，就会亨通，付出行动也会有希望。

卦辞学习法：

坎，就是险难的意思。"坎"字本身是"欠土"，少土，少土的地方就是坑洼，就是坑坑洼洼的地方。"坎"又为水，水是往下流的，流经之地都是坑坑洼洼的。但水流经坑坑洼洼的地方不会越过去，而是填满之，然后继续往前流去，它每一个坎都去熟悉，每一个坎都要填平，都要经历，就像练习一样，所以，坎卦又叫"**习坎**"。当身处险难之时，不去习惯和熟悉又怎么能行？必须勤学苦练，掌握战胜坎坷的经验技巧，这样再遇到坎险，就有记性了，就不会再茫然若失了。

习坎卦，就是险上加险，就是一路坑坑洼洼、险象环生，面临无限深渊。因此，坎不是小问题，是人生最大的难处，就是遇到了"坎"。人生遇到坎，怎么办？怎么越过去？冲过去？只能是自己的心能过去，就是自己能坚持住，坚定必胜的信念，自己都不相信，外人再怎么支招，再怎么鼓劲也没用。所以，必须自己心诚、坚定信念，"心诚则灵"，**"有孚"**，而且要维持内心的心诚和坚定，无论如何都不能自己放弃自己，维持住自己的内心，**"维心"**，那么就会亨通，所谓"破釜沉舟"，就会绝处逢生。心做到了至诚，那么行动就会日新月异，就会越来越有希望，**"行有尚"**，因为至诚可以金石为开，更可以赴汤蹈火。

卦象：水洊^{jiàn}至，习坎。君子以常德行，习教事。

译文：前水至后水又至，这就是坎卦的卦象。君子要效法坎水的长流不息的精神，要经常进行道德修行，同时练习、学习教育之事。

卦象学习法：

坎为水卦，坎卦，上下皆为坎水，是前水已至、后水又来，是一浪接着一浪，又是一波连着一波，有水流不息、川流不止之象，就是**"水洊至"**。重重坎险，水又是一浪接着一浪，就像在练习一样，也熟悉了每个坑坑洼洼，所以为**"习坎"**。所谓"最危险的地方也是最安全的地方"，险难来临，不是怯场，而是要迎难而上，奋不顾身地投入其中，去钻研、去学习、去了解、去攻破，做到"知己知彼"，熟悉了坎难之后，就能够掌握"克敌制胜"之道，就能化险为夷了，所以，**"水洊至"**不怕，就要**"习坎"**，学习、摸清这个坎，才能"对症下药"，才能最终做到"药到病除"。也因此，君子也要效法坎水的**"习坎"**的本领，要"学而不厌"，就要学习和进步，就是在遇到坎险的时候有所准备，有备无患，这个"备"从何而来？就是平时的心理状态，平时的智慧修养，平时的战略和定力，总结起来就是要常修德行，多练学习教育之事，**"君子以常德行，习教事"**，有所准备，有了"养兵千日，用兵一时"的准备，才能"不被打个措手不及"，才能"熟能生巧"自然就能"兵来将挡水来土掩"，再多的险难也不怕了。

爻辞：

初六，习坎，入于坎窞 ^{dàn}，凶。

注释： 习，习惯。坎，坎险。窞，深坑。

爻辞学习法：[因果脉络]

已经去熟习坎险了，**"习坎"**，结果还是因为不熟悉加不小心，依然掉进了坎险之中，**"入于坎窞"**，那必然是凶险的了，**"凶"**，"是祸躲不过"，想躲最终还是没躲过。

[发展脉络线 1/6]：坎坷不平，是祸躲不过。

九二，坎有险，求小得。

注释： 险，险境。

爻辞学习法：[因果脉络]

既然跌进了坎险里，**"坎有险"**，就"既来之则安之"，就"随遇而安"，做些小事，取得一些小成果，**"求小得"**，聊胜于无，也是打发时间。

[发展脉络线 2/6]：坎坷不平，聊胜于无。

六三，来之坎坎，险且枕，入于坎窞，勿用。

注释： 坎坎，险难和麻烦事多。枕，接受。入，掉入。

爻辞学习法：[因果脉络]

坎险一波接着一波，气势汹汹，前后都有险，**"来之坎坎"**，避无可避，根本不能逃出，只能暂时稳定下来，在坎险中静静等待，静观其变，"**险且枕**"，这时候在陷坑里就不要轻举妄动，什么都不要做，"**入于坎窞，勿用**"，做了不仅无法脱险，只会越陷越深。

[发展脉络线 3/6]：坎坷不平，静观其变。

六四，樽^{zūn}酒，簋^{guǐ}贰，用缶，纳约自牖^{yǒu}，终无咎。

注释： 樽酒，一樽酒。簋贰，两碗饭。用缶，用简陋的缶盛饭。纳约自牖，自窗户透进来光亮。

爻辞学习法：[因果脉络]

在坎险里，心态非常好，又是酒，又是饭，然后用缶盛满了酒，借着透过窗户射进来的光亮，席地而坐，喝着酒，吃着饭，敲打着缶器奏起音乐，"**樽酒，簋贰，用缶，纳约自牖**"。能适应"故天将降大任于斯人也，必先苦其心志，劳其筋骨，饿其体肤，空乏其身，行拂乱其所为"的环境，最终就没有咎害，"**终无咎**"。

[发展脉络线 4/6]：坎坷不平，苦中作乐。

九五，坎不盈，祗既平，无咎。

注释： 不盈，未满、未平。祗，通"坻"，小山丘。既平，已经铲平。

爻辞学习法：[因果脉络]

在坎险中始终不敢自满，而坎水也不是一直川流不息的，总会有水流小的时候，这时候坎险中就不盈满了，"**坎不盈**"，而小坑小洼也都填平了，地势平坦了，"**祗既平**"，也就终于熬出来了，脱离了险境，最终没有受到伤害，"**无咎**"。

[发展脉络线 5/6]：坎坷不平，虎口脱险。

上六，**系用徽纆**^{mò}，**置于丛棘**^{jí}，**三岁不得，凶。**

注释：系，捆住。徽纆，绳子。置，放置、困置。丛棘，荆棘丛中。

爻辞学习法：[因果脉络]

脱险之后，上了岸，本以为渡过了危险期，哪知坎险反复无常，再次袭来，而且来势汹汹，再次地把人卷入了坎水之中，这时候水流过快甚大，人就像一叶扁舟飘零于江面上一样，那就像被绳索捆绑住的囚犯一样，"**系用徽纆**"，捆住了之后还被一把扔进了荆棘丛中，"**置于丛棘**"，那就"我命由天不由我"了，很难再逃出生天，"**三岁不得**"，非常凶险，"**凶**"。

[发展脉络线6/6]：坎坷不平，反复无常。

爻辞学习法（总结）：

"坎为水"卦主旨是讲"坎坷不平"，其六爻的因果发展脉络为：从初爻的"坎坷不平，是祸躲不过"，又到二爻的"坎坷不平，聊胜于无"，接着到三爻的"坎坷不平，静观其变"，然后就到四爻的"坎坷不平，苦中作乐"，再到五爻的"坎坷不平，虎口脱险"，最后到上爻的"坎坷不平，反复无常"。

30【离卦 离为火】☲ 光明使者

《序卦传》里的离卦："坎者，陷也。陷必有所丽，故受之以离。离者，丽也。"

《序卦传》（因果关系）学习法：

人一旦陷入了坎难之中，必然是要逃出去的，久居其中并不是个事，坎是坑，怎么爬出来？必然是攀附着东西爬上来，必须要有所抓手才行。而离就是丽，依附、攀附的意思。现实中也是如此，人一旦有难，必须有帮助才能脱险，这个帮助就是依附，哪怕只靠自己也是依附自己，还是一种依附。所以，坎卦之后是离卦。

卦辞：离。利贞，亨。畜牝牛，吉。

译文：离卦。有利于贞正，亨通。蓄养母牛，吉利。

卦辞学习法：

离，就是火、明，就是太阳的意思，阳光普照、正大光明。离为火还有一个特点，就是火碰到易燃的物体，着火即燃，不问好坏贵贱，一律烧毁。所以，离之道，必须要"**利贞**"，即火或明要发挥它的正面作用，然后才会达到"**亨**"的状态。不然用到反面，用在烧毁物体，就是"水火无情"了，离用在反面，就不会亨通。

离卦又是阴卦，离又是中女的意思，而坤是母亲为"牝马"，所以离取"牝牛"象；而离卦也是六二阴爻包在下卦之中、六五阴爻也包在上卦之中，即都在"畜"这个阴爻，象征母性的"牝牛"，所以叫"**畜牝牛**"。畜牝牛，不仅有"畜"即物质财富积累了，而且牝牛性格温顺，还能干活，自然"吉"，双喜临门。

卦象：明两作，离。大人以继明照于四方。

译文：太阳明照两次出现，是非常的更加的明亮，这就是离卦之象。大人圣贤由此卦象启发，要继承此光明、前人的明德，照耀四方。

卦象学习法：

离为火卦，离卦上下卦又都是离卦，离为日，日为明，明上加明，所以，"**明两作，离**"。两个明，更加的明亮，光芒万丈，一片光明的世界，显现出人间的"真善美"，美丽的景象。

132

这个世界有两个事物可以产生光明、带来光明，一个就是日，太阳；另一个就是"大人"，"大人"，大德之人，大人"以德言则圣人，以位言则王者"。"大人"具有和太阳一样的高尚品德，只有"大人"才能担当此光明照亮世界的重任，只有"大人"才能办得到。宇宙世界、万事万物都在追求光明世界，"大人"温暖的光明照亮世界，带来了期盼，充满了向往，燃起了希望，创造了文明。而"大人"也像离卦一样，继承了人类文明，从古至今一棒接一棒地传递着、光大着文明，文明在"大人"的薪火相传之下，相续明亮，普照四方，因此，"**大人以继明照于四方**"，世界因此持续文明。

爻辞：

初九，履错然，敬之，无咎。

注释：履，脚步。错然，错落有致。敬，敬意、尊敬。

爻辞学习法：[因果脉络]

离卦离不开讲日，日就是太阳，因为离就是日。"一日之计在于晨"，早晨的太阳升起，人们就要忙碌起来，于是脚到处走动，忙来忙去，"**履错然**"，但又必须恭敬谨慎，"**敬之**"，才能不至于一早就手忙脚乱乃至一天都茫然失措的，这样就不会有差错了，"**无咎**"。

[发展脉络线 1/6]：光明使者，一日之计在于晨。

六二，黄离，元吉。

注释：黄，温暖、和平。离，太阳。

爻辞学习法：[因果脉络]

到了大中午，如日中天，太阳当空照，普天之下一片温暖，"**黄离**"，这时候阳气最足最盛，大大的吉利，"**元吉**"。

[发展脉络线 2/6]：光明使者，如日中天。

九三，日昃 ^{zè} 之离，不鼓缶而歌，则大耋 ^{dié} 之嗟 ^{jiē}，凶。

注释： 日昃，太阳西斜。鼓缶，敲起缶盆。歌，作歌。大耋，老年人。嗟，叹息、遗憾。

爻辞学习法：[因果脉络]

太阳西斜，即将日落西山，日薄西山，"**日昃之离**"，凄凉之感袭来，由盛转衰，没有了白天的光明和温暖，这时候更要抓住稍纵即逝的光明最后搏一把。"夕阳无限好，只是近黄昏"，老年人都觉得夕阳之时无限美好，还可以珍惜一把。但如果啥事都不做，坐以待毙，接受日落西山的黑暗审判，那就犹如举手投降，不作为、不敲鼓、不歌唱，"**不鼓缶而歌**"，那么连老人都会唉声叹气、悔之不已，"**则大耋之嗟**"，内心就难以接受，感叹壮志未酬，人生有憾，那么，好多事都没做，又错失了太多光阴，只能望空长叹，结果必然有凶险，"**凶**"。

[发展脉络线 3/6]：光明使者，日落西山。

九四，突如其来如，焚如，死如，弃如。

注释： 突如其来，突然降临、突然发生。焚，烧杀。弃，放弃。

爻辞学习法：[因果脉络]

夜晚降临，悲凉忧戚的气氛弥漫在黑夜中，突然，大火烧起，烧得十分的猛烈，十分的突然，"**突如其来如**"，火势失控，把什么都烧光了，"**焚如**"，把什么都烧死了，"**死如**"，只能抛弃之在荒山野岭了，"**弃如**"。

[发展脉络线 4/6]：光明使者，火光冲天。

六五，出涕沱 ᵗᵘᵒ 若，戚 ᵠⁱ 嗟若，吉。

注释： 出涕，哭泣。沱若，滂沱。戚，哀伤。嗟，叹息。

爻辞学习法： [因果脉络]

大火烟熏火燎的不仅熏得让人直流鼻涕，也让人痛哭流涕和唉声叹气，"**出涕沱若，戚嗟若**"，什么都烧光了，什么都烧没了。只能痛定思痛，最后还是吉利的，"**吉**"。

[**发展脉络线 5/6**]：光明使者，烟熏火燎。

上九，王用出征，有嘉折首，获匪其丑，无咎。

注释： 王，君王。用，利用。嘉，嘉奖、收获。折首，拿下敌首。匪，敌人。丑，同类、附庸。

爻辞学习法： [因果脉络]

这场大火究竟是谁放的？事有蹊跷必有妖，是黑暗势力在作祟。于是，君王用兵出征讨伐，"**王用出征**"，"擒贼先擒王"，拿下了敌首，征服了其追随者，并既往不咎，而没有一概治罪，"**有嘉折首，获匪其丑**"，这样做，没有一点过错，"**无咎**"。

[**发展脉络线 6/6**]：光明使者，薪火相传。

爻辞学习法（总结）：

"离为火"卦主旨是讲"光明使者"，其六爻的因果发展脉络为：从初爻的"光明使者，一日之计在于晨"，又到二爻的"光明使者，如日中天"，接着到三爻的"光明使者，日落西山"，然后就到四爻的"光明使者，火光冲天"，再到五爻的"光明使者，烟熏火燎"，最后到上爻的"光明使者，薪火相传"。

周易·下经

31【咸卦 泽山咸】▤ 一见钟情

《序卦传》里的咸卦:"有天地,然后有万物;有万物,然后有男女;有男女,然后有夫妇;有夫妇,然后有父子;有父子,然后有君臣;有君臣,然后有上下;有上下,然后礼义有所错。"

《序卦传》(因果关系)学习法:

"有万物,然后有男女;有男女,然后有夫妇",男女产生于万物,有了男女才能有夫妇,才有了子孙后代繁衍。男女异性相吸,两情相悦,无心就能感,即双方看上对方并没有什么别的企图,完全是无功利之心,顺其自然的,也就是"咸"。所以,周易·上经的30卦为"万物","万物"产生了男女,男女结合就是咸卦。

咸、恒二卦是周易·下经的开篇二卦,有男女之后就到了咸卦,然后结为夫妇就是恒卦,有了咸卦、恒卦之后,才能发展出父子、君臣、上下、礼义等关系。所以,咸、恒二卦担当得起周易·下经34卦的引领者。

卦辞: 咸。亨,利贞,取女吉。

译文: 咸卦。亨通,利于坚守正道,娶妻吉祥。

卦辞学习法:

咸，就是无心之感，就是男女双方两情相悦是自然而然的，没有额外的功利之心。男女相互吸引而结合在一起，人类的繁衍得以进行，"不孝有三，无后为大"，传宗接代，这是人类最大的事情，当然亨通，所以，"**咸。亨**"。但是，男女关系不是能随便的，不能乱搞男女关系。在古代，男女结合在一起是很神圣的，要经过"父母之命，媒妁之言"才行，所以，要坚守婚姻正道，即"**利贞**"，符合这样的程序去娶妻结合为夫妇就会吉利，"**取女吉**"，正所谓"明媒正娶"。

卦象：山上有泽，咸。君子以虚受人。

译文： 泽湖在山上面，这就是咸卦的卦象。君子受咸卦启发，要虚怀若谷，虚心接受众人。

卦象学习法:

泽山咸卦，咸卦，泽水在上，山体在下，泽水向下流能渗透到山体里，而山体向上顶着泽水能渗水进来能接受泽水，所以"泉水叮咚"就是来自于山体能吸收山上的泽水，所以，山泽通气，泽水感知山，山也感受泽水，二者相互感应到，咸为感，因此"**山上有泽，咸**"。

泽水在山上，则泽水长年累月风吹日晒容易变咸，所以也可称为"**山上有泽，咸**"。

咸卦上卦是兑泽为少女，下卦是艮山是少男，象征少男手捧鲜花单膝跪地追求高高在上的公主少女，愿意拜倒在石榴裙下。少男、少女涉世不深、两小无猜，是无心的感应在一起，也为"**山上有泽，咸**"。

泽水能够存于山顶，说明山的大气容纳、虚怀若谷，即"高山出平湖"。说明山是还有虚空的地方可以让泽水留存。山体再密，仍然是能渗入水进去的，山体看似"铜墙铁壁、刀枪不入"，其实"别有洞天"，还是中虚的。中虚的好处显而易见，山能留住泽水，泽水反过来会润泽山体。所以，君子就要效法"泽山咸"卦，要虚怀若谷，要广纳善言，也广结善缘，**君子以虚受人**，因为"虚心使人进步"。假使心怀成见，见识固化，内心就不再虚空了，而是什么都接收不到，硬邦邦地对人，拒人以千里之外，那就无人和你"感"了，就无人能接受你了，因为"力的作用是相互的"。

爻辞：

初六，咸其拇。

注释：咸，感应。拇，脚拇指。

爻辞学习法：[因果脉络]

咸卦就是讲男女初次见面，相互感应，开始情投意合，你中我意的发展升温过程。首先是两人靠在一起，脚拇指碰着脚拇指，"**咸其拇**"，欢喜雀跃之情油然而生。这时候，由于双方都穿着鞋子，并没有什么不妥的。

[发展脉络线 1/6]：一见钟情，脚碰脚。

六二，咸其腓^{féi}，凶，居吉。

注释：腓，小腿肚。居，安静、不动。

爻辞学习法：[因果脉络]

男女郎情妾意，又彼此接近了一些，彼此的小腿肚子都靠在了一起了，"**咸其腓**"，这时候接触面积大了，让彼此有了更大的反应，会做出乱为的行为，有凶险，"**凶**"，因为毕竟是初次见面，还是彼此不乱动的为好，"**居吉**"。

138

[发展脉络线 2/6]：一见钟情，小腿肚子靠着小腿肚子。

九三，咸其股，执其随，往吝。

注释： 股，大腿。执，按住、控制。随，跟随、随从。

爻辞学习法： [因果脉络]

这时候大腿和大腿靠在了一起，"**咸其股**"，两人已经坐在了一起了，双方屁股紧挨着屁股，大腿一动，屁股身子都要动，"**执其随**"，这时候两人已经是上身都靠在了一起，情欲的浓度进一步上升，再往上走会犯错误，"**往吝**"。

[发展脉络线 3/6]：一见钟情，屁股紧挨着屁股。

九四，贞吉，悔亡。憧^{chōng}憧往来，朋从尔思。

注释： 憧憧，心意朦胧。从，依从。思，心思。

爻辞学习法： [因果脉络]

这时候双方彻底情投意合，眼神迷离，但内心都珍视着对方，没有玩弄感情的意思，所以吉利，"**贞吉**"，什么后悔都没有了，"**悔亡**"，可以彻底地爱上对方了。于是两人依偎在了一起，开始憧憬着未来的交往以及两人的未来，"**憧憧往来**"，女的依从着男的，眼睛羞涩闭上像是在思考，"**朋从尔思**"。

[发展脉络线 4/6]：一见钟情，依偎在了一起。

九五，咸其脢^{méi}，无悔。

注释： 脢，背部。

爻辞学习法： [因果脉络]

两人抱在了一起，他抱着她的后背，她也抱着他的后背，"**咸其脢**"，没有后悔，今生无悔的选择，"**无悔**"。

[发展脉络线 5/6]：一见钟情，抱在了一起。

上六，咸其辅颊舌。

注释：辅，嘴。颊，脸颊。舌，舌头。

爻辞学习法：[因果脉络]

放开了一切禁忌，男女两人拥抱着，亲吻着彼此的嘴、脸颊和舌头，"**咸其辅颊舌**"，两人私定了终身。

[发展脉络线 6/6]：一见钟情，亲吻在了一起。

爻辞学习法（总结）：

"泽山咸"卦主旨是讲"一见钟情"，其六爻的因果发展脉络为：从初爻的"脚碰脚"，又到二爻的"小腿肚子靠着小腿肚子"，接着到三爻的"屁股紧挨着屁股"，然后就到四爻的"依偎在了一起"，再到五爻的"抱在了一起"，最后到上爻的"亲吻在了一起"。

32【恒卦 雷风恒】䷟ 夫妇之道

《序卦传》里的恒卦："夫妇之道，不可以不久也，故受之以恒。恒者，久也。"

《序卦传》（因果关系）学习法：

男女情投意合接纳了彼此而结合在一起就成了夫妇，婚姻关系成立。中国人强调"婚姻乃终身大事"，讲求的就是一辈子的事情，所以不可谓不恒久。为什么要恒久？因为婚姻不仅仅是个人自己的事情，还涉及家庭、子女和父母，往大了说还关系到国家社稷。国家，是国与家，家是国的基础，家也即婚姻不可以不稳定。所以"从一而终""白头偕老""嫁鸡随鸡，嫁狗随狗""举案齐眉""夫唱妇随"，这些都是对婚姻的约束，也强调了男主外，女主内的婚姻分工。

卦辞：恒。亨，无咎，利贞。利有攸往。

译文： 恒卦。亨通，没有灾祸，利于贞正。利于有所前往。

卦辞学习法：

雷风恒卦，上卦震为雷为长男，下卦巽为风为长女，长男和长女结合预示着成熟稳重，上卦震雷长男主外，下卦巽风长女主内，正符合中国传统的"男主外，女主内"，就没有争议和争吵了，婚姻和家庭稳定了，必然亨通，"**恒。亨**"，也就不会有什么可指摘的了，"**无咎**"，恒久的婚姻仍然强调要利于保持贞正的夫妻之道，不能乱来，"**利贞**"。恒久的事情都是通畅的，当然就有利于前往去追求之，婚姻是值得追求的，因为每个人都需要人生伴侣，"**利有攸往**"。

卦象：雷风，恒。君子以立不易方。

译文： 雷与风交相互动，这就是恒卦的卦象。君子因此要立身修德，不变易自己的操守。

卦象学习法：

"雷风恒"，恒卦卦象是"雷风"并列，在大自然中一旦出现了雷声了，立马风起云涌，雷响就会风刮，雷迅而风疾，雷助力着风声，风又助力着雷声，二者从来都是齐头并进、相互助长的，所谓"雷风相薄"，这是恒久不变的现象，从来没有差错过，所以"**雷风，恒**"。

恒卦上卦是震卦为长男，下卦是巽卦为长女，二者结合，长男主外、长女主内，形成了恒久稳固的家庭关系，也是"成功男人的背后都有一个伟大的女人"，所以，"**雷风，恒**"。

持之以恒的"恒"最难能可贵。要想做成事，要想成就一番大业，非得有长年累月的"雷打不动"的坚定定力和必胜信念不可。如果"朝三暮四""朝令夕改"，立场不坚定，"见风使舵"当墙头草，那谁都怕，想要成功更是"痴人说梦"，因为任何成功都需要"深耕"的，正所谓"十年磨一剑"，才会出成果，出精品。所以，君子就要**"君子以立不易方"**，这个"方"就是道，就像药方一样，就像方法天道一样，那就要在"道上"，就要"富贵不能淫，贫贱不能移，威武不能屈"，立场坚定，坚持原则，恒心不变，才是成功之本，才能拿到成功的钥匙。

爻辞：

初六，浚恒，贞凶，无攸利。

注释：浚，深。恒，恒久。

爻辞学习法：[因果脉络]

男女结合，建立起了家庭，婚姻生活刚开始，男的就天天对女的甜言蜜语、"海誓山盟"，说一些"海枯石烂"的漂亮话，就要长相厮守，就要"三生三世"，**"浚恒"**，虽然内心是纯粹的，感情是笃定的，**"贞"**，但还是停留在嘴皮子上，长此以往，只能是"口惠而实不至"，最终对婚姻家庭带不来实惠的利益，**"无攸利"**。

[发展脉络线 1/6]：夫妇之道，甜言蜜语。

九二，悔亡。

注释：亡，消亡。

爻辞学习法：[因果脉络]

婚姻家庭生活，男的不再甜言蜜语，而是开始实干，而女的也持中，谨守妇道，这样的话，就没有后悔的事情了，**"悔亡"**。

[发展脉络线 2/6]：夫妇之道，实干兴家。

九三，不恒其德，或承之羞，贞吝。

注释：德，德行。承，承受。羞，羞辱。

爻辞学习法：[因果脉络]

随着婚姻生活的深入，女的开始变得强势，处处露头，要显示自己的权威，强压男的气概，事事做主，不再遵守"女主内"的妇道，"**不恒其德**"，那么不仅男的会因为越来越无能而蒙羞，连女的也会因为太过强势而招来坏名声，"**或承之羞**"，这时候再怎么保持住夫妻名分也会有问题出现，"**贞吝**"。

[发展脉络线 3/6]：夫妇之道，女强男弱。

九四，田无禽。

注释：田，田野。禽，禽兽。

爻辞学习法：[因果脉络]

男的被压制，变得无能，这也反应在了男的赚钱上，开始不怎么有本事挣钱养家了，就如男主外，去田野里打猎却打不到一只猎物，空手而归，"**田无禽**"。

[发展脉络线 4/6]：夫妇之道，男不养家。

六五，恒其德，贞，妇人吉，夫子凶。

注释：妇人，家庭妇女。夫子，丈夫。

爻辞学习法：[因果脉络]

男的挣钱能力下降，为了维持家庭，男的跟随女的，为了婚姻家庭的恒久，"**恒其德**"，家庭又回归到了和睦的状态，"**贞**"，这对女的是吉利的，"**妇人吉**"，因为她当家了，但对于男的就是凶险了，

"**夫子凶**"，长此以往就是娘娘腔了，地位就直线下降了。

[发展脉络线5/6]：夫妇之道，男跟随女。

上六，振恒，凶。

注释：振，振动、振荡。

爻辞学习法：[因果脉络]

事情终于到了崩盘的时候，因为男的长期不挣钱养家，女的又持久的强势，这会对婚姻家庭生活带来极大的振荡，会击毁家庭恒久的基础，"**振恒**"，就会有凶险，"**凶**"。

[发展脉络线6/6]：夫妇之道，彻底崩盘。

爻辞学习法（总结）：

"雷风恒"卦主旨是讲"夫妇之道"，其六爻的因果发展脉络为：从初爻的"甜言蜜语"，又到二爻的"实干兴家"，接着到三爻的"女强男弱"，然后就到四爻的"男不养家"，再到五爻的"男跟随女"，最后到上爻的"彻底崩盘"。

33【遁卦 天山遁】☷ 遁世无闷

《序卦传》里的遁卦："恒者，久也。物不可以久居其所，故受之以遁。遁者，退也。"

《序卦传》（因果关系）学习法：

世界上没有不变的东西，唯一的不变就是变。恒卦也是，恒久，长期在一个地方待久了，必然会萌生退意，所谓"逆水行舟，不进则退"，始终保持在原地，不可能。看一个人天天看也会看腻，吃菜天天吃一个菜也会吃吐，就会要逃离。哲学里也有"量变质变原理"，即量变达到一定程度必然要质变。

所以恒卦之后是遁卦。

卦辞：遁。亨，小利贞。

译文：遁卦。亨通，有小的利益和贞正。

卦辞学习法：

遁，就是退的意思，"三十六计，走为上计"，这时候已经身处乱世，局势失控，小人当道，君子再不隐遁退世，必将遭受小人的陷害，所以打不赢就要跑，不要恋战，要保存实力，等遁之后，世道重回正轨，又可以亨通了，所以，"**遁。亨**"。

遁卦虽然明智，看情势不对不恋战立马就跑，但也说明这时候绝对不会有大惊喜，但因为跑路了，避开了人身伤害和财产损失，所以还是可以保全实力的，只能是小有利益，而不能有大收获，即"**小利贞**"。

遁卦也是十二消息卦之一，代表六月，这时候阴气上升到两个爻，"小人之道长，君子之道消"，君子此时必须退避，省得惹来灾祸或污染自己。

卦象：天下有山，遁。君子以远小人，不恶而严。

译文：天底下矗立着大山，这就是遁卦的卦象。君子由此遁卦象，要远避小人，不显露声色地厌恶，同时也要庄严持重。

卦象学习法：

天山遁卦，天在上，山在下，"天高皇帝远"，说的就是天最高，没有比天还高的了，而山在天底下，山的高度是有限的，与天的高度相比那就是"小巫见大巫"，不自量力，远远看去，山离天还远着呢，有遁远之象，所以，"**天下有山，遁**"。

另外，"天圆地方"，天像一个大锅盖一样包住了大地上的万物，包括山。天很大，像一个大肚子一样，"宰相肚里能撑船"，就是天的底下什么人都有，天无所不包，不能只有君子而没有小人，也不能以君子的身份去伤害小人，那样君子也是小人了；也不能让小人挨着君子，那样小人也要被当作君子了。所以，君子就要效法"天山遁"的卦象，可以远离小人，不沾他，与他保持距离，也不去讨厌他，但要严肃谨慎，与之划清界限，即"**君子以远小人，不恶而严**"。

天山遁很形象地描述了世道急转直下的情景。从古至今，仁人志士一旦遇到时局混沌、时运不济的时候，想要隐遁了，都奔哪个方向跑呢？一般都是往有山的幽静的地方、"天高皇帝远"的地方去隐遁，即"**天下有山**"的地方，这样的地方清净、潇洒、自在，特别适合"**遁**"。

遁卦是"天山遁"，下面两个阴爻逐渐逼近上来，此时是阴逐渐壮大之时，是"阴进阳退"，上面四个阳爻处于守势、下面两个阴爻处于攻势。"识时务者为俊杰"，在"小人道长"逐渐增强时，"近朱者赤近墨者黑"，君子是不能与小人为伍的。小人奸佞当道，君子就要知道是退遁的时候了。君子在"遁"之时，就要"全身而退"，不可"拖泥带水"，更不能"惹得一身骚"，再想任性的退遁而去，那时恐怕再想退就是"一厢情愿""想得美"了。"遁"就要干净利落，不亲近小人，也不得罪小人，还要不让小人发现你讨厌他。不然得罪了小人，小人就会像非洲的"平头哥"一样，心眼小，非缠死你不可，此时你再想"遁"，"遁"的意义还何在？没得清净了。所以，远离小人，明哲保身，非常重要。这就是"**君子以远小人，不恶而严**"的重要意义。

爻辞：

初六，遁尾，厉，勿用有攸往。

注释：遁，退遁、逃遁。厉，危险。

爻辞学习法：[因果脉络]

逃遁，讲究"三十六计，走为上计"，逃就要快逃，就要争分夺秒，而不能最后一个才逃。如果逃遁的时候，落在了最后，"**遁尾**"，那就危险了，"**厉**"，追兵最先追上的就是逃跑最慢的，那既然已经是最后逃跑的了，逃了反而有更大的危险，被追上的危险，不如原地不动，不逃了，静观其变，反而不会引起注意，避祸保身，"**勿用有攸往**"。

[发展脉络线 1/6]：**遁世无闷，逃遁晚了。**

六二，执之用黄牛之革，莫之胜说。

注释：执，控制、捆绑。革，皮革。莫，不能。说，通"脱"，逃脱。

爻辞学习法：[因果脉络]

为什么逃的慢了？因为心中还牵系着责任，顾忌着国家、社稷和君臣之义，想走不肯走，就像被用黄牛皮革制的绳索紧紧绑住一样，"**执之用黄牛之革**"，想脱身也脱不了身，"**莫之胜说**"。危难之际，心中仍然挂念着国家大局。

[发展脉络线 2/6]：**遁世无闷，逃遁晚了有原因。**

九三，系遁，有疾，厉。畜臣妾，吉。

注释：系，牵绊。有疾，有害。畜臣妾，成家立业。

爻辞学习法：[因果脉络]

逃遁的时候，心里有牵绊，"**系遁**"，那就是如同患上了疾病一样，"**有疾**"，那就走不动了，逃得慢了，肯定就会有凶险了，"**厉**"。这时候就不能再去掺和国家大事了，可以做些畜养臣仆、侍妾的小事，"**畜臣妾**"，委曲求全可远离事端，这样就会吉利，"**吉**"。

[发展脉络线 3/6]：遁世无闷，逃遁不能有牵绊。

九四，好遁，君子吉，小人否。

注释：好，好生。

爻辞学习法：[因果脉络]

君子终于摆脱了系绊，什么都不留恋了，果断地好生地逃遁而去，"**好遁**"，君子终于想通了，逃遁而去。这对于君子是大好的事情，"**君子吉**"，但小人就不是了，他们总是贪恋一切，贪权、贪财、贪富贵，最终不会有好下场，"**小人否**"。

[发展脉络线 4/6]：遁世无闷，好生地逃遁了。

九五，嘉遁，贞吉。

注释：嘉，优待。

爻辞学习法：[因果脉络]

终于逃遁了出来，功成身退，完美抽身，为自己的当遁则遁的及时果断而嘉奖肯定，"**嘉遁**"，内心依然保持着贞正的心，心系国家、社稷和君臣之义，"**贞**"，所以，一切都会吉祥的，"**吉**"。

[发展脉络线 5/6]：遁世无闷，肯定自己的逃遁。

上九，肥遁，无不利。

注释：肥，宽容。

爻辞学习法：[因果脉络]

已经逃遁在了深山老林里了，天高皇帝远，天高任鸟飞，逍遥自在，与世无争，自然也心宽体胖了起来，**"肥遁"**，于是悠然自得，远离是非之地了，这时候没有任何不利的地方，**"无不利"**，这时候真的是"我命由我不由天"了，自由了。

[发展脉络线 6/6]：遁世无闷，逍遥自在。

爻辞学习法（总结）：

"天山遁"卦主旨是讲"遁世无闷"，其六爻的因果发展脉络为：从初爻的"逃遁晚了"，又到二爻的"逃遁晚了有原因"，接着到三爻的"逃遁不能有牵绊"，然后就到四爻的"好生地逃遁了"，再到五爻的"肯定自己的逃遁"，最后到上爻的"逍遥自在"。

34【大壮卦 雷天大壮】䷢ 四肢发达

《序卦传》里的大壮卦："遁者，退也。物不可以终遁，故受之以大壮。"

《序卦传》（因果关系）学习法：

逃遁了之后，君子就退到了深山老林里去了，这时候就不再有退的事情了，就开始定居了下来，开始积攒力量，开始等待时机，同时这也是"闷声发大财"的时候。斗转星移、日月更替，终致阴阳消长、盛衰循环，开始了壮大了。"穷则独善其身，达则兼济天下。"这里的"独善其身"就是"天山遁"逃跑到山里的遁卦，而"兼济天下"则说的是"雷天大壮"声势浩大的大壮卦。逃避不是办法，逃不能逃一辈子。兴衰更替，世道总是会翻篇的。这时候，天下局势一片大好，正是君子奋发有为之时。这时候君子就可以出山、入世和出仕了。

所以，遁卦之后就是大壮卦。

卦辞：大壮。利贞。

译文：大壮卦。利于守正。

卦辞学习法：

大壮卦之时，这时候卦象已经是阳爻上涨到了四个爻，阳非常的盛，非常的壮大，所以，"**大壮**"。此时最容易发生恃强凌弱、盛气凌人的事情，力量如日中天往往很难消停和控制。但一旦因为壮大而用强，就会急速地消耗自己，就会发生"一鼓作气，再而衰，三而竭"的事情，本来是壮大的，反而不壮了。因此，身处"**大壮**"之时，贵在贞正，要讲正气，走正道，这样才能继续"**大壮**"，也就是要"**利贞**"。

大壮卦也是十二消息卦之一，代表二月，这时候草长莺飞，阳气旺盛，生机勃勃，利于做阳光生长、快乐正义的事情，即"**利贞**"。

卦象：雷在天上，大壮。君子以非礼弗履。

译文：雷在天上滚动轰轰作响，这就是大壮卦的卦象。君子学习大壮卦处世，不做不合礼的事情，要做就要做得光明正大、守礼守则。

卦象学习法：

雷天大壮卦，震雷卦在上，乾天卦在下，形成了雷在天上轰隆隆作响，声势非常的浩大、壮观雄伟，所以，"**雷在天上，大壮**"。

而且大壮卦的上雷下天结构组成了四个阳爻在下、两个阴爻在上，是"阳进阴退"，阳气越来越盛，"壮阳、壮阳"，阳多了就是"壮"，所以"**雷在天上，大壮**"。

处于大壮卦之时，实力强劲壮实，最容易过激、妄动、仗势欺人，但这就是不对的了，所以不合礼仪和正义的事情就不能去做，

"**君子以非礼弗履**"，"大壮"的"壮"就是理直气"壮"的"壮"，不能以大欺小。

大壮卦之时，壮大，但并不是单单自己的壮大，而是整个队伍的壮大。队伍的壮大就离不开"秩序井然"的制度。即，大壮卦的卦象造型像极了一只领头公羊，硬顶着两个羊角死命地向前冲，其他羊在领头公羊的带领下，也"鱼贯而出""声势浩大"地紧跟着往前冲，但秩序井然，紧跟"带头大哥"领头羊公羊。这就是紧紧围绕"核心"、团队紧密协作以及纪律严明的重要价值意义。君子因此就要"**君子以非礼弗履**"，不做不合礼节、不合规矩、不听指挥、破坏团结的事情。再者，"雷天大壮"，在天上已经雷声隆隆之下，"老虎已经发威了"，已经发出强烈警告信号了。此时还胆敢"不收手"吗？还敢"越雷池半步"吗？君子更应该带头"**君子以非礼弗履**"，做出表率。

在大壮之时，更不能逞强用壮、恃强好胜，要做合乎礼仪道德的事情，要光明正大地行事。

爻辞：

初九，壮于趾，征凶，有孚。

注释： 壮，健壮。趾，脚趾。

爻辞学习法： ［因果脉络］

看到自己壮大了，就开始蠢蠢欲动，"千里之行始于足下"，要行动做蠢事，肯定是躁动的脚先动，"**壮于趾**"，但什么情况都未去查明，结果肯定就会一脚踢到了钢板上，疼痛难忍，凶险，"**征凶**"，所以，内心有所收敛，不再冒进，不能再来硬的，"**有孚**"。

［发展脉络线 1/6］：四肢发达，蠢蠢欲动，不顾后果。

九二，贞吉。

注释：贞，坚持正义。

爻辞学习法：[因果脉络]

一脚踹到了钢板上，脚踹疼了，就停了下来，反思和谨慎，这样就会吉利，"**贞吉**"。

[发展脉络线 2/6]：四肢发达，痛定思痛，暂缓冲动。

九三，小人用壮，君子用罔，贞厉，羝羊触藩^{fān}，羸^{léi}其角。

注释：用壮，来硬的。罔，不。羝羊，公羊。触藩，冲撞藩篱。羸，缠住。

爻辞学习法：[因果脉络]

但脚上的痛刚好，又开始作妖了，对于小人来说，不长记性，正所谓"江山易改，本性难移"，小人又要再次试探，以身试法，要"霸王硬上弓"来硬的，"**小人用壮**"，但君子不会这样做，只会智取，而不去逞匹夫之勇，防止危厉现象发生，"**贞厉**"，只靠蛮力去硬闯硬干，只能就像公羊冲撞藩篱一样，只会把自己的角挂了藩篱上，动弹不得，"**羝羊触藩，羸其角**"。

[发展脉络线 3/6]：四肢发达，有勇无谋，再次吃亏。

九四，贞吉，悔亡。藩决不羸，壮于大舆之辐。

注释：藩，藩篱。决，决口。大舆，大车。辐，车辐条。

爻辞学习法：[因果脉络]

因为靠蛮力"霸王硬上弓"又碰了一鼻子的灰，再次的反思要走正道，要运用智慧，就会吉利了，"**贞吉**"，这样就没有后悔的事情发生了，"**悔亡**"。这时候再次地去冲锋陷阵，就能冲破藩篱了，还不会把角挂住，"**藩决不羸**"，冲出去之后，自由奔跑，气壮如牛，奔跑健步如飞，就像大车的轮子一样的壮实，"**壮于大舆之辐**"。

[**发展脉络线4/6**]：四肢发达，有勇有谋，长驱直入。

六五，丧羊于易，无悔。

注释：丧，丧失。易，古代一地名。

爻辞学习法：[**因果脉络**]

由于用力过猛，冲出藩篱的时候刹不住车了，跑出去好远，甚至跑到了边界之外了，跑出去的公羊丢失于易地，"**丧羊于易**"，这没有什么后悔的，"**无悔**"，这时候已经是有勇有谋了，可以自由奔跑了。

[**发展脉络线5/6**]：四肢发达，刹不住车，跑没影了。

上六，羝羊触藩，不能退，不能遂，无攸利。艰则吉。

注释：羝羊，公羊。触，冲撞。藩，藩篱。遂，进。

爻辞学习法：[**因果脉络**]

撒欢到处乱跑的公羊，先前还是体力壮硕的，逐渐消耗了大量的精力，当再次回来的时候，还以为能轻松冲闯藩篱，哪知道羊角一下子就被挂在了上面，"**羝羊触藩**"，退不能退，进不能进，就卡在那里了，没有任何办法，没有任何好处，"**不能退，不能遂，无攸利**"。这时候只能知道艰难之处，耐心等待，冷静地去想脱困办法，最终会吉利，"**艰则吉**"。

[**发展脉络线6/6**]：四肢发达，进退不能，等待求援。

爻辞学习法（总结）：

"雷天大壮"卦主旨是讲"四肢发达"，其六爻的因果发展脉络为：从初爻的"**蠢蠢欲动，不顾后果**"，又到二爻的"**痛定思痛，暂**

缓冲动"，接着到三爻的"有勇无谋，再次吃亏"，然后就到四爻的"有勇有谋，长驱直入"，再到五爻的"刹不住车，跑没影了"，最后到上爻的"进退不能，等待求援"。

35【晋卦 火地晋】☲☷ 晋升之道

《序卦传》里的晋卦："物不可以终壮，故受之以晋。晋者，进也。"

《序卦传》（因果关系）学习法：

雷天大壮卦，下面四个阳爻进逼上面的两个阴爻，四个阳爻阳气逼人，跃跃欲试，必然会继续往上冲刺，要向上"更上一层楼"，这就是晋，晋升的晋。往上冲，就是秀肌肉，但不能一直秀肌肉，因为这还是属于展示体力活这块，所以就要更进一步，秀智商才行，就是要晋升一个层次。所以大壮之时，不会满足已有的壮，必然会有更高的要求，就是晋升一个层次、维度。所以大壮卦之后是晋卦。

卦辞：晋。康侯用锡^{xī}马蕃^{fán}庶^{shù}，昼日三接。

译文：晋卦。安国康民的诸侯被天子赏赐了众多马匹，一日之中多次受到接见。

卦辞学习法：

火地晋，是日出东方，光明大地，好兆头。晋，就是讲晋升、提拔的，"晋"。晋升的时候是个大场面，现场必须隆重庄重，以表彰有功之臣。怎么个表彰法？就是安邦定国之侯被天子赏赐了许多马匹，"康侯用锡马蕃庶"，一天之内还被天子接见了多次，"昼日三接"。这说明这个公侯对国家做出了重大贡献，得到了加官晋爵。

卦象：明出地上，晋。君子以自昭明德。

译文： 太阳从地上升起，这就是晋卦的卦象。君子因此要效法晋卦，使得自己的固有品德昭显出来，显示自己光明的德性，由此会得到赏识，得到晋升。

卦象学习法：

火地晋卦，晋卦上卦为离日，下卦为坤地，象征太阳从大地上升起，越升越高，大地万物也开始苏醒和忙碌起来，活跃度越来越高，到处忙碌，为的是什么？为的是生存、进取和长大自己、提升自己。太阳照耀大地，这让大地上的万物越发忙碌进取，一片"晋"的景象，所以，"**明出地上，晋**"。

当太阳冉冉升起照耀大地的时候，就暗示了"晋"的重要性。天地万物也不傻，挤破头了想要上进、想要分得一杯羹，"早起的鸟儿有虫吃"，就要"提前排队"排到前头来。君子也要在太阳升起的时候，进取以获得晋升。如何被伯乐相中，为什么不提拔别人就"晋"升你？"酒香也怕巷子深"，那么，君子一方面要修德，要"打铁自己硬"，有"明德"实力，有让别人"三顾茅庐"的底蕴；另一方面要主动发射自己的"明德"光芒，让别人发现你，让自己的名声在外，即"**君子以自昭明德**"，从而被伯乐捕捉到，才有提拔你的机会。"晋"之时也是上升通道的最佳时位，有种"错过再等一年"，"过这个村就没那个店"的紧迫，所以必须要把握住晋升的机会，因为日出上升之后到了中午就要开始走下坡路，就要日落西山了，时间不等人。

爻辞：

初六，晋如，摧如，贞吉。罔孚，裕，无咎。

注释： 晋，前进。摧，摧残。如，……的样子。罔孚，没有认同。裕，宽裕。

爻辞学习法：[因果脉络]

刚开始求晋升的时候，"**晋如**"，因为初出茅庐，没有什么经验、阅历和资本，处于最底层，必然会遭遇打击、阻隔和挤兑，摧残甚至摧毁其晋升的通道，"**摧如**"，这时候就要守正才能吉利，"**贞吉**"，保持住真心。虽然未获得众人的信任，"**罔孚**"，但不着急，宽裕时日，"**裕**"，终能拨云见日，没有过错。

[发展脉络线 1/6]：晋升之道，初出茅庐，饱受摧残。

六二，晋如，愁如，贞吉。受兹介福，于其王母。

注释：愁，发愁。受，受到。兹，这种。介福，大福。于其，来自。

爻辞学习法：[因果脉络]

晋升的道路上，"**晋如**"，开始明白晋升的意义，那就是要忧国忧民，"**愁如**"，而不是为了自己的官职地位去晋升，不能为了晋升而晋升，为官的目的纯正才能吉利，"**贞吉**"。这种忧国忧民的为官之道，声名传到了朝廷，因此受到了重大的肯定和嘉奖，祖上也有光，"**受兹介福，于其王母**"。

[发展脉络线 2/6]：晋升之道，忧国忧民，受到嘉奖。

六三，众允，悔亡。

注释：允，允许、认可。

爻辞学习法：[因果脉络]

终于，君子的忧国忧民的为官之道为众人赏识，大家都认可其晋升，"**众允**"，这就有了雄厚的群众基础，因此再也没有什么后悔的了，"**悔亡**"。

[发展脉络线 3/6]：晋升之道，群众基础，没有后悔。

九四，晋如鼫^{shí}鼠，贞厉。

注释： 鼫鼠，技不如人的鼠。

爻辞学习法： [因果脉络]

获得了晋升之后，开始有些自我膨胀和得意忘形了，就不是原来的自己了。一旦掌权了之后，尝到了权力的甜头，开始忘记了初心，就开始变得贪婪了起来，就像贪吃卑鄙的鼫鼠一样，"**晋如鼫鼠**"，这时候就要赶快地回到正道，以防止危厉的事情发生，"**贞厉**"。

[发展脉络线 4/6]：晋升之道，自我膨胀，失去初心。

六五，悔亡，失得勿恤，往吉，无不利。

注释： 失得，失去和得到。恤，忧虑。

爻辞学习法： [因果脉络]

再次地进行了忏悔，反思自己的为官之道，那么后悔的事情就会消亡不见了，"**悔亡**"，从此以后为官不再计较个人荣辱得失，也不再患得患失，宠辱不惊，"**失得勿恤**"，而是勇往直前，只管耕耘，不管收获，这样就会吉利，"**往吉**"，没有什么不利的，"**无不利**"。

[发展脉络线 5/6]：晋升之道，忏悔反思，宠辱不惊。

上九，晋其角，维用伐邑，厉，吉，无咎，贞吝。

注释： 角，角尖、最难攻的地方。维用，只能用。伐邑，攻伐城邑。

爻辞学习法： [因果脉络]

君子的忧国忧民、有着广泛群众基础以及宠辱不惊的为官之道达到了炉火纯青的地步，这样就一路晋升到了高位，到了最顶角的位置了，"**晋其角**"，这时候就可以发挥封疆大吏的作用了，就要为国

周易·下经

征战，去征伐还未臣服的邑国，"**维用伐邑**"，以此来建功立业。这是危险的事，"**厉**"，因为刀光剑影，但是为国为民的，所以吉利，"**吉**"，没有过错，"**无咎**"，同时也要保持贞正以防备遗憾的事情发生，"**贞吝**"。

[发展脉络线6/6]：晋升之道，为国效力，建功立业。

爻辞学习法（总结）：

"火地晋"卦主旨是讲"晋升之道"，其六爻的因果发展脉络为：从初爻的"晋升之道，初出茅庐，饱受摧残"，又到二爻的"忧国忧民，受到嘉奖"，接着到三爻的"群众基础，没有后悔"，然后就到四爻的"自我膨胀，失去初心"，再到五爻的"忏悔反思，宠辱不惊"，最后到上爻的"为国效力，建功立业"。

36【明夷卦 地火明夷】䷣ 黑暗降临

《序卦传》里的明夷卦："晋者，进也。晋必有所伤，故受之以明夷。夷者，伤也。"

《序卦传》（因果关系）学习法：

晋是火地晋，是日出东方，太阳照在大地上，那么，有日出就有日落，日落就是明夷，地火明夷，太阳在地底下了。所以，晋卦之后是明夷卦。

另外，世界上从来没有一帆风顺的事情，总是要有风风雨雨。任何事情前进的过程中，必然会遇到困难和问题，没有困难和问题就没有必要前进了，就没有改进了，就只需要保存现状就行了。所以，只要是前进，就一定会受到阻碍和伤害。所以，晋卦之后就是明夷卦。

卦辞：明夷。利艰贞。

译文：明夷卦。利于在艰难中守正。

卦辞学习法：

地火明夷卦，明在地下，就是文明坠落，进入到了黑暗之中，黑夜笼罩大地，月黑风高。借着夜色，黑恶势力往往肆无忌惮胡作非为。黑暗笼罩，黑暗势力太强大，抗争无力，力量单薄，这时候应该怎么办？明智的做法，只能是不轻举妄动，咬牙坚持，不声不响地默默地做着各种斗争准备，即"**利艰**"。同时，世界再黑暗、再扭曲，自身仍要保持正义的信念和原则，即"**贞**"。所以文明坠落的黑暗时刻，"**利艰贞**"。

卦象：明入地中，明夷。君子以莅众，用晦而明。

译文：光明潜入大地，这就是明夷卦的卦象。君子看到这样的卦象，就要莅临政事统领民众，要晦藏聪明智慧之手段，韬光养晦，以赢得光明来。

卦象学习法：

地火明夷卦，明夷卦，上卦为坤地，下卦为离火，象征太阳落入地下，光明被夺去，太阳受伤了，大地一片黑暗，所以，"**明入地中，明夷**"。

明夷卦之时，光明潜藏，黑暗降临，这时候黑暗势力占上风，这时候君子在众人面前就不能来明的了，要来暗的，"**君子以莅众，用晦而明**"，因为"明枪易躲，暗箭难防"，君子用明的，黑暗势力用暗的，那君子必输。

夜幕来临，就要韬光养晦、隐藏光明智慧以自保。君子的智慧高不过太阳，太阳都乖乖地躲起来了，收起了光明，你还能比太阳厉害？那就要学习太阳的晦藏光明而不用的智慧，就要在众人面前，"**君子以莅众**"，千万不能太聪明，更不能"严以律人，宽以待己"，因为"水至清则无鱼，人至察则无徒"，太严格就没有朋友了。所以，就要装糊涂，表面上用韬光养晦的策略，暗地里则用正大光明的原则，"**用晦而明**"。

爻辞：

初九，明夷于飞，垂其翼。君子于行，三日不食。有攸往，主人有言。

注释：明夷，光明受伤。飞，飞翔。垂，低垂。翼，翅膀。行，行走、赶路。食，吃饭。

爻辞学习法：[因果脉络]

在光明逝去，黑暗降临的时候，便要格外小心谨慎，就像鸟儿想飞飞不起来，翅膀受伤了，于是垂下其羽翼，"**明夷于飞，垂其翼**"，也是不再强制起飞，找个地方躲避起来。黑暗降临的时候，就要赶紧跑，越快越好，哪怕顾不上吃饭都要快跑，"君子于行，三日不食"，这样可以避免受到伤害。所以，这样做是对的，"**有攸往**"，但是造成黑暗的人就不高兴了，"**主人有言**"。

[发展脉络线 1/6]：黑暗降临，赶紧跑路。

六二，明夷，夷于左股，用拯马壮，吉。

注释：夷，受伤。左股，左大腿。用，利用。拯，拯救。马壮，良马、强壮的马。

爻辞学习法：[因果脉络]

光明逝去，黑暗降临，"**明夷**"，逃跑的路上伤到了左大腿，"**夷于左股**"，这时候就需要找匹壮马来骑，不再步行，"**用拯马壮**"，这样就会吉利，"**吉**"。

[发展脉络线 2/6]：黑暗降临，跑路受伤，换骑马。

九三，明夷，于南狩，得其大首，不可疾，贞。

注释：南狩，南面狩猎。大首，首领、头头。疾，快、操之过急。

爻辞学习法：[因果脉络]

光明逝去，黑暗降临，"**明夷**"，一路奔逃到达了南部地带，也即到了安全地带，并开始狩猎，并猎获到了祸害光明的元凶首恶，"**于南狩，得其大首**"，一切不可操之过急，要从长计议，"**不可疾**"，还是要保持正当，"**贞**"。

[发展脉络线 3/6]：黑暗降临，到达安全地带。

六四，入于左腹，获明夷之心，于出门庭。

注释：左腹，左腹部。心，心脏，此处指比干之心。于出门庭，走出门庭。

爻辞学习法：[因果脉络]

擒获了祸害光明的贼首，并一举直捣黄龙，彻底铲除了黑暗势力，就像深入左腹部，把其戕害光明的心掏了出来，"**入于左腹，获明夷之心**"，然后一身正气地走出门庭，昭示天下，"**于出门庭**"。

[发展脉络线 4/6]：黑暗降临，铲除黑暗势力。

六五，箕^{jī}子之明夷，利贞。

注释：箕子，商朝大臣。

爻辞学习法：[因果脉络]

在黑暗降临的时候，仍然心怀光明之心，同时暂时把自己聪明才智隐藏起来，待机而动，这就像箕子一样，在商纣王昏庸无道的时候，装疯卖傻以自晦其明，躲避杀身之祸，**"箕子之明夷"**，这样做有利于保存光明实力，有利于保住文明之光，**"利贞"**。

[发展脉络线5/6]：黑暗降临，心怀光明。

上六，不明，晦，初登于天，后入于地。

注释：明，光明。晦，黑暗、暗无天日。天，高高在上。

爻辞学习法：[因果脉络]

但如果黑暗降临达到了暗无天日，伸手不见五指，**"不明，晦"**，那就要注意了，这种情势下极其凶险，哪怕先期获得了胜利，犹如上于天庭，**"初登于天"**，但后期将坠入地狱，万劫不复，**"后入于地"**。

[发展脉络线6/6]：黑暗降临，至暗时刻，危如累卵。

爻辞学习法（总结）：

"地火明夷"卦主旨是讲"黑暗降临"，其六爻的因果发展脉络为：从初爻的"赶紧跑路"，又到二爻的"跑路受伤，换骑马"，接着到三爻的"到达安全地带"，然后就到四爻的"铲除黑暗势力"，再到五爻的"心怀光明"，最后到上爻的"至暗时刻，危如累卵"。

37【家人卦 风火家人】☲ 家人之道

《序卦传》里的家人卦："夷者，伤也。伤于外者必反其家，故受之以家人。"

《序卦传》（因果关系）学习法：

在外面受到了伤害，心里就会有怨气，心里就变幽暗了，就需要疗养，需要恢复，这时候能回到哪里呢？当然是回到家里，因为家是爱的港湾，家是庇护所，家是温柔乡。正所谓"金窝银窝，不如自己的狗窝"，只有家才会包容你，体贴你，给你温暖。而且，当在外面受到了挫折，会感到天都是灰暗的，只有回到家之后，家里的温暖的灯烛立刻照亮你的心扉，让你感到温馨，得到家人的安慰，疲惫感也会迅速得到缓解，心里和身体上的创伤因此得到调养。

所以，明夷卦之后就是家人卦。

卦辞：家人。利女贞。

译文：家人卦。利于女子守持正道。

卦辞学习法：

中国传统文化一直以来强调"男主外，女主内"，家庭就是女人的天下，女人的贞正与否意义重大，决定了一个家庭的幸福和兴旺，甚至决定了一个家庭的家道的兴衰。中国古时强调女人要"从一而终"，要"三从四德"，要"相夫教子"，这些都是在强调在家里，持家之道在于女人，女人要贞正，就是守本分，不然家庭作为"后院"如果"失火"了，就麻烦了。所以，**"家人。利女贞"**。

卦象：风自火出，家人。君子以言有物，而行有恒。

译文：火燃烧就生成了风，这就是家人卦的卦象。君子因此说话要诚实、要有事实根据，做事要有规矩、要持之以恒。

卦象学习法：

风火家人卦，家人卦上卦为巽为风又为木，而下卦为离为日又为火，五行中木生火，火燃烧又产生风，又因为木、风都是巽卦，所以木（风）和火是相辅相成、互相扶助、互相成就的，这就像一家人一样，而且风火家人卦，下卦是离火，上卦是巽风，看卦是由下而上看，正是"风自火出"的卦象，所以，**"风自火出，家人"**。

163

又，家人卦内卦为离为火，外卦为巽为风。内卦离卦为火，似家里烧火做饭，外卦巽卦为风，似烟囱外冒出来的袅袅炊烟随风飘散，这就是"有户人家"的家人卦之象，即**"风自火出，家人"**。

家人卦，**"风自火出"**，火是有附着物的，火不能自己燃烧，要附着在柴木上燃烧，火不能自己无缘无故地就燃烧起来；风同样，风的形成的原理来自于空气的冷热不均导致的空气流动现象，风不能自己无缘无故地流动。火的燃烧、风的流动都是建立在实打实的基础之上的。所以，君子效法风火家人的卦象，就要在家里说话做事要有依有据，要言而有信，要做事靠谱，不能胡乱说话甚至吹牛而不负责任，即**"君子以言有物，而行有恒"**。

家庭是家庭成员事务的地方，"家和才能万事兴"，因此家庭是需要经营的。"修身、齐家、治国、平天下"，要想齐家，首先就要往前溯源，就是首先把"身"修好，就是家庭成员的教养，教养好了才能齐家。家庭里只有人情世故、言谈举止，不再有严肃的律例刑规，"父母是孩子最好的老师"，父母就是孩子的榜样，就要做出表率，言行一致，"一言既出驷马难追"。"修身、齐家、治国、平天下"，"家庭"是君子必过的第一关，必然要**"君子以言有物，而行有恒"**，即说话要实在，不能虚头巴脑、诳言乱语；做事要靠谱，不能今天答应明天答应，让人捉摸不透、屡次失望。做到了这些，君子才能合格地走出家门，为国效力，施展抱负。

爻辞：

初九，闲有家，悔亡。

注释：闲，防止，规范。

爻辞学习法：[因果脉络]

"国有国法，家有家规"，任何事情，"不以规矩，不成方圆"，家当然不能例外，家里也必须要立有规矩，即"**闲有家**"。一个家，如果没有了家规，就乱了套了。只有家规严明，建立是非标准，才能塑造秩序井然的家庭关系，也才能"家和万事兴"，也因此就没有后悔的事情了，"**悔亡**"。

[发展脉络线1/6]：家人之道，家有家规。

六二，无攸遂，在中馈，贞吉。

注释：无攸遂，没有大的成就。中，家中。馈，饮食。

爻辞学习法：[因果脉络]

虽然在家里不能像出门在外闯荡世界或者出仕为官做出大成就，"**无攸遂**"，但家里的一家老小的吃喝拉撒也是大事情，因为"民以食为天"，吃饱吃好身体好，身体好才能一切都好，所以在家里主持烹饪膳食的事情也是大事情，"**在中馈**"，要重视饮食事务才能吉利，"**贞吉**"。

[发展脉络线2/6]：家人之道，重视饮食。

九三，家人嗃^{hè}嗃，悔厉吉。妇子嘻嘻，终吝。

注释：嗃嗃，嗷嗷叫苦。嘻嘻，嬉笑怒骂。

爻辞学习法：[因果脉络]

家虽然不同于外界，但家也要有家的样子，绝不能是乱作一团的地方。所以，家规就要严，但一严厉起来家庭里就会有人嗷嗷叫苦，引起不满和争吵，心生怨恨，"**家人嗃嗃**"，容易伤感情，会有后悔和危厉的事情发生，"**悔厉**"，正所谓"忠言逆耳，良药苦口"，从长远来看是有益于这个家成长的但最终是吉祥的，"**吉**"。但如果家规松散，家里妇女孩子随意嬉笑怒骂、毫无章法，家长缺失管教，孩子没有礼节，"**妇子嘻嘻**"，就会家没一个家样，最终会把这个家毁了，"**终吝**"。

[发展脉络线 3/6]：家人之道，家庭要严肃认真。

六四，富家，大吉。

注释：富，富裕、忙碌。

爻辞学习法：[因果脉络]

家里操持起来了，忙碌起来了，忙里忙外的不亦乐乎，所谓"天道酬勤"；不仅是家庭变得勤劳忙碌了，还让家里充满了知书达理的氛围，重视德的培养，"**富家**"，那么就一切大吉了，"**大吉**"，这个家就物质精神双富裕。

[发展脉络线 4/6]：家人之道，家庭要勤快。

九五，王假有家，勿恤，吉。

注释：王，君王、王业。假，到，应用。

爻辞学习法：[因果脉络]

把家庭治理的井井有条，那出门为国效力也会做得很好，就可以"推己及人"，可以把治理家庭的经验吸收运用到治理国家层面，即"**王假有家**"，家治理得这么好，连君王都登门拜访来学习治家经验了。国家是由千千万万个小家庭组成的，国家就是放大的小家，治理国家吸收治理家庭的有益经验，不会有忧虑的地方，"**勿恤**"，必然会有利于治国安邦，"**吉**"。

[发展脉络线 5/6]：家人之道，家是国的家。

上九，有孚，威如，终吉。

注释：威，威严、威信。

爻辞学习法：[因果脉络]

经过长期的治家持家，家长一直做出表率，诚实有信，说到做到，不让家庭成员失望，"**有孚**"，又不失威严、威信，"**威如**"。最终，家人之道养成，既有诚信，又有威严。那么，家有统一领导，家里不虚情假意，家庭按照这样的经营方式进行下去，长久下来，家庭就会幸福美满，最终就会吉祥，即"**终吉**"。

[发展脉络线 6/6]：家人之道，家庭要恩威并重。

爻辞学习法（总结）：

"风火家人"卦主旨是讲"家人之道"，其六爻的因果发展脉络为：从初爻的"家有家规"，又到二爻的"重视饮食"，接着到三爻的"家庭要严肃认真"，然后就到四爻的"家庭要勤快"，再到五爻的"家是国的家"，最后到上爻的"家庭要恩威并重"。

38【睽卦 火泽睽】☲ 求同存异

《序卦传》里的睽卦："家道穷必乖，故受之以睽。睽者，乖也。"

《序卦传》（因果关系）学习法：

正所谓"家家都有本难念的经"，家庭里总是免不了鸡毛蒜皮小事，再加上不能做到一碗水端平，那家庭关系很快就会出现裂缝，家庭成员之间就会互相看不顺眼，相互猜疑、互不信任，继而反目成仇，于是家庭内讧开始，再也无法拧成一股绳去一致对外了。所谓"富不过三代"，要想一直保持长盛，往往很难。打江山难，守江山更难，家庭就是"打江山"，组建一个家庭是有多么费劲，然后维持一个家庭更加费劲，"柴米油盐酱醋茶"，哪一样搞不好都可能成为矛盾的爆发点。所以，"清官难断家务事"，再美满的家庭，都会很快出现因为鸡毛蒜皮小事而大吵大闹的情况。

所以，家人卦之后就是睽卦，二者如影随形。

卦辞：睽。小事吉。

译文： 睽卦。做小事吉利。

卦辞学习法：

睽卦，就是互相看不上眼，你皱眉，他瞪眼，同床异梦，"**睽**"，那这时候人心不齐就肯定不能一起做大事，因为做大事难不保有人暗中捣鬼，那做大事就损失大了。做小事可以，速战速决，风险也在可控范围之内，而且小事也能一眼看到头，就是各怀鬼胎，也能一起把小事办好，因为小事台面上都明摆着的，唬不了人，所以做小事能成，所以吉利，即，"**小事吉**"。

卦象：上火下泽，睽ᵏᵘⁱ。君子以同而异。

译文： 火焰上窜，泽水下流，这就是睽卦的卦象。君子体察睽卦，在处世中，要求大同而存小异。

卦象学习法：

火泽睽卦，睽卦，上卦为离为火，离火炎上，火苗是向上燃烧的，并且是干燥的；下卦为兑为泽，泽水润下，水流是向下流淌的，并且是湿润的，所以二者相背而行，性质也相反，这就是各走各的路，"你走你的阳关道，我走我的独木桥"，渐行渐远，两者彼此远离，没有交汇在一起，就是"睽"违了，不合了，所以"**上火下泽，睽**"。

又，睽卦，上卦为离卦又为中女，下卦为兑卦又为少女，都是女儿，这就是二者相同的地方，也就是性质相同。但二者又因为离火炎上和泽水润下，又迥然不同，所以既有相同又有不同。而且，两个都是女儿，聚在一起肯定免不了"叽叽喳喳"和"小打小闹"，三天两头就会吵起架来耍小性子谁都不理谁。但这些都是"鸡毛蒜皮小事"，是家庭内部矛盾，不是敌我矛盾，还没到"不是你死就是我活"要做个了断的严重程度，因此在处理家庭内部"睽"的矛盾时，要以"家"的共性来感召，要强调"都是自家人"这一共识，即"**以同**"。至于"睽"的原因，就是各自个性使然，要包容，要尊重每个人的人格和主张，要"求同存异"，即"**而异**"，要"大事化小小事化了"。即，"**君子以同而异**"。由家庭之事扩大到一切事，都是需要"**君子以同而异**"。

爻辞：

初九，悔亡。丧马勿逐，自复。见恶人，无咎。

注释：丧马，马丢了。逐，追逐。自复，自己回来。

爻辞学习法：[因果脉络]

处于睽乖的最开始的时候，马上就意识到了错误，后悔了，想通了，没有了悔恨了，"**悔亡**"。这时候因为闹矛盾而走掉的人，不需要去追，自然会回心转意，就像丢失的马不要去追，越去追反而追不来，还越追越远，最后它自己就会回来了，因为"老马识途"，即"**丧马勿逐，自复**"。气已经消了，这时候就是见到恶人、坏人、丑陋的人，也不厌恶或生气，所以不会有过错，"**无咎**"。

[发展脉络线 1/6]：求同存异，消消气，想通了。

九二，遇主于巷，无咎。

注释：主，事主。巷，小巷。

爻辞学习法：[因果脉络]

处于睽乖的时候，就是被孤立的时候，这时候最需要援手，恰在此时在巷子里遇到了有主心骨的"救主"，"**遇主于巷**"，对自己有所帮助，所以没有错误，"**无咎**"。

六三，见舆曳 ᵞᵉ，其牛掣 ᶜʰᵉ，其人天且劓 ʸⁱ。无初有终。

注释：舆，大车。曳，拖曳。掣，牵制。天且劓，削发和割鼻。

爻辞学习法：[因果脉络]

处于睽乖之时，就是孤孤单单的一个人，就如同见到一辆车，后面有人拽着车尾，前面拉车的牛也被掣制而受阻，"**见舆曳，其牛掣**"，进退两难，而驾车的人仰面朝天，灰头土脸，鼻子也被割去了，"**其人天且劓**"，多么惨啊，遇到了窘境。但幸亏有前面的"救世主"相助，所以，遇到进退不得的时候，最初没有办法，最终能顺利脱困，"**无初有终**"。

[发展脉络线 3/6]：求同存异，进退两难，幸运脱困。

九四，睽孤，遇元夫，交孚，厉，无咎。

注释：睽，背离。孤，孤独。元夫，德高望重的人。交孚，以诚交往。

爻辞学习法：[因果脉络]

处于睽乖之时，"**睽孤**"，遇到了德高望重的大人，"**遇元夫**"，双方以诚相交，互相支持，"**交孚**"，那么，再次遇到危厉的情况，"**厉**"，就不会有危险发生，"**无咎**"。

[发展脉络线 4/6]：求同存异，又有贵人助一臂之力。

六五，悔亡，厥宗噬肤，往何咎?

注释：厥宗，同宗族。噬肤，吃肉。

爻辞学习法：[因果脉络]

再次地想通了，悔恨消失了，"**悔亡**"，不再有睽乖，这时候又

周易学习法

是一家人和好如初了，不再猜忌了，一起喝酒吃肉，"**厥宗噬肤**"，这再往前进就不会有什么错误的了，"**往何咎?**"。

[**发展脉络线 5/6**]：求同存异，家人的帮助。

上九，睽孤，见豕负涂，载鬼一车，先张之弧，后说之弧。匪寇，婚媾，往遇雨则吉。

注释：豕负涂，猪背有泥。张，张弓。弧，弓箭。说，通"脱"，放下。遇雨，下了雨、清醒了，沟通交流了。

爻辞学习法：[因果脉络]

既然当初有睽乖，就是因为有疑心病，这个疑心病不是轻易就能消除掉的，现在疑心病又"旧病复发"，睽乖再次发生，"**睽孤**"，这时候看什么都是疑神疑鬼的，仿佛看到了一头猪身上全是泥巴，"**见豕负涂**"，又看到一车拉的全是鬼，"**载鬼一车**"，惊吓之余，马上搭弓就要射箭，"**先张之弧**"，后又放下弓箭不射了，"**后说之弧**"，因为终于看清了，原来不是贼寇，而是来婚配的，也就是一家人，"**匪寇，婚媾**"，这时候一切疑忌都化解了，心中的污浊看不清，全部随着雨的降临而冲刷掉了，一切都冰释前嫌了，"**往遇雨则吉**"。

[**发展脉络线 6/6**]：求同存异，彻底打消疑虑，冰释前嫌。

爻辞学习法（总结）：

"火泽睽"卦主旨是讲"求同存异"，其六爻的因果发展脉络为：从初爻的"消消气，想通了"，又到二爻的"遇到了救主，不迷糊了"，接着到三爻的"进退两难，幸运脱困"，然后就到四爻的"又有贵人助一臂之力"，再到五爻的"家人的帮助"，最后到上爻的"彻底打消疑虑，冰释前嫌"。

39【蹇卦 水山蹇】䷦ 知难而退

《序卦传》里的蹇卦:"睽者,乖也。乖必有难,故受之以蹇。蹇者,难也。"

《序卦传》(因果关系)学习法:

当处于睽乖之时,力量四分五裂,局面分崩离析,大家都是大眼瞪小眼,你朝东,他朝西,总是拧不成一股绳,不能一处使劲。那么,人心背离了,谁和谁都处不来,就无法做事了,孤掌难鸣,那很快就会陷入困境,就会有难处了。

所以,睽卦之后是蹇卦。

卦辞: 蹇。利西南,不利东北。利见大人,贞吉。

译文: 蹇卦。去往西南有利,去往东北不利。利于出现大人物(救难),守持正道吉利。

卦辞学习法:

"蹇"字,上为"寒",下为足,足有寒气就会走不动路了,就是险难的意思。遇到险难了,就更要想清楚下一步到底要往哪个方向走,不能走错了,不然就会越陷越深、越来越难,就麻烦了。西南是坤位,坤为顺为地,路好走;而东北是艮位,艮为险为山,路不好走,因此身处蹇难之时,就要去西南,而不要去东北,即"**蹇。利西南,不利东北**"。

另外,蹇卦,为"水山蹇",即水在山上走就成了蹇难了,就不能从山上走;而水在地上流就是亲比了,即"水地比",所以,就为"**蹇。利西南,不利东北**",不能搞错。

蹇卦之时,情势严峻,不是开玩笑的,这时候要救苦救难救自己,就不能专靠自己,就要依赖外援,求得圣贤扶助,即"**利见大**

人"，来力挽狂澜，摆脱蹇难，这时候仍然要坚守正道才能吉利，"**贞吉**"。

卦象：山上有水，蹇^{jiǎn}。**君子以反身修德。**

译文： 水漫山上，山上有水，这就是蹇卦的卦象。君子从蹇卦中学到，要在遇到困难险阻的时候，首先是反求诸己，从自己身上找问题，反省自身，加强自我修德。

卦象学习法：

水山蹇卦，蹇卦，水跑到了山上，山又高又险，山本来就是险，本来就不是容易爬的，现在山上又到处是积水，坎水也是险，现在是险上加险。山路本来就不好走，山路之途又到处布满了不知深浅的水，这就造成走起山路来一瘸一拐的，"深一脚浅一脚"的都是泥水，陷进去拔都拔不出来。这就是山高水深、跋山涉水，"祸不单行"，一个人同时要挑战"山"和"水"的两大险难，这还让人怎么走？水在山上，更可能引发山洪暴发，那就势不可挡、摧枯拉朽了，那更是危险至极了。真的是举步维艰，遇到了十分险难了。所以，"**山上有水，蹇**"。

处于蹇难之时，要反思到底是怎么回事？出了问题了，不要第一时间去怨天尤人，不要想着去找"替罪羊"，找别人麻烦，不要什么都怪别人，什么问题都推到别人身上。而是首先自己照照镜子，先从自己身上找答案。万事皆有因果，有果就有因，那就要询问到底是什么原因导致现在的"蹇"难？要溯流从源，就要反求诸己，检讨自己，反省自己。这时候最大的问题反而不是"蹇"难了，而是自身的德行修为到底如何了。"有容乃大，无欲则刚"，做好自己的德行修为，就会"自助者，天助之"，一切问题自然就会"迎刃而解""水到渠成"，就不会有"蹇"难，或者即使不小心遇到了"蹇"难，也会因为自己自修其德很快解除了。所以，**"君子以反身修德"**。

爻辞：

初六，往蹇，来誉。

注释：往，前往。蹇，蹇难。来，前来。誉，赞誉。

爻辞学习法：[因果脉络]

当蹇难来临时，继续往前走一定会继续蹇难，**"往蹇"**，那么这时候及时后退，"亡羊而补牢，未为迟也"，回来就会及时止损，获得称誉，**"来誉"**。

[发展脉络线 1/6]：知难而退，及时回来，获得称誉。

六二，王臣蹇蹇，匪躬之故。

注释：王臣，王公大臣。蹇蹇，克服蹇难。匪，不。躬，自身。故，原因。

爻辞学习法：[因果脉络]

在蹇难之时，王臣鞠躬尽瘁去克服蹇难，是为了匡救王室，**"王臣蹇蹇"**，而不是为了自己，更不计个人成败得失，**"匪躬之故"**。

[发展脉络线 2/6]：知难而退，救助王室，无怨无悔。

九三，往蹇，来反。

注释：来反，前来就赶快返回去。

爻辞学习法：[因果脉络]

处蹇难之时，继续往前去就会继续蹇难，**"往蹇"**，那么就激流勇退，返回来，整合内部，**"来反"**。

[发展脉络线 3/6]：知难而退，后退回来，整合内部。

六四，往蹇，来连。

注释：连，连在一起，即联合。

爻辞学习法：[因果脉络]

处蹇难之时，继续往前去就会继续蹇难，"**往蹇**"，这时候就返回来，联合可以联合的力量，"**来连**"，一起攻坚克难。

[发展脉络线 4/6]：知难而退，后退回来，联合力量。

九五，大蹇，朋来。

注释：大蹇，大难。朋来，都来做朋友。

爻辞学习法：[因果脉络]

这时候蹇难已经到达了最大的程度，这时候不需要自己主动去求助整合或者联合了，朋友们自发赶来相助，共济蹇难，"**朋来**"。

[发展脉络线 5/6]：知难而退，一方有难，八方支援。

上六，往蹇，来硕，吉，利见大人。

注释：往，前往。来硕，到来硕果。

爻辞学习法：[因果脉络]

处蹇难之时，再次地往前必然会继续遭遇蹇难，"**往蹇**"，那就返回来，不仅能保存实力，还能壮大自身，"**来硕**"，所以吉利，"**吉**"，这时候利于大人物的助力，"**利见大人**"。

[发展脉络线 6/6]：知难而退，保存实力，壮大自身。

爻辞学习法（总结）：

"水山蹇"卦主旨是讲"知难而退"，其六爻的因果发展脉络为：从初爻的"及时回来，获得称誉"，又到二爻的"救助王室，无怨无悔"，接着到三爻的"后退回来，整合内部"，然后就到四爻的"后退回来，联合力量"，再到五爻的"一方有难，八方支援"，最后到上爻的"保存实力，壮大自身"。

40【解卦 雷水解】䷧ 锄奸计划

《序卦传》里的解卦："蹇者，难也。物不可以终难，故受之以解。解者，缓也。"

《序卦传》（因果关系）学习法：

蹇难之时，一切都为艰难，但沧海桑田，世界上一切事物都是在变化着的，没有一成不变的东西，蹇难也包括在内。"世上无难事，只怕有心人"，再难的事，总是有办法去解决它，没有解决，那还只是没有找到办法。而且，"人有悲欢离合，月有阴晴圆缺"，即使人尽力而为还是没有解决蹇难，但时间可以，所谓"滴水穿石，磨杵成针"，时间到了，一切都迎刃而解了，因为蹇难也是有寿命的，也不是能"长生不老"的，过去的问题，放在今天，看向未来，却已经不是问题了，这是经验之谈。世界在进步，科技在日新月异，没有人类解决不了的艰难险阻。所以，蹇难到了一定程度、一定时间，必定会崩塌和消散，过去的蹇难消失不见，问题彻底解决。

所以，蹇卦之后是解卦。

卦辞：解。利西南，无所往，其来复吉。有攸往，夙^{sù}吉。

译文：解卦。利于前往西南，没有险难就不要前往，退回来仍然吉利。有险难就要前往，越早解决越吉利。

卦辞学习法：

解卦，解就是解除险难，平稳落地了，即到达了平地，而不再有坎坷不平。而坤卦是地，性柔顺宁静，所以"**解。利西南**"，即解

周易学习法

除险难之后就有利于到坤地的西南方。又因为刚解除险难，元气尚未完全恢复，要静养，就不要有所行动，也因为解决了，也没有什么事情了，更不需要行动，即"**无所往**"，就要返回来就会吉利，"**其来复吉**"。休息好了，元气恢复了，就不能一直再休养下去，不然就会养肥了身子也会养懒了精神，就要开始做事了，"**有攸往**"，而且做事是越早越好，"**夙吉**"，之前因为塞难已经元气大伤、损失重大，现在要赶紧补足之前损失的，还要增长实力，再不行动，就要喝西北风了，所以越趁早越吉利，即"**有攸往，夙吉**"。

卦象：雷雨作，解。君子以赦^{shè}过宥^{yòu}罪。

译文：打雷降下雨水，这就是解卦的卦象。君子即统治阶级从解卦中得到启示，就是先前的困难都解除了，那么也要赦免民众的过失、宽恕轻罚有罪的人。

卦象学习法：

雷水解卦，上卦为震为雷，下卦为坎为水，就是天空雷声大作，下面下起了雨水，大雨滂沱，万物被雨水浇灌透地，之前"干得冒烟"的饥渴的旱情得到缓解，万物解脱了生存之危，生长得以继续，所以"**雷雨作，解**"。

雷，威声震天，天下万物无不被之震撼；水，生命之源，天下万物无不靠之滋润。雷、水到来，都能起到解决问题的作用，要么震慑，要么供给，拿捏住了对方，必然听话，从而问题解决。所以，"**雷雨作，解**"。

雷雨大作，万物得解，空气中弥漫着清新的味道，一切都来到了一个干净、整洁、有序的新世界。没"解"之前的因为"干旱"导致的众生喝不上水、吃不上饭而带来的一切混乱、饥不择食甚至杀人越货的现象，现在都荡然无存，消失得无影无踪。君子因此就要知

177

道，非常时期有非常之多"难言之隐""无奈之举"，不是"被逼上梁山"，"谁又愿落草为寇"，干起"人吃人"的事情？因此君子就要体谅"非常时期非常之举"，在"解"到来后，万物维新之时，不能"上纲上线"，要"大赦天下"，过错要通通赦免、宽恕，有罪则虽不能免除也要轻罚，即"**君子以赦过宥罪**"。"非常时期"罪、责、过太多，只有这样做，才能"法不责众"，安民心，也给其改过自新的机会，社会才能稳定，国家才能群策群力继续发展。

爻辞：

初六，无咎。

注释： 无咎，没有纰漏。

爻辞学习法： [因果脉络]

蹇难之后，到了缓解、解决、解放的伊始，终于度过了艰难时日，可以暂做休整，喘一口气了，这时候没有什么纰漏，"**无咎**"。

[**发展脉络线 1/6**]：锄奸计划，缓解了，喘一口气。

九二，田获三狐，得黄矢，贞吉。

注释： 田，田猎。三狐，战利品。黄矢，黄色箭头。

爻辞学习法： [因果脉络]

蹇难之后，到了缓解、解决、解放，那就要反思、翻旧账了，就是过去的蹇难是怎么造成的？当然是小人当道造成的。现在已经局面重现朗朗乾坤，但阳光底下、人民内部依然隐匿着众多漏网之鱼，这些都是隐伏之患，它们不以真面目示人，而是犹如狡猾的狐狸或者说狐狸精一样迷惑人。那么，蹇难解决了，就要算旧账，就要除恶务尽，不留后患，防止死灰复燃，就要一网打尽这些狡诈之徒，犹如田野间猎获了狐狸一样，即"**田获三狐**"，由此确立君子的正义人格，犹如获得了黄色箭头一样，"**得黄矢**"，当然，在清除隐患，去除漏网之鱼的过程中依然要贞正才能吉利，"**贞吉**"，不能公报私仇，矫枉过正。

[发展脉络线2/6]：锄奸计划，清除身边隐伏之患。

六三，负且乘，致寇至，贞吝。

注释：负，负载。乘，乘凌。致，导致。寇，敌寇。

爻辞学习法：[因果脉络]

铲除一些漏网之鱼相当于捕获的狐狸还只是小坏人，还有更大的大坏蛋没有去除。这些大坏蛋身居高位，身上背负了太多的东西（职位、人脉），还以此乘凌于正义之人之上，"**负且乘**"，大坏蛋身居要职就会恣意妄为，就会招引臭味相投的人前来聚拢，这些都是盗寇之徒，"**致寇至**"，这时候就要谨守正道防止祸害的事情发生了，"**贞吝**"。

[发展脉络线3/6]：锄奸计划，还有大鱼没有铲除。

九四，解而拇，朋至斯孚。

注释：解，解除。拇，脚拇指。朋至，和解、成为朋友。斯孚，有诚意。

爻辞学习法：[因果脉络]

对于大鱼、大坏蛋，首先要解除自己身上的束缚，就像解开缠绕拇指的绳线一样，就可以放开手脚了，即"**解而拇**"，了却心理负担，这时候友朋纷至沓来，而且信心满满，"**朋至斯孚**"。

[发展脉络线4/6]：锄奸计划，要放开手脚，壮大朋友圈。

六五，君子维有解，吉，有孚于小人。

注释：维，维持。解，瓦解。

爻辞学习法：[因果脉络]

这时候君子就有实力了，心理状态也准备好了，就有铲除大坏蛋的解法了，**"君子维有解"**，吉利，**"吉"**，这时候君子的实力极大上升了，也就有信心面对和战胜小人了，**"有孚于小人"**。

[发展脉络线5/6]：锄奸计划，君子对于铲除大鱼已经有了解法。

上六，公用射隼^{sǔn}于高墉之上，获之，无不利。

注释：公，主公。隼，老鹰。高墉，高墙。

爻辞学习法：[因果脉络]

锄奸时机已经成熟，到了清算的时候了，也有了实力和手段了，时机和实力俱全，于是搭弓射箭一发即中，射倒鹰隼于高墙之上，**"公用射隼于高墉之上"**，把它擒获了，**"获之"**，大获全胜，没有不吉利的，**"无不利"**。

[发展脉络线6/6]：锄奸计划，算总账的时候到了，一网打尽。

爻辞学习法（总结）：

"雷水解"卦主旨是讲"锄奸计划"，其六爻的因果发展脉络为：从初爻的"缓解了，喘一口气"，又到二爻的"清除身边隐伏之患"，接着到三爻的"还有大鱼没有铲除"，然后就到四爻的"要放开手脚，壮大朋友圈"，再到五爻的"君子对于铲除大鱼已经有了解法"，最后到上爻的"算总账的时候到了，一网打尽"。

41【损卦 山泽损】䷨ 取之于民

《序卦传》里的损卦："解者，缓也。缓必有所失，故受之以损。"

《序卦传》（因果关系）学习法：

解卦就是讲缓解、解除、解决了的意思，任何事物缓解下来就会变得慢了，那就不像情况紧急那样了，缓的状态下就会让人精神松懈打起盹来，因为老猫也有打盹的时候，这一打盹、一放松，就要有所闪失了，就会被钻了空子。另外，当事物缓了下来之后，速度也就降了下来了，就比如汽车，车速慢下来，油耗也会上来，甚至发动机还会有顿挫，这些都是额外的损失。再说，缓一缓的话，谁又能等得及呢？缓的代价就是要多出来时间，但时间就是金钱，时间就是生命，所以缓的另一面，就是要损耗时间，损耗金钱，甚至损耗人的耐心，更甚至损耗掉了机会。所以，只要有缓，就必有损失。

所以，解卦之后就到了损卦。

卦辞：损。有孚，元吉，无咎，可贞，利有攸往。曷^{hé}**之用？二簋**^{guǐ}**可用享。**

译文：损卦。心中有诚信，就会元始、亨通，没有灾祸，可以守持正道，可以有所前往。减损之道怎么表现出来呢？就是用二簋祭品就足够表示祭祀的诚敬了。

卦辞学习法：

损，本来是个贬义词，损失、贬损、损坏、损耗、损人利己，这些通通说得都是不好的事情，那损什么情况下可以变成好事情呢？那就是把损失掉的财物用在有意义的事情上。损卦之所以名为"损"，卦义是"损下益上"，如果是单纯的剥削老百姓，把百姓的民脂民膏用来给统治阶级享用而奢靡，荒淫无度，那真的是"损下益上"的损了，但如果把"**损下**"的收益用在正义的国家建设事业上，让其具有"**有孚**"的属性，那这个损就瞬间高大上起来了，就可以一下子拥有了"**元吉，无咎，可贞，利有攸往**"，即大大的吉利、没有过失、可以贞正和利于前往。

当损是心怀"**有孚**"的时候，就不需要讲排场了，"心诚则灵"，讲究诚信最重要的场合就是在祭祀的仪式上，具体怎么表现出来呢？"**曷之用?**"，那就是只需要两个簋的祭品敬献上供就可以了，"**二簋可用享**"，内心虔诚就可以通天，就会得到神明的保佑。

卦象: 山下有泽，损。君子以惩忿 ᶠᵉⁿ 窒欲。

译文: 山下有湖泽，这就是损卦的卦象。君子从损卦中学到的，就是要惩戒自己的愤怒，控制自己的私欲。

卦象学习法:

山泽损卦，上卦为艮山，下卦为泽水，那么就会泽水不停地冲击冲刷着山体，侵蚀着山体，还使山体崩塌山石滚落，因为再坚硬的山石都怕水泡、水蚀，而山体山石滚落又会掉下来堵塞泽水，山和泽互相损耗，谁都没有占到便宜，所以"**山下有泽，损**"。

正如"怒气冲天"，心中愤怒之气冲上了天，而现实中人能攀登到达的最高的高度是山峰，因为"山高人为峰"，表示愤怒到了极点。而"欲壑难填"，欲望就像深沟一样难以填满，所以欲望就像泽水一样的深不见底。所以，"山泽损"，高山一样的愤怒直上九天，泽水一样的欲望深不见底，这很危险，必须加以制止和控制，所以"**君子以惩忿窒欲**"。

损卦外卦为艮山，内卦为兑泽，艮有止的意思，代表止欲、止怒行；兑又有说话、愉悦的意思，代表情欲、欲望。所以内卦兑泽代表内心的情欲、欲望甚至愤怒大爆发，气势汹汹地向外爆发、向外冲，这可不得了！幸而及时有外卦艮山代表守在外面的伟岸的大山牢牢地阻挡住了兑泽的冲劲，"最终扛住了一切"，压制住了兑泽的内心的情欲、欲望甚至愤怒的"冲击波"，避免了冲动，因为"冲动是魔鬼"，所以是好事情。因此，君子观此象就要学习损卦，就要"内修于心，外练于行"，即**"君子以惩忿窒欲"**，以避免损失。

爻辞：

初九，已事遄^{chuán}往，无咎，酌损之。

注释：已，通"已"，已经。已事，自己的事。遄，快速地。往，前往。酌，斟酌。损，减少。

爻辞学习法：[因果脉络]

损卦的主旨是"损下益上"，但"损下"也是有条件的，不能盲目地自己的事情都不管了就去帮扶别人。所以，要在自己的事处理好之后再立刻前往帮助，**"已事遄往"**，这并没有错误，**"无咎"**，同时在减损自己帮助别人的时候要量力而行，斟酌减损，**"酌损之"**，不能"打肿脸充胖子"。

[发展脉络线 1/6]：取之于民，量力而为。

九二，利贞，征凶，弗损益之。

注释：征，前往。弗损，不损害。益，增益。

爻辞学习法：[因果脉络]

刚刚减损完，还底气不足，元气大伤，是"心有余而力不足"的状态，就像刚献完血不能再去献血，必须要缓一缓，要休养生息，不能涸泽而渔、杀鸡取卵急冲冲的，所以，**"利贞，征凶"**。暂缓"损下"，是为了可持续发展，这不仅益了下面，同时也会益了上面，这是双赢的局面，正所谓"磨刀不误砍柴工"，即**"弗损益之"**。

[发展脉络线 2/6]：取之于民，休养生息。

六三，三人行，则损一人。一人行，则得其友。

注释： 得其友，得到帮助。

爻辞学习法： [因果脉络]

周易讲"一阴一阳之谓道"，一阴一阳加起来就是二，多一个不多，少一个不少。多一个就是三了，就会陷入"三个和尚没水喝"的境地，就会有争吵和争夺；少一个就是一了，就又会陷入"独木难支"的窘境，就会办不成事或者拖慢进度。所以，三就多了，一就少了，就要损有余而补不足。什么事情还是"成双成对"的好，造物主设计的就是双眼、双手、两脚、两翼，一阴一阳，一男一女，万物化生。损益之道要符合"一阴一阳之谓道"的天地大道。所以，"**三人行，则损一人。一人行，则得其友**"。

[发展脉络线 3/6]：取之于民，符合大道。

六四，损其疾，使遄有喜，无咎。

注释： 损，减损。疾，疾病。遄，迅速。喜，喜悦。

爻辞学习法： [因果脉络]

山泽损的损卦有什么"疾病"呢？就是象辞里所说的"忿"和"欲"，所以要减损掉，再加上刚减损完，现在元气也恢复得差不多了，即"**损其疾**"，减损掉这些"疾"的速度很快，那么就有欢喜了，"**使遄有喜**"，当然没有过失了，"**无咎**"。

[发展脉络线 4/6]：取之于民，减损病疾。

六五，或益之十朋之龟，弗克违，元吉。

注释： 益，赠送。十朋之龟，贵重大龟。弗克违，不推辞。

爻辞学习法：[因果脉络]

这时候，"损下益上"的精神感染了外界，于是更多的人来益之，反过来帮扶，益的程度达到了贵重的程度，价值犹如"十朋之龟"，即**"或益之十朋之龟"**，这时候就"恭敬不如从命"了，慨然应允，即**"弗克违"**，这么多人过来帮忙，当然是大大的吉利，**"元吉"**。

[发展脉络线 5/6]：取之于民，投桃报李。

上九，弗损益之，无咎，贞吉，利有攸往，得臣无家。

注释： 弗，不。损，减损。益，增益。得臣，臣服。无家，天下为家。

爻辞学习法：[因果脉络]

这时候已经到达了更高的阶层，实力也大增了，现在不再是减损自己去增益上方的时候了，不减损自己也能增益上方，**"弗损益之"**，这并没有错误，**"无咎"**，同时保持贞正才能吉利，**"贞吉"**，这时候就是要积极向前有所作为了，可以放手一搏做一番大事业了，**"利有攸往"**，这时候就要放弃自己的小家，而以国家社稷为重，专心为国，天下为公，国即是家，家也是国，**"得臣无家"**。

[发展脉络线 6/6]：取之于民，以国为家。

爻辞学习法（总结）：

"山泽损"卦主旨是讲"取之于民"，其六爻的因果发展脉络为：从初爻的"取之于民，量力而为"，又到二爻的"取之于民，休养生息"，接着到三爻的"取之于民，符合大道"，然后就到四爻的"取之于民，减损病疾"，再到五爻的"取之于民，投桃报李"，最后到上爻的"取之于民，以国为家"。

185

42 【益卦 风雷益】䷩ 用之于民

《序卦传》里的益卦："损而不已必益，故受之以益。"

《序卦传》（因果关系）学习法：

中国人推崇"吃亏是福"，而贬损"损人利己"，也就是更赞扬"舍己为人"。就是说，减损自己来对外奉献，雪中送炭、仗义疏财、慷慨解囊、扶危救困、拔刀相助、乐善好施，这些都闪耀着人类的"损己为人"的光辉。这样做的意义是什么？有什么益处？当然有益处。中国历史长河中，有无数的仁人志士，舍小家为大家，前赴后继，他们的伟大精神像"星星之火"一样，"可以燎原"。所以，"先天下之忧而忧，后天下之乐而乐"，"天下兴亡，匹夫有责"，为了天下黎民苍生的"益"，来无怨无悔奉献自己的"损"，这是人类最星光闪耀的精神。所以，这些伟大的人，他们并不傻，他们是最智慧的人。在当时历史情境下，在星斗市民眼里，他们仿佛做了无谓的牺牲，但在大历史观下，在历史长河中，他们所创造的"益"却绵延流长，他们所带来的"益"是数不完的数。他们是至高无上的人，而益卦正是"损上益下"，正合此义。

另外，从能量守恒的角度，也是损完之后必定是益，不能一直是损，物极必反。

所以，损卦之后就是益卦。

卦辞：益。利有攸往，利涉大川。

译文：益卦。有利于有所前往，利于涉渡大河。

卦辞学习法：

无论是"损下益上"的损卦，还是"损上益下"的益卦，卦名的确定都是以"下"为准的，也就是"下"为本，也就是"民为本"，具体的就是"民为本，君为轻，社稷次之"，在这里，"下"代表的"民"最重要。而益卦就是"损上益下"，就是"取之于民，用之于民"，把之前"损下益上"的收益现在用来还富于民，用来做公众的公益事业，让民众获得好处，这是走群众路线、得人心的好事，也巩固了群众基础，因此从长远来看是有利于国家发展、利国利民的。所以，有益于黎民百姓的事情，都可以做，都是有利的，都值得前往，值得跋山涉水，所以，**"益。利有攸往，利涉大川。"**

卦象：风雷，益。君子以见善则迁，有过则改。

译文：风裹挟雷声，雷助风势，这就是益卦的卦象。君子从中要学习到，见到别人善处的能增益自己的就要学习改变，自己的缺点过错就要改正。

卦象学习法：

风雷益卦，益卦上卦为巽为风，下卦为震为雷，二者一旦在一起，就会"风起云涌""雷声滚滚"，风裹挟着雷声，雷声震天又助风势，所谓"迅雷不及掩耳"，又有"雷厉风行"，二者相互增益，相互助长，所以，**"风雷，益"**。

"益"之道是什么？就是在成长的道路上不断抖掉不好的东西，不断地去掉不完善的东西，同时不断地吸收好的东西，这样最终拥有美好的东西越来越多、剩余的"不好"则越来越少，这就是一直在"益"，没有"损"发生。所以，君子就要**"君子以见善则迁，有过则改"**，这样就会一直"益"，就是好事情。

另外，益卦上卦为巽为风，风就是风向标，"站得高看得远"，一看情势不妙、苗头不对，就会立马发出警报，发出呼啸之声；下卦为震为雷，雷听到风发出的警报，立马就"见风使舵"，改变方向。君子法此象，采纳和实施**"君子以见善则迁，有过则改"**。

爻辞：

初九，利用为大作，元吉，无咎。

注释：利用，有利于。大作，大作为、大事情。

爻辞学习法：[因果脉络]

损下益上之后，也就是"取之于民"之后，就要做有利于天下人的大事，就是为国做事，即要"用之于民"，即"**利用为大作**"，这样就是大大的吉利，"**元吉**"，没有咎错，"**无咎**"。

[**发展脉络线 1/6**]：用之于民，为国做事。

六二，或益之十朋之龟，弗克违，永贞吉。王用享于帝，吉。

注释：或，有可能。享，推荐。帝，天帝、上天。

爻辞学习法：[因果脉络]

因为是为国做事，为天下百姓做事，所以"得道多助"，做大事的人就像燃烧的火焰，"燃烧自己，照亮别人"，进而"众人拾柴火焰高"，获得了更多的帮助，犹如获赠了价值不菲的"十朋之龟"，即"**或益之十朋之龟**"，民意不可违，所以，"**弗克违**"，同时要永远保持贞正才能吉利，"**永贞吉**"。君王把这样的君子向上天推荐称颂，"**王用享于帝**"，吉利，"**吉**"。

[**发展脉络线 2/6**]：用之于民，众人拾柴。

六三，益之用凶事，无咎。有孚中行，告公用圭 ^gui^ **。**

注释：益，增益。凶事，打仗。中行，正义行天下。告公，告知天下。圭，玉圭。

爻辞学习法：[因果脉络]

这时候遇到了国之凶险之事，诸如兵荒马乱、饥荒、洪涝灾害、台风地震之类的，这时候就要把之前"取之于民"的"损下益上"的"益"拿出来，来赈济百姓，"**益之用凶事**"，这个没有过错，"**无咎**"。做这些救灾救民的行动的时候，一定要保持内心的贞正有信，行为要持中而行，"**有孚中行**"，而不能"雁过拔毛"，自己趁机捞一把，同时还要向上面请示报告，"**告公用圭**"。

[发展脉络线 3/6]：用之于民，救灾救民。

六四，中行，告公从，利用为依迁国。

注释：从，依从、顺从。依，依据。迁国，迁国都。

爻辞学习法：[因果脉络]

君子一直持中而行，一心为民，那么当他向上请示报告的时候，公王也会听从的，"**告公从**"，在这种君臣友好互信的氛围中，君王无所不依从，哪怕是利用来谏言迁都都是顺理成章的，"**利用为依迁国**"。

[发展脉络线 4/6]：用之于民，百依百从。

九五，有孚惠心，勿问，元吉。有孚惠我德。

注释：惠心，惠及百姓的心。勿问，不需要占卜。惠，惠及。

爻辞学习法：[因果脉络]

做"用之于民"为天下百姓做事的事业的时候，要发自内心的诚信，要实实在在的惠及老百姓，不能搞形式主义，口惠而实不至，净说漂亮话，即"**有孚惠心**"，同时不问前程，不计个人利益得失，即"**勿问**"，那这就是大大的吉祥，"**元吉**"。君子的有信的惠民行为当然会感动民众，从而得到回馈，得到拥护，"**有孚惠我德**"。

[发展脉络线 5/6]：用之于民，真情实意。

上九，莫益之，或击之，立心勿恒，凶。

注释：莫，不要。击，打击。立心勿恒，心还没恒定。

爻辞学习法：[因果脉络]

一直为民做事做官越做越高，就可能会权力膨胀，忘了初心，就开始心理不平衡了，不再想着"益民"，而想着"益己"了，"**莫益之**"，那就或招致祸端和打击，"**或击之**"，这其中的原因就是当初立下的初心没有坚持恒久，"**立心勿恒**"，变得贪得无厌了，这当然凶险了，"**凶**"。

[发展脉络线 6/6]：用之于民，初心不再。

爻辞学习法（总结）：

"风雷益"卦主旨是讲"用之于民"，其六爻的因果发展脉络为：从初爻的"用之于民，为国做事"，又到二爻的"用之于民，众人拾柴"，接着到三爻的"用之于民，救灾救民"，然后就到四爻的"用之于民，百依百从"，再到五爻的"用之于民，真情实意"，最后到上爻的"用之于民，初心不再"。

43【夬卦 泽天夬】䷪ 决去小人

《序卦传》里的夬卦："益而不已必决，故受之以夬。夬者，决也。"

《序卦传》（因果关系）学习法：

对于坏的东西人人都避之唯恐不及，但对于好的东西也不是越多越好，任何事情都要有个度，超过了度，事情就会向不好的方向转化了。水是生命之源，但水来得太多就会造成"涝的涝死"洪涝灾害频发；万物生长靠太阳，但不能一连几个月都是艳阳高照而不下雨，那就要"旱的旱死"大旱之年来临。任何事情，过犹就要不及了。就像水库一样，如果一直往里蓄水，蓄得蓄水过度，那么"水满则溢"，水坝承受不住重压就要溃坝，水库就溃决了。这是自然界的事情，人类也是如此。一直的对某个人好，一直增益对方，有时候并不是好事，久而久之，对方就当成了理所当然了，就会变成"喂不熟的白眼狼"。为什么造成这样？因为"剃头挑子一头热"，你是一厢情愿，单相思，人家并没有积极回应，付出必须要"双向奔赴"才有意义。那么，所有的付出，都犹如"肉包子打狗，有去无回"，一旦某一天因为某一件事情不合对方心意，那之前的所有付出就会一笔勾销，进而"升米恩，斗米仇"，对方甚至会恶语相向，就要摊牌了，就要决裂了，最终反而是人财两空，两手空空。

卦辞：夬。扬于王庭，孚号有厉，告自邑^{yi}，不利即戎，利有攸往。

译文：夬卦。在王庭上当众公布小人的罪恶，以至诚之心去号令众人提高警惕戒备，并诏令告知城邑之人，不利于立即兴兵动武制裁，有利于继续前进。

卦辞学习法：

夬卦的夬，就是决断的意思，与小人决断。夬卦是五阳爻在下，仅有一阴爻在上六，而阴爻象征小人，又往往在君侧，被君王宠信，又极端狡猾奸诈，一不小心忠良就会遭其暗算陷害，一般不好对付，更难以清除，对小人一定要防之又防才行。所以，决断小人，必然要非常之举，就要讲求智慧，就是要光明正大地公开地在王庭之上大声宣扬其罪状，以公正和无所隐藏，这样君王和众人都看到小人的真面目，"**夬。扬于王庭**"，同时，又至诚地呼号大家尚有危险要有所防备和保持戒备，"**孚号有厉**"，并在城邑发布公告，"**告自邑**"，这时候并不利于直接诉诸武力去强力清除小人，因为小人毕竟是长时期在君侧，还是深得君王宠信，也有相当的实力，如果实在苦苦相逼，容易"狗急跳墙"，惹恼了就要"困兽犹斗"，情况就激烈难以掌控，极易生变，**"不利即戎"**，所以，为保险起见，还是以阳的持续增长进逼为要，持续地搜集、固定、公布小人的罪恶证据，步步为营，阳进则阴退，从而最终除掉小人，即**"利有攸往"**。

卦象：**泽上于天，夬** ^{guài}**。君子以施禄及下，居德则忌。**

译文：泽水蒸发至天上，这就是夬卦的卦象。君子要效法夬卦，普施利禄于下面百姓，最忌居功自居而不施惠于百姓。

卦象学习法：

泽天夬卦，夬卦上卦为兑为泽，下卦为乾为天，泽水竟然飞到了天上了，这泽水的水位不可谓不高了，甚至已经高到了吓人的程度。泽水到了天上，水性向下流，那就有一股力量往下冲，而天并没有围挡，无所遮拦，泽水气势磅礴，亿万吨压顶，"防民之口甚于防川"，现在就是在"防川"，根本防不住，泽水如此势大，势必要绷不住，溃决，一倾而下，这就是**"泽上于天，夬"**，夬就是"决"的意思。

泽水跑到了天上，但原本并不来源于天上，而是来自大地，大地上的泽水蒸发才飞到了天上。泽水到了天上，这时候就归属天了，天掌控着泽水。泽水跑到了天上，那么天之下的地上就少了泽水，这时候天下万物、子民无不"翘首以待"，急盼着泽水的降临。此时，天要做的，不是据为己有、囤积居奇，而是要决下泽水，天降雨露，施惠于万民，"雨露均沾"，广施恩德。要知道，泽水上天，天只是代管者，是"形象代言人"，泽水的本源还是来自于大地，还要还回于大地，所以，**"君子以施禄及下"**，这就叫作"取之于民，用之于民"。功劳在于泽水，并不在于天，天千万不要"居功自傲"，即"居德则忌"。如果天（天子）把泽水视为私产，囤积居奇，恩德不施，则泽水最终倒灌，从而水漫天庭，那就要作茧自缚而遭殃了。因此，君子观夬卦，就是要"**君子以施禄及下，居德则忌**"。

爻辞：

初九，壮于前趾，往不胜，为吝。

注释：壮，强壮。前趾，脚前趾。往，前往。不胜，不会取胜。

爻辞学习法：[因果脉络]

刚开始要决断于小人，会极度气愤其过往的伤天害理的所作所为，会血气方刚急躁冒进，急于求成，就要一把把小人决去，这时候的犟脾气就如同就脚趾头强壮，非要逞强一样，"**壮于前趾**"，但当逞匹夫之勇之时，就会犯"四肢发达，头脑简单"的错误，就会"欲速则不达"，进而因为仓促冒进，力有不逮，导致最终行动不会胜利，"**往不胜**"，还反而有了过错和失误，"**为吝**"。

[发展脉络线 1/6]：决去小人，匹夫之勇。

九二，惕号，莫夜有戎，勿恤。

注释：惕号，警惕呼号。莫夜，暮夜、半夜。戎，偷袭。

爻辞学习法：[因果脉络]

一不小心意气用事要去决断小人，就打草惊蛇了，引起小人的报复和反扑，这时候就要警惕和呼号了，"**惕号**"，因为小人是睚眦必报的人，既然决断不了小人就要防着小人了，"害人之心不可有，防人之心不可无"，小人有害人之心，君子就要有防人之心，因此，晚上就要站岗放哨，防止小人夜里偷袭，以防突发事变，从而有备无患，"**莫夜有戎**"，这样就不再忧虑了，"**勿恤**"。

[发展脉络线 2/6]：决去小人，有备无患。

九三，壮于頄^(qiú)，有凶。君子夬夬独行，遇雨，若濡，有愠，无咎。

注释：頄，面颊。夬夬，气势汹汹。遇雨，遇到小人。若濡，沾湿了衣服。有愠，不高兴。

爻辞学习法：[因果脉络]

这时候对于小人的夜间偷袭，君子怒不可遏，怒形于色，内心的怒火都写在脸上了，甚至是慷慨激昂，青筋暴起，"**壮于頄**"，这就有凶险了，"**有凶**"，因为不可让小人知道你内心的想法，要不露声色。君子长了记性，开始改变策略，心中的决去小人之心坚定，并独自前行，像一个侠客一样，"**君子夬夬独行**"，但真遭遇到小人后，"**遇雨**"，君子就改变了主意，既然打不赢，就"既来之则安之"，"最危险的地方也是最安全的地方"，于是"近朱者赤，近墨者黑"，就开始演戏了，与小人接触了，感觉自己也被沾湿沾污了，"**若濡**"，这也引起了其他君子的误解和不悦，以为君子被小人收买了，"**有愠**"，但真金不怕火炼，君子只不过是逢场作戏，所以并没有什么不妥，"**无咎**"。

[发展脉络线 3/6]：决去小人，怒形于色。

九四，臀无肤，其行次且。牵羊悔亡，闻言不信。

注释：臀，臀部。肤，皮肤。行，行走。次且，通"趑趄"，行动困难。牵羊，走回正路。

爻辞学习法：[因果脉络]

这时候"身在曹营心在汉"，与小人打交道影响了君子的判断力，就犹豫不决，左思右想，坐也不是站也不是，从而踌躇不前，进

194

退两难，就像屁股上皮开肉绽一样，走路都走不稳了，"**臀无肤，其行次且**"。如果这时候有人指引劝导，就像牵着羊回到正路，就没有后悔的事情了，"**牵羊悔亡**"，但现在的君子已经疑神疑鬼了，谁说的都不信了，"**闻言不信**"。

[发展脉络线 4/6]：决去小人，踌躇不前。

九五，苋 ^{xiàn} 陆夬夬，中行无咎。

注释： 苋陆，苋陆草。夬夬，决断、斩断。中行，中正而行。

爻辞学习法：[因果脉络]

君子终于下定决心要对小人斩草除根，除恶务尽，从而内心不再挣扎，这就像挖起苋菜一样，挖就要连根挖起，"**苋陆夬夬**"，而且这样做也是中正而行的，没有过错，"**中行无咎**"。

[发展脉络线 5/6]：决去小人，斩草除根。

上六，无号，终有凶。

注释： 无号，没有号令。

爻辞学习法：[因果脉络]

但"打狗还要看主人"，要决去小人并不是想做就能做到的，小人位于君侧，如果上头不点头，还是决去不了，当家的不吭声，还是不行，也就是说，没有君王的号令，那就不能擅作主张，更不能"先斩后奏"，那就拿小人没办法了，就会功亏一篑，"**无号**"，那么，小人不决去，后患无穷，甚至会酿就大患，危害国家社稷，残害忠良，荼毒生灵，那么，最终就会有凶险，"**终有凶**"。

[发展脉络线 6/6]：决去小人，功亏一篑。

爻辞学习法（总结）：

"泽天夬"卦主旨是讲"决去小人"，其六爻的因果发展脉络为：从初爻的"决去小人，匹夫之勇"，又到二爻的"决去小人，有备无患"，接着到三爻的"决去小人，怒形于色"，然后就到四爻的"决去小人，踌躇不前"，再到五爻的"决去小人，斩草除根"，最后到上爻的"决去小人，功亏一篑"。

44【姤卦 天风姤】䷫ 邂逅相遇

《序卦传》里的姤卦："夬者，决也。决必有所遇，故受之以姤。姤者，遇也。"

《序卦传》（因果关系）学习法：

夬卦讲的是决，决去、决断，和某个事物一刀两断，但决断之后并不是要看破红尘，拂袖而去，从此与世隔绝，而是要重整旗鼓，重新出发，那么，依然是要和各种事物打交道，打交道就是相遇，会遇到新情况、新事物以及新朋友，正所谓"新人胜旧人"，与过去决断之后，就要与现在和未来拥抱。那么，夬就是决，决就是分，与过去分开；而姤是遇，遇就是合，与现在和未来结合。世界就是分分合合，不是分就是合，"分久必合，合久必分"，分之后就是合。

所以，夬卦之后就是姤卦。

卦辞：姤。女壮，勿用取女。

译文： 姤卦。女子太强壮强势，不宜娶此女为妻室。

卦辞学习法：

姤卦，是一阴始生，这时候就开始了"阴长阳消"的趋势阶段，一阴生之后，紧接着就是二阴生、三阴生……直至六阴生，完全把阳吞没了。所以，这时候的一阴势头很盛，很壮实，正在步步紧逼上面的五阳爻，而且阴与阳不同，阴更容易"以柔克刚"，常人更倾向于"吃软不吃硬"，所谓"糖衣炮弹""吴侬软语"最容易让人丧失斗志，最终就被缴了械投了降了。所以，对于一阴始生，这一阴气势很壮，阴又代表女性，即"**姤。女壮**"，那就要注意了，对于很强势很壮的女性，就要知道"一叶知秋"和"见微知著"，须知刚开始还是小猫咪但会偶尔咆哮吼叫短暂情绪失控的她，必定会在不久的将来逐渐原形毕露獠牙外张成为十分强势的母老虎，那从一开始就要"**勿用取女**"，不可娶为妻室。

卦象：天下有风，姤^{gòu}**。后以施命诰四方。**

译文： 天下有风吹起，这就是姤卦的卦象。君王因此要把自己的命令广泛昭告到四方，使得每个人都知道，遵照执行。

卦象学习法：

天风姤卦，姤卦上卦为天，下卦为风，卦象就是天下刮起了风，风到处乱刮，无孔不入，无所不到，天下万物无有不与风姤遇的，所以，"**天下有风，姤**"。

姤卦的整体形状是上天下风构成了一个阴爻在下、五个阳爻在上的图像，有一女姤遇五男之象，所以，也是"**天下有风，姤**"。

天风姤，就是天底下；刮起了风，风行天下，天下万物都"听到了风声"，风也同时把消息带到了大江南北、五湖四海，无所不带到。除了风，天底下还有谁能像风一样，把"消息"传遍四海之内？那只能是君王，因为"普天之下，莫非王土；率土之滨，莫非王臣。"普天之下都是王的领地，他的"消息"也就是诏令当然也就能传遍四海之内的天下了，这是他的统治范围内，他发号施令是理所当然和名正言顺的。因此，"**后以施命诰四方**"。这也是君王与百姓姤遇的方

197

式，就是通过颁布政令昭告四方，以使百姓遵守，君王的"言谈"和百姓的"举止"从而姤遇了。

爻辞：

初六，系于金柅^{nǐ}，贞吉。有攸往，见凶，羸^{léi}豕孚蹢^{zhí}躅^{zhú}。

注释：系，牵系、依附。金柅，刹车器。羸豕，饥饿的猪。孚，轻浮。蹢躅，躁动不安。

爻辞学习法：[因果脉络]

姤卦主要讲男女姤遇的，又讲男怎么想办法来"降"住女的。男女相识相知之后，男的就通过某种方式拴住女的心，不让她再乱跑了，就如同车轮要听从刹车器的管束，"**系于金柅**"，这样双方贞正就会吉利，"**贞吉**"。但如果女的活跃，还想着"朝三暮四""吃着碗里的看着锅里的"而蠢蠢欲动，"**有攸往**"，那就会有凶险，"**见凶**"，这就像饥饿的猪一样，总是浮躁安静不下来，"**羸豕孚蹢躅**"，让人不省心。

[发展脉络线 1/6]：邂逅相遇，拴住女人心。

九二，包有鱼，无咎，不利宾。

注释：包，包容、拥有。宾，宾客。

爻辞学习法：[因果脉络]

进一步地，包容和拥有女的，"**包有鱼**"，没有错误，但这时候不利于对外展示，还是金屋藏娇的好，"**不利宾**"。

[发展脉络线 2/6]：邂逅相遇，金屋藏娇。

九三，臀无肤，其行次且，厉，无大咎。

注释：臀，臀部。肤，皮肤。行，行走。次且，通"趑趄"，行动困难。

爻辞学习法：[因果脉络]

但由于没有"御女之术"，又简单粗暴，待人不善，自己又没有实力，就像屁股上没有肉一样，即"**臀无肤**"，做事又犹豫不决，像走不动路的样子，"**其行次且**"，那自然就没有魅力，就会有危厉，"**厉**"，但没有大的错误，"**无大咎**"。

[发展脉络线 3/6]：邂逅相遇，方法失当。

九四，包无鱼，起凶。

注释：起凶，起争执。

爻辞学习法：[因果脉络]

这时候女的跑掉了，"**包无鱼**"，凶险起来了，"**起凶**"。人都跑没了，一切从头开始，能不凶险吗？

[发展脉络线 4/6]：邂逅相遇，一切归零。

九五，以杞^{qǐ}包瓜，含章，有陨自天。

注释：杞，杞树枝叶。包，包护。瓜，甜瓜。含，隐含。章，通"彰"，才华。陨，陨石陨落。

爻辞学习法：[因果脉络]

男的终于学聪明了，主动壮大自己，就像高大的杞树包住了种在地上的瓜，使得繁茂的枝叶瓜能庇荫瓜，还能让瓜藤攀附杞树而上，"**以杞包瓜**"，并内心含藏章美，"**含章**"，这样不久之后，因为"招蜂引蝶"的作用，也是"良禽择木而栖"，瓜熟蒂落、水到渠成，女的又会自动回归，这就像天上掉馅饼一样的好事发生了，即"**有陨自天**"。

[发展脉络线 5/6]：邂逅相遇，招蜂引蝶。

上九，姤其角，吝，无咎。

注释：姤，遭遇、碰到。

爻辞学习法：[因果脉络]

女的已经回归了，这一次不能再失手了，就要把女的"逼"到角落里，让其退无可退，进无可进，乖乖束手就擒，"**姤其角**"，这样做会有所遗憾，有些方式方法不当，"**吝**"，但没有什么咎错的，"**无咎**"。

[发展脉络线6/6]：邂逅相遇，束手就擒。

爻辞学习法（总结）：

"天风姤"卦主旨是讲"邂逅相遇"，其六爻的因果发展脉络为：从初爻的"邂逅相遇，拴住女人心"，又到二爻的"邂逅相遇，金屋藏娇"，接着到三爻的"邂逅相遇，方法失当"，然后就到四爻的"邂逅相遇，一切归零"，再到五爻的"邂逅相遇，招蜂引蝶"，最后到上爻的"邂逅相遇，束手就擒"。

45【萃卦 泽地萃】䷬ 出类拔萃

《序卦传》里的萃卦："姤者，遇也。物相遇而后聚，故受之以萃。萃者，聚也。"

《序卦传》（因果关系）学习法：

姤卦就是讲姤遇、相遇，相遇之后就是开了一个引子了，点燃一个导火索了，进而"物以类聚"，这就引发了更多的"姤遇"蜂拥而来，在这聚拢，从而形成"群英荟萃"的局面。"一口吃不成胖子"，"罗马不是一天建成的"，所有的荟萃都来自于当初的那个姤遇，一个起点，所以，萃卦之前是姤卦。反过来，姤遇、相遇之后，由于"臭味相投"，碰撞出火花，就开始了指数级别的裂变，就会一个变为两个，两个变为四个，四个变为十六个，……以至无穷。数量上由最开始的两个变为了无数个，就由"姤遇"变为"荟萃"了，所以，姤卦之后又是萃卦。

卦辞： 萃。亨，王假有庙。利见大人，亨，利贞。用大牲吉，利有攸往。

译文： 萃卦。亨通，君王至庙中祭祀。利于出现大人（统治指挥），亨通，利于守正。用大牲口祭祀吉利，利于有所前往。

卦辞学习法：

萃卦就是讲会聚之道的，物产富饶、人声鼎沸总比资源匮乏、人烟稀少的好，而且萃卦是泽地萃，上卦是兑泽，下卦是坤地，是又高兴又柔顺，遇到了好事情、美事情了，当然会亨通，所以，"**萃。亨**"。萃卦就是"群英荟萃"，人都聚拢在一起了，那么就要统一思想，把大家的力量往一处使，不然七嘴八舌，"公说公有理，婆说婆有理"，各自为政，就"乱成一锅粥"了，那先前的"群英荟萃"反而变成了"聚众闹事"了。怎样才能统一思想？那就是信仰，大家共同的信仰可以召唤和约束所有人的行为步调一致，而所有人共同的信仰就是宗教和宗族信仰，表达的方式就是到庙里主持祭祀仪式，从而把人心笼络起来，即在君王的带领下入庙祭祀，"**王假有庙**"。这么多人聚集在一起，当然需要一个坚强领导来统一步调、维持秩序，不能是一盘散沙，不然队伍乱了、人心散了，就是"乌合之众"了，更容易发生"踩踏事件"，所以，"**利见大人**"，做到了以上这些，自然又会亨通，"**亨**"。信仰有了，也统一了，又有了坚强领导了，就是有了组织了，那就还要树立正确的价值观，不能为了为非作歹才成立的组织，而应该是为了会聚起来一起做大事、做千秋伟业的大事才成立组织，所以，要"**利贞**"。

入庙祭祀的时候当然要隆重，要用大的牲畜去祭祀，不要小气，这不仅是对上天帝神的恭敬，也是对祖宗神灵的诚敬，也是给天下人看，以郑重其事，以此来感化天下人，即"**用大牲吉**"。这时候群英荟萃了，人都齐聚在一起了，物产富饶，人心也齐了，信仰统一了，就万众一心了，那就可以大展拳脚、有一番作为了，即"**利有攸往**"。

卦象：泽上于地，萃。君子以除戎器，戒不虞^{yú}**。**

译文：水不断汇聚形成泽居于地上，这就是萃卦的卦象。君子观察萃卦之象，就要做到平时要修治兵器，以防备不测之变，防范出乱子。

卦象学习法：

泽地萃卦，上卦为泽水，下卦为大地，就是泽水汇聚在地上，地上有了水，水是生命之源，就会万物争相生出、生长，大地"一片荟萃"。而泽水到处汇聚于地上，江河湖海的水、五湖四海的水都跑来了，水都聚集在了一起，汪洋一片，也是"一片荟萃"，所以，"**泽上于地，萃**"。

泽水一般是在湖海沟河里面的，现在竟然到了地上，那就意味着湖海沟河已经是"沟满河平"了，大水已经漫延到了地上，这就是洪水，洪水无情，那就要冲毁道路、内涝城镇了，那就危险了，就必须要构筑堤防以约束大水，阻挡其肆意前进，而有了堤防之后就更要日夜巡防，防止溃坝决堤的不测事情发生，这就要求君子要擦亮眼睛，保持警惕，时刻准备，还要"工欲善其事必先利其器"，把该需要的器具擦拭一新以备使用，以防祸患，即"**君子以除戎器，戒不虞**"。

萃卦之时，群英荟萃，也会有出类拔萃出现，这些都是往好的方向看的。萃，人群聚集，人一多，就有了利益争端和争夺，而且人一多，事也变多了，不可控的因素就极速飙升，就有了争名夺利排座次，也有了"不患寡而患不均"的挤眉瞪眼。"林子大了什么鸟都有"，人也是，人一多了，就会鱼龙混杂，就会产生大量的是非、争斗、煽动、蛊惑、挑唆，所谓"有人的地方就有江湖"，避免不了。所以，从古至今，一遇到萃聚之事，当局都是"如临大敌"，手心、手背、连脑壳子都直冒汗，唯恐出乱子，因为"聚众"和"闹事"往往形影不离。所以，在萃聚之时就要提前做好防备工作，就要把往常早已上锈的兵戎之器重新擦亮，"枕戈待旦"，全程监控萃聚动态，以防不测事情发生，这样哪怕真的出了乱子，也能及时处理，控制局势，即**"君子以除戎器，戒不虞"**。

爻辞：

初六，有孚，不终，乃乱乃萃。若号，一握为笑，勿恤，往无咎。

注释： 终，善终。乃，语气词。乱，乱世。萃，荟萃。若号，呼号。

爻辞学习法：[因果脉络]

萃卦主要讲先是"群英荟萃"，再寻求个人的"出类拔萃"的。刚开始萃聚时，是心怀诚信的，**"有孚"**，但很快因为聚集的人多导致人多嘴杂，就乱了心志了，导致心诚没有坚持多久，就想投机倒把、浑水摸鱼，**"不终"**，于是就乱哄哄地聚在了一起，同流合污了，**"乃乱乃萃"**。这时候如果醒悟，进而大声呼号，**"若号"**，那么还有补救机会，还是被视为人才，相视而笑，重拾信任，**"一握为笑"**，那就不必忧虑，**"勿恤"**，继续前往做事也没有什么可担心的，**"往**

无咎"。

[发展脉络线 1/6]：出类拔萃，同流合污、浑水摸鱼。

六二，引吉，无咎，孚乃利用禴 ^{yuè}。

注释：引，引荐。孚，心诚。禴，简祭。

爻辞学习法：[因果脉络]

这时候得到了引荐，这就吉利了，"**引吉**"，所以没有过错，"**无咎**"，只要心诚，哪怕礼薄也没事，所谓"礼轻情意重"，心诚则灵，即"**孚乃利用禴**"。

[发展脉络线 2/6]：出类拔萃，得到引荐，心诚则灵。

六三，萃如，嗟如，无攸利。往无咎，小吝。

注释：萃如，群英荟萃。往，过往。

爻辞学习法：[因果脉络]

得到了引荐之后，上了一个身位，但这时候再想进位就有些难度了，进无可进，"**萃如**"，于是开始唉声叹气，"**嗟如**"，这样不会有什么利益，"**无攸利**"。虽然继续争取往前进取没有什么过错，"**往无咎**"，但由于是功利之心，还是有小的悔吝的，"**小吝**"。

[发展脉络线 3/6]：出类拔萃，进无可进，唉声叹气。

九四，大吉，无咎。

注释：大吉，大吉利。

爻辞学习法：[因果脉络]

在萃聚之时，出类拔萃，成为"人中龙凤"，要以大局为重，要为民做事，做大善事，殚精竭虑、鞠躬尽瘁，那就吉利，"**大吉**"，没有任何过错可言，"**无咎**"。

[发展脉络线 4/6]：出类拔萃，大局为重，大大吉利。

九五，萃有位，无咎，匪孚。元永贞，悔亡。

注释：位，位子。匪，不。

爻辞学习法：[因果脉络]

因为以大局为重，在"出类拔萃"上，身位又得到了进一步上升，到了高位，**"萃有位"**，"不想当将军的士兵不是好士兵"，所以没有过错，**"无咎"**。但由于升到高位太快，这时候德还没有跟上来，导致"德不配位"，心中的诚信还没到位，心中的诚反而丢失了，即**"匪孚"**。那么，必须重拾中正元始的初心和德行，并永久固守，**"元永贞"**，悔恨就能消除了，**"悔亡"**。

[发展脉络线 5/6]：出类拔萃，上升高位，德不配位。

上六，赍^{jī}咨涕^{tì}洟^{yí}，无咎。

注释：赍咨，哀叹、叹息。涕洟，眼泪鼻涕。

爻辞学习法：[因果脉络]

终由于"德不配位"，导致萃聚之时，"出类拔萃"上升到了极点，再无可升，再无人可萃聚，就成为了孤家寡人了，全因由为了上位而上位，把上位当成了目的和手段，而全然忘了上位的本质是要为下，所以必然会有呜呼哀哉，会有痛哭流涕，从而悔恨交加，但既然后悔了，那就浪子回头金不换，也就没有什么咎错了。

[发展脉络线 6/6]：出类拔萃，孤家寡人，悔恨交加。

爻辞学习法（总结）：

"泽地萃"卦主旨是讲"出类拔萃"，其六爻的因果发展脉络为：从初爻的"出类拔萃，同流合污、浑水摸鱼"，又到二爻的"出类拔萃，得到引荐，心诚则灵"，接着到三爻的"出类拔萃，进无可进，唉声叹气"，然后就到四爻的"出类拔萃，大局为重，大大吉利"，再到五爻的"出类拔萃，上升高位，德不配位"，最后到上爻的"出类拔萃，孤家寡人，悔恨交加"。

46【升卦 地风升】☷☴ 步步高升

《序卦传》里的升卦："萃者，聚也。聚而上者谓之升，故受之以升。"

《序卦传》（因果关系）学习法：

萃聚之时，人潮涌动，这时候总是有"有识之士"，振臂高呼，从而出类拔萃，那么这些出类拔萃的就更上一层楼了，得到了上升了，"时势造英雄"，芸芸众生里面总是有些人冒尖出来。萃聚之时，必有选拔，好中选好，优中选优。所以，萃卦之后是升卦。

另外，人多力量大，萃聚了，就能集思广益了，力量上升了，智慧也升阶了，做的事情也大了起来，总之，集中力量就能办大事，层次上升了。所以，萃卦之后就是升卦。

卦辞：升。元亨，用见大人，勿恤，南征吉。

译文： 升卦。元始亨通，得到大人物接见、任用、提携，不要担忧，往南前进吉利。

卦辞学习法：

地风升，升卦上卦坤卦顺柔，下卦巽卦巽顺，上下通顺，所以大大的亨通，即"**升。元亨**"。而且升卦就是讲上升、进升、升官发财的意思，"人往高处走"，谁都想往上升，而不想往下掉，而且上升、升官就是动力，就是目标，所以升永远都是好事情，因此，"**升。**

元亨"。但是，升，是需要在上位的大人物赏识你，提拔你才行，你不能自己提拔自己，不能"自卖自夸"，也不能"我选我"，因为官场不是过家家，也不是自己家开的，所以，升，必须要靠大人物，因为大人物掌握了向上通道的资源和说话权，因此，"**用见大人**"。也不必有什么疑虑，"**勿恤**"，"但行好事，莫问前程"，只要心向光明，向着南方的光明地带进发，就能吉利，"**南征吉**"。

卦象：地中生木，升。君子以顺德，积小以高大。

译文：地中生长出树木，这就是升卦的卦象。君子看到升卦的景象，就要顺理而进，遵循积小成大的道理，最终在修身和从政上变得成熟稳重，能成大事。

卦象学习法：

地风升卦，升卦上卦为坤为地，下卦为巽为木，卦象就是木也就是树从地下长出来了，也扎根于地下，随后就持续地向上生长，经年累月，就从当初的小树苗长大成参天大树，这就叫作"始于毫末，终至合抱"，整个过程就是一棵树逐渐长高，树的树梢逐渐上升的镜头。所以，"**地中生木，升**"。

"十年树木，百年树人"，升卦就要讲究循序渐进、遵循自然界固有的发展规律，就要"顺其自然"，就要有"顺德"，即"**君子以顺德**"，而不能猴急，因为你干着急也没用，干瞪眼也没法，"顺其自然"很重要，不能"拔苗助长"，不能一口吃成胖子。只有这样才能积少成多，小树才能长成参天大树从而高耸入云，即"**积小以高大**"。栋梁之材，皆是由当初的小苗子成长转化而来的。因此"**君子以顺德，积小以高大**"。

爻辞：

初六，允升，大吉。

注释：允，允许。升，上升。

爻辞学习法：[因果脉络]

地风升卦的上卦为坤卦，坤为地，下卦就为巽卦，巽为木，象征了木扎根于地下，所以木得到大地的滋润滋养得以生长，也意味着"根正苗红"，所以更加可以和允许其上升，即"**允升**"，又因为"根"基最为重要，现在"根正苗红"，所以大大的吉利，"**大吉**"。

[发展脉络线 1/6]：步步高升，根正苗红。

九二，孚，乃利用禴，无咎。

注释：孚，心诚。禴，简祭。

爻辞学习法：[因果脉络]

不仅"根正苗红"，还心怀至诚，并且廉洁自律、清正廉明，是个大清官，就像包拯包青天和海瑞一样，"**孚**"，所以，即使使用薄礼也没有什么过错，"**乃利用禴，无咎**"。

[发展脉络线 2/6]：步步高升，清正廉明。

九三，升虚邑。

注释：升，擢升。虚，空缺。邑，城邑。

爻辞学习法：[因果脉络]

因为清正廉明而得到赏识和擢升，提拔为地方官员，即升官到了地方有空缺职位的城邑，"**升虚邑**"。

[发展脉络线 3/6]：步步高升，地方上任。

六四，王用亨于岐山，吉，无咎。

注释：王，君王。亨，祭祀。岐山，陕西岐山，西周发源和发展之地。

爻辞学习法：[因果脉络]

进一步获得了君王的信任，成为君王的亲信，君王在祭祀的时候委以重任，在岐山让其主持祭祀仪式，**"王用亨于岐山"**，吉利，**"吉"**，没有过错，**"无咎"**。

[**发展脉络线 4/6**]：步步高升，获得信任。

六五，贞吉，升阶。

注释：升阶，进阶、升官。

爻辞学习法：[因果脉络]

升官了，也获得君王的信任，但不改初心，廉洁自律，清正廉明，那么就会吉利，**"贞吉"**，这进一步地获得了升迁，平步青云，一跃跃到了很高的官阶阶层，**"升阶"**。

[**发展脉络线 5/6**]：步步高升，平步青云。

上六，冥升，利于不息之贞。

注释：冥，冥界。升，升迁。不息之贞，不熄灭的光芒和荣耀。

爻辞学习法：[因果脉络]

始终保持廉洁自律、清正廉明、鞠躬尽瘁、爱民如子，是个大清官，于是，君王感念于此，在其死后，继续追封谥号荣誉勋章，给予其名誉上的擢升，**"冥升"**，这利于鼓励"战斗不息、奋斗不息、生生不息"的一身正气的为官精神，**"利于不息之贞"**，也使得其光芒永为世人所知和纪念，不会息止。

[**发展脉络线 6/6**]：步步高升，追封荣誉。

爻辞学习法（总结）：

"地风升"卦主旨是讲"步步高升"，其六爻的因果发展脉络为：从初爻的"步步高升，根正苗红"，又到二爻的"步步高升，清正廉明"，接着到三爻的"步步高升，地方上任"，然后就到四爻的"步步高升，获得信任"，再到五爻的"步步高升，平步青云"，最后到上爻的"步步高升，追封荣誉"。

47【困卦 泽水困】☱☵ 内外交困

《序卦传》里的困卦："升而不已必困，故受之以困。"

《序卦传》（因果关系）学习法：

经济学理论指出，资源都是稀缺而有限的，而不是无限的，任何资源都不可能"取之不尽，用之不竭"，总有枯竭的那一天。同时，根据"投入产出理论"，投入和产出是呈比例的，只有投入才能有产出，没有投入就更不可能有产出，"永动机"不存在，"空手套白狼"也被证明是骗局。所以，为了产出，为了自身的发展和上升，就必须要去投入，可是投入的资源总是有限的，所以投入到一定程度必定会受限，就停滞不前了。或者说，一直不停地投入、盲目地投入，反而拖累、拖垮了自身，使自己陷入了困局。有多少个人、企业甚至国家因为极度膨胀盲目自信而盲目扩张最终使自身陷入了无尽困局的？而且这样的场景一直在重演，历史总是在重演。所谓兴衰更替，物极必反。就比如开车一样，一直开，开到最后必然困乏就是疲劳驾驶了。或者如树木生长，刚开始长得快，长到最后长到尽了，就每年长个几厘米了，微乎其微了，树木也有生长的高度。干活也是，一直的干，甚至牺牲睡眠时间熬夜也要干，想不断地、快速地提升自己，结果当然就是把自己的精神和身体都累困顿了，必然是"揠苗助长"，得不偿失。

所以升卦之后就是困卦。

卦辞：困。亨，贞，大人吉，无咎。有言不信。

译文： 困卦。亨通，坚守正道，大人物吉，没有灾祸。说话没有人相信。

卦辞学习法：

困卦，就是讲陷入了困境、困顿、困厄，困在那里了。困怎么还能亨通呢？这是因为困往往因为"穷"，"穷则思变"，就会想办法脱离困境，就会绞尽脑汁、破釜沉舟、背水一战，而且"失败是成功之母"，困往往不是坏事，往往激发人的斗志，所谓"莫欺少年穷""时势造英雄""逆境出人才"，有挫折困惑反而是好事。所以，"**困。亨**"。处于困境之时，只能是保持积极的心态，相信自己，相信未来，而不能悲观厌世，所以内心必须强大，必须贞正，即"**贞**"。另外，必须承认，跳进了坑里陷入困境的人能再次跳出来成功上岸的并不多，这不仅需要经受得住"苦其心志、劳其筋骨、饿其体肤"等各种磨难，还要在认知上有高度，有聪明智慧的辅佐，而这些往往是稀罕物，常人一般不具备，只有具有大德大才的大人物拥有，所以，只有"**大人吉**"，目光短浅又小心眼还心胸狭窄的小人并不能逢凶化吉。所以，大人物脱离困厄之境，不仅没有什么过错，还会"吃一堑长一智"，即"**无咎**"。但要谨记的是，无论如何，"穷在闹市无人问""人微莫劝人，人穷莫入众"。就是在自己穷困潦倒的时候，或者被什么事情困住的时候，最好少说话，因为"人微言轻"。你的困顿的境况无法说服别人，人只会向好的学，不会向差的学，即使你说的有道理，但别人也会低看你一眼。因为你都混得不咋地，凭啥叫我做事？所以，"**有言不信**"。困顿之时最好闭嘴，专心琢磨脱困之计。

卦象：泽无水，困。君子以致命遂志。

译文：泽中没有水，这就是困卦的卦象。君子从困卦中得到启示，即使要牺牲生命，也要实现志向，即舍生取义，也在所不惜。

卦象学习法：

泽水困卦，上卦兑泽，下卦坎水，水往往在泽之上的，泽承载着水，现在水跑到了泽下了，也就是跑到了地下了，那就泽上无水，泽是沼泽、湖泊、江海、河沟，里面没有水了还得了？那就是河床见底了，"水是生命之源"，没有了水，动物、植物的生命就要受困了，就要危险了，就如非洲大草原的旱季景象重现，所以，"**泽无水，困**"。

遇到困境了怎么办？举手投降、束手待毙？还是"投降输一半"？小人如此，但君子不会，因为他"人穷志不短"，不会向现实和命运低头。往往在最紧要关头、在最危险的时刻，君子总是做出惊人之举，那就是"杀身成仁、舍生取义"。在君子眼里，生死不重要，利益得失更不重要，反而是胸腔里所认定的那份信仰，胸怀中所坚持的那个主义最不能牺牲和交换，哪怕拼了命也要遂愿自己的信仰和主义，即"砍头不要紧，只要主义真"。所以，"**君子以致命遂志**"。君子之为君子，就是怀揣"修身、齐家、治国、平天下"的抱负，不是蝇营狗苟、鸡鸣狗盗之徒，君子创造着、承载着和传承着人类光明。

爻辞：

初六，臀困于株木，入于幽谷，三岁不觌^{dí}。

注释：臀，臀部。困，困住。株木，没有叶子的枯木。幽谷，见不着光的山谷。三岁，多年。觌，见。

爻辞学习法：[因果脉络]

困卦就是描述人在陷入困境时会遇到的各种情形。刚开始受困，就像走路走着走着被没有叶子的枯木拦挡住了腰臀部，穿越不过，**"臀困于株木"**，情况就开始变差了，就像掉入了见不着光的谷底一样，**"入于幽谷"**，三年都别想有改观，都别想翻身，**"三岁不觌"**。

[发展脉络线 1/6]：内外交困，跌入谷底。

九二，困于酒食，朱绂^{fú}方来，利用亨祀。征凶，无咎。

注释：困，受困。朱绂方，尊贵礼服，指代朝廷。亨祀，祭祀。征，征途。

爻辞学习法：[因果脉络]

很快，陷入困境之后的第一个麻烦就来了，那就是捉襟见肘，没钱吃饭了，**"困于酒食"**，当然了，因为初陷入困境，还有人帮忙，帮助的人就如朝廷命官一样的尊贵，但该来的还是来了，**"朱绂方来"**，这时候就感叹自己"吉人天相"，并祈求神灵保佑，**"利用亨祀"**。吃饭都成问题了，没有本钱了，就不能再去尝试，再去试错，不然就会有凶事，**"征凶"**，其他的倒没有什么过错，**"无咎"**。

[发展脉络线 2/6]：内外交困，捉襟见肘。

六三，困于石，据于蒺^{jí}藜^{lí}，入于其宫，不见其妻，凶。

注释：石，石头。据，割据、隔开。宫，家里。

爻辞学习法：[因果脉络]

陷入困境的局面进一步恶化，连到处走都是奢侈了，只能退居所住的地方，周边的人开始铁石心肠了，不再援助，**"困于石"**，房屋周围全是长的蒺藜草，**"据于蒺藜"**，这时候回到家里，老婆也跑了，"入于其宫，不见其妻"，这当然凶险，"**凶**"，孤家寡人了。

[发展脉络线 3/6]：内外交困，铁石心肠。

九四，来徐徐，困于金车，吝，有终。

注释：徐徐，缓慢。金车，装满金银珠宝的车。终，终了。

爻辞学习法：[因果脉络]

已经陷入困境很久了，开始充满了幻想，期盼着会有一天，有大笔的援助缓缓到来，救自己于水火之中，就像一辆装满金子的大车来到面前一样，"**来徐徐，困于金车**"，这样终归是痴心妄想，是不好的，"**吝**"，但这毕竟是瞎想，很快就会终了这种胡思乱想，"**有终**"。

[发展脉络线 4/6]：内外交困，充满幻想。

九五，劓刖 ^{yuè}，困于赤绂。乃徐有说，利用祭祀。

注释：劓刖，削鼻断足。赤绂，赤色围裙，高官服饰，即高官身份。徐，慢慢。说，脱困。

爻辞学习法：[因果脉络]

困境的情势进一步恶化，已经开始受到了肉体上的伤害，就犹如遭受了"削鼻断足"一样的体罚，"**劓刖**"，但这时候还是死要面子活受罪，还是困于名誉上、荣誉上和面子上的追求，撇不下面子，"**困于赤绂**"，不愿意去做其他活，暂且苟且。最终慢慢地也就能脱困了、脱险了，"**乃徐有说**"，这时候再次地去祭祀，感谢神灵保佑，"**利用祭祀**"。

[发展脉络线 5/6]：内外交困，活罪难逃。

上六，困于葛 ^{gě} 藟 ^{lěi}，于臲 ^{niè} 卼 ^{wù}，曰动悔，有悔，征吉。

注释：葛藟，爬藤植物。臲卼，危险、惊恐不安。曰动，言语行动。

爻辞学习法：[因果脉络]

到了困境的最后阶段了，已经接近脱困的边缘，这时候还是有牵绊，有各种事情纠缠着，妨碍着脱困，就像被藤蔓缠绕一样，"**困于葛藟**"，这很让人惴惴不安，怕前功尽弃、功亏一篑，所有的脱困努力付之一炬了，"**于臲卼**"，这时候再次地采取行动去反思悔悟，"**曰动悔**"，提前地有所悔恨，不再冲动乱来，"**有悔**"，在此基础上，再去突破，去脱困，就吉祥了，"**征吉**"。为了脱困，当然不能坐以待毙，必须有所行动。

[发展脉络线 6/6]：内外交困，冲破牢笼。

爻辞学习法（总结）：

"泽水困"卦主旨是讲"内外交困"，其六爻的因果发展脉络为：从初爻的"内外交困，跌入谷底"，又到二爻的"内外交困，捉襟见肘"，接着到三爻的"内外交困，铁石心肠"，然后就到四爻的"内外交困，充满幻想"，再到五爻的"内外交困，活罪难逃"，最后到上爻的"内外交困，冲破牢笼"。

48【井卦 水风井】䷯ 井养无穷

《序卦传》里的井卦："困乎上者必反下，故受之以井。"

《序卦传》（因果关系）学习法：

泽水困卦，上卦是泽，下卦是水，就是水在泽下，也就是说泽里的水都流到地下去了，泽是沼泽、湖泊、江海、河沟，泽干涸了，遇到这种情况，人们难道无所作为只能干等着渴死？坐等着死亡吗？当然不能，这时候就不要抬头看天向上求雨，不再苦等着老天爷下雨了，而是看向地下，既然水都跑到地下了，何不向下掘一口井？有了井水不就解决了吗？所以，挖一口井，之前的泽水困局面就解决了。所以，困卦之后就是井卦。井卦是解困之道。

人为什么经常困住了自己？还是心比天高，好高骛远。谁都想吃天鹅肉，奈何没注意到自己是不是癞蛤蟆。所谓"为情所困"，就是"高不成低不就"造成的。为什么要在一棵树上吊死呢？"退一步海阔天空"，"枝上柳绵吹又少，天涯何处无芳草？"，"此处不留爷，自有留爷处"，这些都是说明了一个道理：求上不得，就"退而求其次"，不要自己和自己过不去，强扭的瓜并不甜。所以，当追求不是"门当户对"的时候，就要往下退一步，往下看，而不要一直盯着上面看，看了也不是自己的，没用。所以，在上面困住了，就往下选择，在下面的就是井，井已经是最下面了，都到地下了。

所以，困卦之后就是井卦。

卦辞：井。改邑不改井，无丧无得，往来井井。汔^{qì}至，亦未繘^{jú}井，羸其瓶，凶。

译文： 井卦。城邑可以迁移，但井却不可以随意移动，井水（虽经常汲取）不见少也不见多，来来往往的人都汲用这口井水。用绳子拴着瓶罐汲水，汲水瓶快要提出井口了，但还未到达井口，汲水瓶却翻了，有凶险。

卦辞学习法：

井卦，就是讲述井养的精神，即"一方水井养育一方人"的精神，"**井**"。城池可以迁移，但是井不可改动，因为井一旦掘成就在那里了，不会移动，"**改邑不改井**"，而且井水是连接地下水的，你从中打水，它不见少，你不从中打水，它也不见多，取之不尽，用之不竭，即"**无丧无得**"，人们来来往往的都用这口井打水，"**往来井井**"。从井里打水，尤其要注意打水的瓶子快要提出井口的关键时候，"**汔至**"，因为稍一不小心，就可能会打翻瓶子，前功尽弃，"**亦未繘井，羸其瓶**"，这就凶险了，"**凶**"，白忙活了。

卦象：木上有水，井。君子以劳民劝相。

译文： 木头之上有水，这就是井卦的卦象。君子观察井卦之象，就要激励人民勤劳，号召人民互相帮助。

卦象学习法：

水风井卦，上卦为坎水，下卦为巽木，形成了水在上、木在下的景象。木到了水下面，木一般是漂浮在水上的，那什么情况下木会到水下？那就是到井里打水的时候，古代打水的器具一般是木制的，比如木桶，木桶到水下打水，然后提上来，这个形象过程就是"打井水"，然后木桶汲满水再慢慢提上来，这就是"木上有水"的形象，所以，"**木上有水，井**"。

井水是源源不断地供应的，而且永远不见少，这显示了它的勤劳不懒惰，即"**劳民**"。而井也不是凭空出现的，是需要靠挖井人挖出来的，"吃水不忘挖井人"，所以，吃井水是一个相互帮助的过程，即"**劝相**"。而且，"三个和尚没水喝"，别看打井水是个轻快的活，其实真到了吃水打水的时候就开始互相推诿，都懒都不愿意出力都不想别人搭便车，最终就导致都没水喝的局面。所以打井水是需要勤快的，也需要互相合作互相帮助，不然就会谁都没水喝。君子看到井卦的"**木上有水，井**"的卦象，就要"**君子以劳民劝相**"。

爻辞：

初六，井泥不食，旧井无禽。

注释：泥，淤泥。食，食用。旧井，破旧的井。禽，禽鸟。

爻辞学习法：[因果脉络]

井里满是淤泥，井水浑浊没法食用，"**井泥不食**"，这就像一个旧井，连鸟都不来光顾，"**旧井无禽**"。

这里是比喻君子这时候身上还没有什么闪光点，没有可资利用的价值。

[发展脉络线 1/6]：井养无穷，井水淤泥浑浊，无法食用。

九二，井谷射鲋 ^{fù}，瓮敝漏。

注释：谷，低洼、谷底。鲋，小鱼。瓮，水瓮。敝，破敝。漏，漏水。

爻辞学习法：[因果脉络]

这时候井水又上升了一些，但水位还是很低，就像"半瓶醋"一样，只能养一些鲫鱼蛤蟆之类的小鱼，想射都能射到，"**井谷射鲋**"，这时候"屋漏偏逢连夜雨"，打水的水瓮还漏了，真的是祸不单行，节外生枝，"**瓮敝漏**"。

这里是比喻君子的才德又进了一位，肚子里有点货了，但还是有点顾此失彼，会有些小瑕疵。

[发展脉络线 2/6]：井养无穷，井水上升一些，节外生枝。

九三，井渫 ^{xiè} 不食，为我心恻 ^{cè}，可用汲，王明，并受其福。

注释：渫，干净。心恻，心生恻隐、悲痛。汲，利用。王明，君王圣明。

爻辞学习法：[因果脉络]

井水已经彻底干净了，可以食用了，但还是没有人食用，"**井渫不食**"，这就让人心生恻隐，"**为我心恻**"，因为已经可以打水上来了，君王圣明的话，那么采用之，受到福祉的方面就多了，"**可用汲，王明，并受其福**"。

这里是比喻君子已经是有用之才了，还没有被启用是极大的可惜和浪费，如果启用会造福好多方面。

[发展脉络线 3/6]：井养无穷，井水彻底可以食用，弃之可惜。

六四，井甃^{zhòu}，无咎。

注释：甃，井壁砌砖。

爻辞学习法：[因果脉络]

井继续完善，在井壁上砌了砖，"**井甃**"，这样更可以防止井壁四周泥土掉落和污染水质，所以没有过错，"**无咎**"。

这里是比喻君子继续充实成长自己，以获得更大的能力和认知水平。

[发展脉络线 4/6]：井养无穷，井壁砌砖，水质更加干净无污染。

九五，井洌，寒泉食。

注释：洌，清洌。寒泉，清凉泉水。食，食用。

爻辞学习法：[因果脉络]

这时候井水进一步改善，已经达到了最好的程度，井水清凉爽口甘甜，"**井洌**"，可以食用了，而且食之沁人心脾，透心凉，"**寒泉食**"。

这里是比喻君子彻底地去掉了糟粕，只摄取精华，已经至善至美了，可以做事造福大众了。

[发展脉络线 5/6]：井养无穷，井水清凉爽口甘甜，可以食用了。

上六，井收勿幕。有孚元吉。

注释：幕，幕布、遮盖。

爻辞学习法：[因果脉络]

从井里打上来水之后，不要把井盖上，"**井收勿幕**"，因为还要方便后面的更多的人来打水。井是大家的，不是私有的，要利益大众。这样就是有至诚之心，所以就是大大的吉祥，"**有孚元吉**"。

这里是比喻君子已经做事发挥了他的井养天下众人的作用，这时候就更不能据为己有，只为权贵做事，而是要为天下百姓做事。

[发展脉络线 6/6]：井养无穷，从井里打完水不盖上，利益大众。

爻辞学习法（总结）：

"水风井"卦主旨是讲"井养无穷"，其六爻的因果发展脉络为：从初爻的"井水淤泥浑浊，无法食用"，又到二爻的"井水上升一些，节外生枝"，接着到三爻的"井水彻底可以食用，弃之可惜"，然后就到四爻的"井壁砌砖，水质更加干净无污染"，再到五爻的"井水清凉爽口甘甜，可以食用了"，最后到上爻的"从井里打完水不盖上，利益大众"。

49【革卦 泽火革】☲ 革除旧的

《序卦传》里的革卦："井道不可不革，故受之以革。"

《序卦传》（因果关系）学习法：

井卦就是讲水井，所谓"改邑不改井"，井一旦掘成，挖在哪就是哪了，就不能挪动了，井就在那里，无论刮风下雨、洪水袭来，还是秋去冬来、冬去春来，它就只能在原地，那么就免不了地各种落叶、石子、沙土、泥浆因为洪水和刮风的缘故而往井里面灌，久而久之，井里就不干净了，就污秽了，那这时候就要去疏浚，就要去革旧，把枯枝败叶捞上来，把淤泥沙石清理出来，这样井水才能又恢复洁净，才能打水饮用。而且，对井的清理和打扫是每过一段时间都要进行，要把井里的脏东西、旧东西革掉清理出来。所以，井卦之后是革卦。

卦辞：革。己日乃孚，元亨，利贞，悔亡。

译文： 革卦。变革在己日施行，可以取得信任支持，可以元始、亨通，有利于贞正，没有悔恨。

卦辞学习法：

革卦，就是讲推行变革、革命，革除旧的、腐败的，推行新的、先进的。那什么时候变革、革命呢？也就是变革、革命的时机，这点很重要。因为从古至今，变革、革命都需要一个接受过程，在初期阶段往往不被人们理解，被看作异类。而且变革、革命，无疑要动腐朽阶级的利益蛋糕，必然迎来激烈反抗。所以，纵观历史长河，不成功的变革、革命都因为太超前或仓促上阵而导致失败，而成功的变革、革命无不是在前期做了大量的宣传和辅助工作，并在时机成熟了、在恰当的时刻，揭竿而起，才推行变革、革命的措施，即变革、革命需要前期的铺垫。怎么样的铺垫最合适，那就是"过半数"，也就是"少数服从多数"，这时候就没话说了，即在"己日"。"己"就是十天干"甲乙丙丁戊己庚辛壬癸"中的第六位数，已过半数，已做了足够的准备工作了，此时可以发起变革、革命，时机适当，所以肯定"**乃孚**"。变革、革命是革除旧的、腐败的，推行新的、先进的，是推动历史进步的伟大事业，所以是大大的、元始的亨通，"**元亨**"，变革、革命同时需要守正道，不能借着变革、革命的名号"挂羊头卖狗肉"去做一些以暴制暴、胡作非为的事情，所以变革、革命还要坚持"**利贞**"，做到了这些就悔恨消亡了，"**悔亡**"。

卦象：泽中有火，革。君子以治历明时。

译文：泽水中有火，这就是革卦的卦象。君子从革卦中得到启示，要制定历法，明确时令，以跟上变革和变化，方便民众安排生产生活和作息。

卦象学习法：

泽火革卦，革卦上为泽水，下为离火，也就是，上面的泽水随时都可能倾盆而下而把下面的火浇灭，或者下面的离火会把上面的泽水烧干，火性炎上、水性流下，二者相克，水火不容，不是火烧干了水、就是水浇灭了火，双方都要干掉对方，这是革命的节奏，所以，"**泽中有火，革**"。

在古代，变革都是与"历时"有关的，重大的变革都要选择一年中某些重要的时日去进行，并不是随随便便的哪一天就行。中国讲究"天时地利人和"，"天时"排在第一位，时候未到是坚决不能贸然行事的。革命也是如此，"工欲善其事，必先利其器"，"磨刀不误砍柴工"，都是要好好准备，然后选准时机，才能去发动革命。革就是变的意思，当发生变革了，必然要看清变革后的时日，再图行事。而且，世界上最大的变革莫过于四季以及时辰的更替，这与人的生活作息、农业耕作、政务时势、军事征战息息相关，所以必须要制定历法、明确时辰，以防延误。所以，处于革卦之时，"**君子以治历**

明时"。

爻辞：

初九，巩用黄牛之革。

注释：巩，捆绑住、约束住。

爻辞学习法：[因果脉络]

变革、革命是大事，必须"天时地利人和"都要具备才行，不然就不能轻易举事，就要束缚住自己，就要用坚韧的黄牛皮绑住自己，以免妄动，即"**巩用黄牛之革**"。

[发展脉络线 1/6]：革除旧的，革命时机未到，约束自己。

六二，己日乃革之，征吉，无咎。

注释：己，天干的己。革，革命。

爻辞学习法：[因果脉络]

天时已到，时机已成熟，于是不失时机地采取变革、革命的行动了，"**己日乃革之**"，这时候征伐将会吉利，"**征吉**"，没有过错，"**无咎**"。

[发展脉络线 2/6]：革除旧的，革命时机已到，征伐吉利。

九三，征凶，贞厉，革言三就，有孚。

注释：征，出征。革言，变革的意见。三就，反复权衡。

爻辞学习法：[因果脉络]

变革、革命再往前进一步，就进入了深水区，再进行变革、革命就会有凶险，"**征凶**"，因为遇到了激烈的反抗，这时候就要保持正道以防止危厉的事情发生，"**贞厉**"，同时要广泛听取变革、革命的意见，比较研究，反复权衡，一再推敲，论证稳妥的方案才去实施，

"革言三就"，做了这些之后就会心中有数、满怀信心了，"**有孚**"。

[发展脉络线3/6]：革除旧的，革命进入深水区，三思而后行。

九四，悔亡，有孚，改命，吉。

注释：改命，改朝换代。

爻辞学习法：[因果脉络]

终于，所有的变革、革命气候已成，断难逆转，大势所趋，没有什么可使后悔的事情了，万事俱备，"**悔亡**"，也获得了民心了，"**有孚**"，变革、革命成功，改朝换代、改弦更张了，"**改命**"，吉利，"**吉**"。

[发展脉络线4/6]：革除旧的，革命火候已到，改朝换代。

九五，大人虎变，未占有孚。

注释：未占，不需要占卜。

爻辞学习法：[因果脉络]

革命成功之后，大人居功甚伟，其在变革、革命之中威猛如虎，革命后身份也发生了变化，也就身着老虎一样斑纹的官服，"**大人虎变**"，不需要占卜，没有任何可疑的，完全信任，心中有数，"**未占有孚**"。

[发展脉络线5/6]：革除旧的，革命成功之后，大人居功甚伟。

上六，君子豹变，小人革面。征凶，居贞吉。

注释：君子，大臣。豹变，变身富贵。小人，小人物。革面，表面改过。征，征讨。居，守成。

爻辞学习法：[因果脉络]

变革、革命成功之后，君子因为也参与到了其中，虽然没有参加"武斗"，但在后方的隐蔽战线贡献了智力，因此革命后身份发生了变化，身着豹子花纹一样的官服，**"君子豹变"**，而平民老百姓呢，见大势已去、大局已定，于是不洗心但革面了，顺从相应革命，**"小人革面"**。这时候革命刚成功，就要暂缓激烈的变革、革命，以巩固革命成果，不然再去征伐，必然消耗实力，还有可能把已有的革命果实葬送了，这就凶险了，**"征凶"**，此时就要守成，坚守正道，才能吉利，**"居贞吉"**，须知"打江山难，守江山更难"。

[**发展脉络线 6/6**]: **革除旧的，革命成功之后，君子功劳卓著。**

爻辞学习法（总结）：

"泽火革"卦主旨是讲"革除旧的"，其六爻的因果发展脉络为：从初爻的"革除旧的，革命时机未到，约束自己"，又到二爻的"革除旧的，革命时机已到，征伐吉利"，接着到三爻的"革除旧的，革命进入深水区，三思而后行"，然后就到四爻的"革除旧的，革命火候已到，改朝换代"，再到五爻的"革除旧的，革命成功之后，大人居功甚伟"，最后到上爻的"革除旧的，革命成功之后，君子功劳卓著"。

50【鼎卦 火风鼎】☲ 鼎立新的

《序卦传》里的鼎卦："革物者莫若鼎，故受之以鼎。"
《序卦传》（因果关系）学习法：

革是变化的意思，而鼎是煮东西的器具，用来烹饪的，任何东西都禁不起煮，它可以把生的煮成熟的，把硬的煮成软的，甚至是金银铜铁也能融化，不过那是熔炉了，是特制的"鼎"。所以，鼎就是在"执行"革的事情。所以，革卦之后是鼎卦。

卦辞：鼎。元吉，亨。

译文：鼎卦。元始吉祥，亨通。

卦辞学习法：

鼎，首先是烹饪的器具，是用来烹煮食物的，民以食为天，鼎烹物能养人，意义巨大，当然就大大的吉利和亨通，即，"**鼎。元吉，亨**"。

鼎，又是国家权力的象征，是新政权成立后必打造的第一个器具，所以"革故鼎新"。"革故"，革除旧社会是很复杂的，风险很大，需要谨慎戒惧，因此革卦卦辞的"元亨"是有条件的，要"己日乃孚""利贞"。而与"革故"不同，"鼎新"则是建立了一个新世界，万象更新，这是无条件的，亨通的，所以"**元吉，亨**"，是大大的吉利，并且亨通。鼎，建立了一个新世界，诞生了一个新国家，当然是举国欢庆，万民之福了，所以"**元吉，亨**"。

卦象：木上有火，鼎。君子以正位凝命。

译文：木在燃烧，这就是鼎卦的卦象。君子观鼎之象，在其位要保持端正稳重的形象，倾力凝心于所受使命。

卦象学习法：

火风鼎卦，鼎卦上卦为离火，下卦为巽木，木在下，木生火，火在木上燃烧，火在上，火势很旺，烧火是做什么的呢？是火烧鼎物以烹饪食物，所以，"**木上有火，鼎**"。

鼎，历来就是"国之重器"，是神器，也是江山稳固的象征。鼎立在那里，端正、威严，鼎是永远端正鼎立着的，即"**正位**"，充满了保佑国家强盛的使命感，即"**凝命**"，鼎就是天命的授权，保佑君王政权万世永续，鼎也是永远承载着国家威严、政权权威、法律至上的护佑使命，即"**凝命**"。所以在鼎卦，"**君子以正位凝命**"。

爻辞：

初六，鼎颠趾，利出否。得妾以其子，无咎。

注释： 鼎，鼎器、烧饭器具。颠，颠倒。趾，脚趾，指鼎足。利，利于。出，倒出。否，废物、残败之物。妾，妾身。

爻辞学习法：[因果脉络]

新的政权建立起来了，万象更新，正是用人的时刻，那么首先要"打扫干净屋子再请客"，不能什么妖魔鬼怪都请进来，而是要扫除前朝的各类腐败、陋习、奸臣、坏人、匪贼，即要"革故鼎新"。用鼎来比喻，就是把鼎颠倒过来，除去鼎里面的污秽之物，"**鼎颠趾，利出否**"。国家政权刚刚建立，求贤若渴，那么招揽人才就不论出身贵贱了，只任人唯贤，而不管他的出身是奴隶、平民、还是妾所生的孩子，即"**得妾以其子**"，只要有能力，有才德，都可以接纳，这样做当然没有过错，"**无咎**"。

[发展脉络线 1/6]：鼎立新的，去除糟粕，任人唯贤。

九二，鼎有实，我仇有疾，不我能即，吉。

注释： 实，食物。仇，仇敌。疾，忌惮、嫉妒。不，不敢。即，靠近。

爻辞学习法：[因果脉络]

新的政权建立，天下之才慕名而来，纷纷投奔为国效力，国家必将人才济济，这就犹如鼎里面盛满了丰厚的美食，"**鼎有实**"，这让仇敌方即使眼红，心有妒忌，也不敢靠近，"**我仇有疾，不我能即**"，所以是吉利的，"**吉**"。

[发展脉络线 2/6]：鼎立新的，人才济济，拒敌于外。

九三，鼎耳革，其行塞，雉 ^{zhì} 膏不食。方雨亏悔，终吉。

注释：鼎耳，鼎的耳朵。革，坏了。塞，阻塞、无法移动。雉膏，野鸡汤。方雨，突然下雨。亏，吃亏了。悔，后悔。

爻辞学习法：[因果脉络]

但如果人才济济，人才都招拢来了，却不好好利用他们，甚至是不用他们，而把他们晾在一边，这就是人才机制出了问题，那就是"暴殄天物"了。这就犹如烹饪食物的鼎的耳朵坏掉了，鼎没法移动，活动受阻，鼎里面的美食也糟蹋了没法吃了，**"鼎耳革，其行塞，雉膏不食"**。这时候就需要来一场大的事件、大的变革，才能让人突然意识到合理使用人才的重要性，这就犹如突然来了场大雨，把人浇醒了，淋醒了梦中人，从而幡然悔悟，并立即着手改正，**"方雨亏悔"**，那么最终还是吉利的，**"终吉"**。

[发展脉络线 3/6]：鼎立新的，不用人才，幡然悔悟。

九四，鼎折足，覆公𫗧 ^{sù}，其形渥 ^{wò}，凶。

注释：折足，腿断了。覆，倾覆。公，公家。𫗧，有米有肉的美食。形，样子。渥，丑陋。

爻辞学习法：[因果脉络]

如果国家不仅仅是对人才弃之不用，放置一旁晾着，更甚的是还打压、残害人才，瞧不起人才，使得人才被抛弃，被轻视，那么这就如鼎的腿折断了，**"鼎折足"**，那么整个鼎就会瞬间倾倒，寓意国家政权将被颠覆。打压、埋没人才的做法犹如把鼎里的美食全部倾倒在了地上，**"覆公𫗧"**，这种情状非常难看，就丑陋了，**"其形渥"**，那么后果肯定是凶险的，**"凶"**。

[发展脉络线 4/6]：鼎立新的，打压人才，情况险恶。

六五，鼎黄耳，金铉 ^{xuàn}，利贞。

注释： 黄耳，黄铜做得结实的鼎耳。金铉，刚硬的鼎杠。

爻辞学习法： [因果脉络]

国家终于及时发现了对待人才的不当的问题，做出了改正，就如同鼎耳坏了换一个黄铜做得结实的鼎耳，"**鼎黄耳**"，并配上刚硬的金子做的鼎杠，"**金铉**"，那么这个鼎就可以随意抬起来移动了，寓意着人才就可以自由流动，就可以上下升迁自如，人尽其才，这样的状态就"**利贞**"，就是要一直保持尊重人才、相信人才、使用人才的态度。

[**发展脉络线 5/6**]：鼎立新的，重视人才，来去自如。

上九，鼎玉铉，大吉，无不利。

注释： 玉铉，镶玉的鼎杠。

爻辞学习法： [因果脉络]

国家继续加大对人才的重视程度，就犹如给鼎配上了镶玉的鼎杠，"**鼎玉铉**"，这样刚刚鼎耳已经修整好了，用金属铜的，现在用来抬鼎的杠又是镶玉的，充分说明了国家对人才给足了待遇和地位，那么肯定大吉大利，一切顺遂了，"**大吉**"，这是国家和人民的福气，所以无往不利，"**无不利**"。

[**发展脉络线 6/6**]：鼎立新的，褒奖人才，无往不利。

爻辞学习法（总结）：

"火风鼎"卦主旨是讲"鼎立新的"，其六爻的因果发展脉络为：从初爻的"鼎立新的，去除糟粕，任人唯贤"，又到二爻的"鼎立新的，人才济济，拒敌于外"，接着到三爻的"鼎立新的，不用人才，幡然悔悟", 然后就到四爻的"鼎立新的, 打压人才, 情况险恶", 再到五爻的"鼎立新的, 重视人才, 来去自如", 最后到上爻的"鼎立新的, 褒奖人才, 无往不利"。

51【震卦 震为雷】☳☳ 震撼人心

《序卦传》里的震卦:"主器者莫若长子, 故受之以震。震者, 动也。"

《序卦传》(因果关系) 学习法:

鼎为器, 是国家政权的象征, 在古代, 新政权建立以后, 就要及时选定皇位的继承人, 一般是太子, 即长子, 而且很难再更改, 历史上发生过废太子另立继承人的事件, 但结局并不好。因此, 鼎卦象征的新政权建立后, 最至关紧要的就是立太子, 确定继承人。所以, 鼎卦之后就是震卦。震为长子。

卦辞: 震。亨。震来虩^{xì}虩, 笑言哑哑。震惊百里, 不丧匕^{bǐ}鬯^{chàng}。

译文: 震卦。亨通。震雷来的时候, 惊惧而战战兢兢, 又表现出谈笑自如、镇定自若。震雷响彻百里, 却不会吓丢掉手里拿着的匕和鬯。

卦辞学习法:

震卦, 是威震天下的意思, 也就是管理天下, 严肃认真, 不苟言笑, 负起责任的, 也就是管事的, 而不是放羊一样的放任自流, 所谓"业精于勤而荒于嬉", 所以, 会亨通, 即<u>震。亨</u>。震来的时候当然要有恐惧之心, 人不能无法无天, 不能毫无管束, 更不能唯我独尊, 必须要有所畏惧的, 就是要有"红线"意识, 什么事能干什么

周易学习法

230

事不能干必须具有是非道德判断标准，然后反复对照自己。所以，当震来的时候，先是惊惧不已，"**震来虩虩**"，以为自己做错了事，但马上又问心无愧，并没有做坏事，那就释怀一笑，非常自信，也就"**笑言哑哑**"，不再惧怕。

也就是说，震卦强调了人既要有畏惧之心，要有所敬畏，还要有不惧之心，要临危不惧。既能做到身怀敬畏之心，又能做到临危不惧，那就能做大事，担当大任，这时候哪怕天上突然震响巨大的雷声，雷声甚至传出去了百里，也会纹丝不动、从容不迫，手里的东西也不会掉落，即"**震惊百里，不丧匕鬯**"，修养已经炼成。

卦象：洊雷，震。君子以恐惧修省^xīng。

译文：雷声阵阵，接连不断，震惊四方，这就是震卦的卦象。君子体察震卦，就要以恐惧敬畏之心，来修身省过。

卦象学习法：

震为雷卦，是上下卦皆是震雷卦，就是雷声接着一个雷声，震荡一浪接着一浪，雷声隆隆，震天动地，天地万物无不被震动而震撼住，所以"**洊雷，震**"。

天打雷了，是天发怒之象，是要降罪于不法之人，那么君子听到雷声首先要心怀恐惧，"**恐惧**"，即要知道天打雷了，那说明事可不小，上天"有好生之德"，天威天怒不是随便发的，"无事不登三宝殿"，不会冤枉人的，那么天的惩罚可就不是"自罚三杯"那么简单的，是要"大刑伺候"的，如果还不老实交代、反省自问的话。所以，一听到天上传来阵阵雷声，就要首先从自身找问题，而不是推诿甩锅，找替罪羊，让别人背锅，是要自己反省自己，想想是不是真的是自己有问题，是不是真的有什么地方做错了？"有则改之，无则加勉"，即"**修省**"。"人在做，天在看"，所以，君子就要"**君子以**

恐惧修省"。

爻辞：

初九，震来虩虩，后笑言哑哑，吉。

注释：震，地震。虩虩，恐惧。笑言哑哑，笑语阵阵。

爻辞学习法：[因果脉络]

震卦这一卦就是描写"地震"这一自然现象的，同时也有相关的政治、军事、经济、人事方面的寓意。

当地震初来的时候，人们一下子慌了神了，都十分惊慌失措，**"震来虩虩"**，忙不迭地东奔西跑来躲避可能的山崩地裂、房倒屋塌造成的伤害。可是，地震震了一会就不震了，没事了。之前吓得到处乱跑的人们停住了脚步，回头一看不地震了，都开始庆幸不已，并开始嘲笑刚刚的慌忙逃窜的狼狈相，笑得嗓子都哑了，**"后笑言哑哑"**，地震并没有造成伤害和损失，所以吉利，**"吉"**。

[发展脉络线 1/6]：震撼人心，地震降临，先惊吓后狂喜。

六二，震来，厉。亿丧贝，跻于九陵，勿逐，七日得。

注释：来，骤来。厉，厉害、猛烈。亿，数量大。丧，损失。贝，钱财。跻，登高。九，九是阳极之数，指高。九陵，高地。

爻辞学习法：[因果脉络]

刚才的地震还只是小地震，震动了几下就不震了，就在人们以为地震已经过去了，开始放下心来的时候，又一波地震袭来了，而且是大地震，刚刚的小地震只是前奏曲。当真正的大地震来临的时候，瞬间地动山摇，这次真的是山崩地裂、房倒屋塌，情况非常猛烈，**"震来，厉"**。大地震造成的损失十分巨大，房子倒了，钱财也埋在了房子下面，**"亿丧贝"**，于是人们都逃到地势高的地方躲避，**"跻于**

九陵"，有些人心疼财产，哭着喊着就要去房屋那里抢救一些钱财出来，但这时候坚决不能冒险，大地震随时都可能再次袭来，就有被埋压的危险，所以，"**勿逐**"，等地震过后通过抢险救灾，过不了几天钱财还是能找回来的，"**七日得**"。

[发展脉络线 2/6]：震撼人心，地震再次袭来，跑到高地。

六三，震苏苏，震行，无眚^{shěng}**。**

注释：苏苏，小恐惧。行，行走。眚，灾祸。

爻辞学习法：[因果脉络]

大地震过去了，但小余震还是不断，人们的恐惧心理也减轻了不少，"**震苏苏**"，于是冒险在震中行走，"**震行**"，此时地震基本上过去了，不会再有危险的事情发生，"**无眚**"。

[发展脉络线 3/6]：震撼人心，还有余震，危险过去了。

九四，震遂泥。

注释：遂，跟着、掉落。泥，泥石。

爻辞学习法：[因果脉络]

这时候大地震再次来临，这次震动得更加猛烈，真的是山崩地裂、墙倒屋塌，到处都是滚落的石头、掉落的泥土，"**震遂泥**"。

[发展脉络线 4/6]：震撼人心，大地震再次降临，墙倒屋塌。

六五，震往来，厉，亿无丧，有事。

注释：震往来，地震时断时续。厉，严重。亿，损失很大。丧，死亡。

爻辞学习法：[因果脉络]

这次地震持续的时间久，一会儿震，一会儿又不震，断断续续的，"**震往来**"，震动得非常厉害，"**厉**"，这次没有造成人员的伤亡，"**亿无丧**"，但伤者还是难以避免的，"**有事**"。

[**发展脉络线 5/6**]：震撼人心，地震持续不断，有人员受伤。

上六，震索索，视矍^{jué}矍，征凶。震不于其躬，于其邻，无咎，婚媾有言。

注释：索索，惊呆、吓傻。矍矍，惶恐不安。不于，殃及。躬，自己。言，议论、怨言。

爻辞学习法：[因果脉络]

危难之中最见人的真性情，当地震来临的时候，胆小鬼绝对要被地震吓得畏畏缩缩的，"**震索索**"，眼睛惶恐不安的，"**视矍矍**"，这样的贪生怕死之徒，做起事情来会有凶险，因为没有定力，"**征凶**"。

在地震发生之时，地震并然没有殃及自己，但邻居却遭殃了，"**震不于其躬，于其邻**"，那只能是自己跑得快、躲得快，不管不顾别人，就是一遇到危险，一溜烟地跑没影了，只顾着自己安危，当然没有什么好指责的，"**无咎**"，但是谈婚论嫁就不好说了，容易被人说东说西的，说媒的事情容易泡汤，"**婚媾有言**"，因为一遇到事情只顾自己，没有担当，谁都怕。

[**发展脉络线 6/6**]：震撼人心，地震时刻见真情，没有担当诸事不顺。

爻辞学习法（总结）：

"震为雷"卦主旨是讲"震撼人心"，其六爻的因果发展脉络为：从初爻的"震撼人心，地震降临，先惊吓后狂喜"，又到二爻的"震撼人心，地震再次袭来，跑到高地"，接着到三爻的"震撼人心，还有余震，危险过去了"，然后就到四爻的"震撼人心，大地震再次降临，墙倒屋塌"，再到五爻的"震撼人心，地震持续不断，有人员受伤"，最后到上爻的"震撼人心，地震时刻见真情，没有担当诸事不顺"。

52【艮卦 艮为山】☶ 束身修行

《序卦传》里的艮卦："震者，动也。物不可以终动，止之，故受之以艮。艮者，止也。"

《序卦传》（因果关系）学习法：

震卦就是震动，讲动的；艮卦就是静止，讲止的。所以，震卦与艮卦最简单的逻辑关系就是：动静相宜，有动必有静，动之后就是静，静之后就是动，所谓"劳逸结合"，也所谓"淡泊以明志，宁静以致远"，都是一动一静。所以，震卦之后就是艮卦。

另外，震卦是长子，《序卦传》里对震卦的描述是"主器者莫若长子，故受之以震。震者，动也。"，所以震卦为长子是国家政权的主器者，那么手里有了权力更要谨慎，要有所令行禁止，有些事情就要"不越雷池一步"了。所以，震卦之后是艮卦。

震卦又为震动、震慑，人们有所畏惧之后，就会有所为和有所不为，就止步于非法行为之前。所以，震卦之后确实是艮卦。

卦辞：艮其背，不获其身；行其庭，不见其人，无咎。

译文：（艮卦。）止住其背，就不能看到其本身了，行走在其庭院中，（由于背对）看不到其人，没有灾祸。

卦辞学习法：

艮卦的卦象（☶）就像一整个的人体结构，而人的全身最默默无闻、常不动的地方就是背部。而艮卦的本义是讲"止"的，特别是

"止欲"。世界之大，没有人类看不到的，唯独人类的背部自己看不到，正所谓"眼不见心不烦"，要想止欲，就不要让某种眼馋的东西在自己眼前晃来晃去，就要闭眼不见，时间久了，就没有念想了，自然就没有欲望，没有烦恼了。所以，就要"**艮其背，不获其身**"，把背部定住，把一切欲望都抛之脑后，不再见面。有了"壁立千仞无欲则刚"的气魄之后，那么就会气定神闲，神清气爽，走在哪里都是"如入无人之境"，没有打扰，更没有叨扰，见到谁都像见到空气一样，即"**行其庭，不见其人**"，那么就不会有过失了，"**无咎**"。

卦象：兼山，艮 ^{gèn}。**君子以思不出其位。**

译文： 两山并立，这就是艮卦的卦象。君子效法艮卦之道，思考、思虑和思想不能超出自己的本位。

卦象学习法：

艮为山卦，上下卦皆是山，山是岿然不动的，两座山也同样是岿然不动，你矗立你的，我耸立我的，各有各的位置，彼此并立，各处其位，既互不干涉，也"老死不相往来"，而不是你中有我、我中有你，这个山就是这个山，那个山就叫那个山，没有混淆的可能，都保持静止状态。所以，"**兼山，艮**"。

山是独立的个体，所以"占山为王"，所以"一山不容二虎"，也就是"你的就是你的，我的就是我的"，而不是"你的就是我的，我的还是我的"，这在实际中表现的就是"在其位，谋其政"，另一个意思就是"不在其位，不谋其政"。"当一天和尚撞一天钟"虽显平庸、敷衍了事了些，但也是在做本职工作，而"狗拿耗子多管闲事"却从来都是贬义。切不可看到艮卦两山并立，就形成了"这山望着那山高"的思想，因而有了"好高骛远"的野心，要知道"山外有山，人外有人"，必须更要学习艮山的"不动如山"的定力，以及

"止欲、静思、修行"的品德，这样才能"星光不负赶路人"。所以，君子效法艮卦的卦象，就要**"君子以思不出其位"**。

爻辞：

初六，艮其趾，无咎，利永贞。

注释： 艮，停止，修行。趾，脚趾。

爻辞学习法：［因果脉络］

艮卦的形状（☶）就像一整个的人体结构，所以初爻就是脚趾。艮卦是讲修行的，"千里之行始于足下"，人的修行首先要做的就是练定力，就是"打坐""蹲马步"，就是不乱动、不乱跑，这是修行的入门课和必修课，目的是修炼自己的心智，约束自己的行为，克制自己的情绪，逐渐让自己安静下来。修行，就是经年累月的修炼自己。"师傅领进门，学艺靠自身"，任何领域的师傅都绝对不会一开始就让你做高深的事情，而是首先安排你做一些"扫地、砍柴、挑水、烧饭、倒茶"的小事，以此来磨练你内心的定力，只有心定了，才能学艺，心不定，无法学艺。练定力，就是要人不动。动，是要靠人的脚迈开步，然后人就移动了。因此要练定力，就是要脚不动，就是**"艮其趾"**，脚趾不动，人就不动了。这些还只是初级阶段，没有什么功劳之说，是基本功，所以只能是没有过错，更不能出差错，甚至"三天打鱼两天晒网"偷懒，荣誉更谈不上，即**"无咎"**，练习定力是需要日日夜夜地坚守，所以利于永远坚持和相信，**"利永贞"**。

［发展脉络线 1/6］：束身修行，先练定力，不乱走动。

六二，艮其腓^{féi}，不拯其随，其心不快。

注释： 腓，小腿。不拯，不能拯救。不快，不快活、不高兴。

爻辞学习法：[因果脉络]

人的修行，越过了最开始阶段的"练定力"之后，就入了门，开始了正式的深入学习和修行。这时候，对于刚从世俗的红尘社会转入到修行领域的人来说，其本身之前没有经过洗礼，身心还有许多牵挂和诱惑，并没有和外界割舍开。所以，他们一旦入了门，开始进入到修行的状态，刚开始还能感受到的新鲜感、成就感，很快就转变为了枯燥、乏味，倍感压力，并开始感到寂寞难耐、抓耳挠腮、皮痒痒，内心的小鹿开始使劲乱撞，开始给自己找心理安慰，让自己放松一下，休闲一下，身体外总会出现另外一个声音，给自己找借口。修行进行到了这个阶段，最容易功亏一篑，因为实在难熬，也反复被诱惑勾引，最容易支持不住，从而举手投降。因为人的七情六欲在诱惑着他，人间百味也在牵挂着他。这时候的修行所产生的内心的激烈挣扎状态，就像按住了小腿肚子，但没有，因为大腿在动，只要大腿动，小腿肚子就没法不动，只能跟随大腿运动了，即"**艮其腓，不拯其随**"。大腿就像外界花花世界的各种各样的巨大诱惑，而小腿肚子就是内心引发的小欲望，这样就是"治标不治本"。按捺住了内心的小欲望，按住了小腿肚，即"**艮其腓**"，显然心里会不快、不爽，即"**其心不快**"，因为内心还有一个声音在向往着外界的诱惑。

[发展脉络线 2/6]：束身修行，强忍欲望，内心不快。

九三，艮其限，列其夤^{yin}，厉薰心。

注释：限，腰部。列，撕裂。夤，脊背的肉。厉，难受。薰，烟熏火燎。

爻辞学习法：[因果脉络]

当人的修行成功越过最具摇摆不定、最耐不住诱惑的刚入门阶段之后，心终于和可算安定了下来了，七情六欲也放下的差不多了，这时候就到了心灵智慧向上进阶的阶段，这时候不再是控制欲望的事情了，而是要不断学习智慧、领悟智慧、吸收智慧，实现超越自己，超越限度、极限，实现自我突破，得到大彻大悟。这个阶段是最为用脑的阶段，需要不断否定之前的自己，重塑自己，要不断地去悟。悟，谈何容易？因此，这一阶段的修行最为关键，也最为煎熬，也最为旷日持久，许多人百思不得其解，心灵感悟就是上不来，无论怎么想突破，上方总是有个瓶颈。就如拼命上山寻道，但就是找不到到达顶峰的路。于是，着急、苦恼、困惑，以致茶不思饭不想，苦苦思索，索性继续端坐不动、苦思冥想，腰长久不动。久而久之，就会"腰酸背痛"，腰连着背，限制住了腰，脊背也受牵连不好受，有种撕裂的感觉，这下子让心也像被烟熏火燎一样难受，即**"艮其限，列其夤，厉薰心"**。这个修行阶段的痛苦指数最高，简直就像"黎明前的黑暗"，而且黑暗的让人感到沮丧绝望。但又像苦苦追寻真理的求索，虽感艰辛，也要咬牙坚持住。这个阶段非常考验一个人，并不是每个人都能够超越过去，必须具有强大决心、深厚毅力、天赋慧根和心存善良才行，才能有机会突破这一阶段。而一旦越过了这一修行关口，那就会突然大彻大悟，人生就会跃升到修行的一个崭新境界。

[发展脉络线3/6]：束身修行，超越自己、大彻大悟。

六四，艮其身，无咎。

注释：身，全身、身体。

爻辞学习法：[因果脉络]

人的修行实现了巨大突破，已然实现了大彻大悟，什么都想明白了，什么都想开了，对这个世界理解了，那么整个人也就突然变了样子，由里到外，耳目一新，整个人犹如"庖丁解牛"一样的游刃有余，收放自如，身心安定了下来，即**"艮其身"**，整个人达到了静、定、悟，不再有困惑、摇摆不定和彷徨失措，灵魂得到了纯净，智慧达到了高层，不会犯任何错误，即"**无咎**"。

[发展脉络线 4/6]：束身修行，智慧升阶，收放自如。

六五，艮其辅，言有序，悔亡。

注释：辅，嘴。言有序，说话有条理、有深度。

爻辞学习法：[因果脉络]

人的修行不仅是身心的修行，修内在的智慧，修心灵、修心智、修开悟，而且还要修外在的表达，即修行言谈举止。口是一个人的心灵智慧表达的"代言人"，内心的智慧高度是需要阐述出来，释放出来，传播出来，这就需要确切的合适的表达方式，而不能"言不由衷"，更不能胡言乱语。要不然，再好的修为和智慧，"祸从口出"，也会被一张嘴给毁了。因此，修行，不仅要内练智慧，还要外修表达，要修炼、管制好口舌，即"**艮其辅**"，使得话不乱说，说话有哲理、有智慧、有逻辑、有深度，即"**言有序**"。只有内在的修行有智慧大彻大悟，外在的表达严谨有深度，才能"心口如一"、"口齿生香"，从而不会有什么悔吝的事情发生，即"**悔亡**"。

[发展脉络线 5/6]：束身修行，心口合一，口齿生香。

上九，敦艮，吉。

注释：敦，敦厚。

爻辞学习法：[因果脉络]

人的修行，内修达到了大彻大悟的智慧程度，外修达到了言语有深度严谨的程度，人就会变得非常沉稳、成熟、厚重。真正修行成功的人，都有一种稳稳的敦厚的气质，即"**敦艮**"，双眼充满智慧，人间的大智慧基本都修行过了，从此遇事不再有困惑和迷茫，只有自信和智慧，世间一切万事万物在其眼里都是可解的，所以吉利，即"<u>吉</u>"。

[发展脉络线 6/6]：束身修行，内外兼修、敦实厚重。

爻辞学习法（总结）：

"艮为山"卦主旨是讲"束身修行"，其六爻的因果发展脉络为：从初爻的"束身修行，先练定力，不乱走动"，又到二爻的"束身修行，强忍欲望，内心不快"，接着到三爻的"束身修行，超越自己、大彻大悟"，然后就到四爻的"束身修行，智慧升阶，收放自如"，再到五爻的"束身修行，心口合一，口齿生香"，最后到上爻的"束身修行，内外兼修、敦实厚重"。

53【渐卦 风山渐】䷴ 渐入佳境

《序卦传》里的渐卦："艮者，止也。物不可以终止，故受之以渐。渐者，进也。"

《序卦传》（因果关系）学习法：

艮卦是"止"的意思，渐卦是"进"的意思，任何事物不可能始终停滞不前，肯定会有变动，一变动就有进度了，就是进。不说动物不可能一直待着不动，就是植物也要生长也要枯荣，这些都是变动。哪怕是没有生命的石头也会有变动，它的变动来自于外界的施予，比如太阳照射下的石头、雨后的石头、下雪后的石头甚至是泥石流后的石头，那么石头就发生了变动了，物理属性变动了，温度、湿润度之类的或者位置发生变动，而且石头的这种变动是渐渐发生变化的。世界上没有不"动"的物体，所以不动是暂时的，动是永久的。一动，进度条就要往前"进"。所以，艮卦之后是渐卦。

卦辞：渐。女归吉，利贞。

译文：渐卦。女子出嫁是吉利的，利于贞正。

卦辞学习法：

渐卦就是讲"循序渐进"的事情。"十年树木，百年树人"，许多事情都是需要经年累月的积累才能有所变化、有所成就。人生最大的事情是什么？就是结婚了，婚姻是一个人的"终身大事"，对于女人来说尤其如此，因为"男怕入错行，女怕嫁错郎"，所以真不可"快刀斩乱麻"，必须慢慢来，慎之又慎。在中国古代乃至现代社会，女子出嫁都要遵循一系列的程序，按照特定的礼节步骤进行，一个环节都不能少，即要先有媒婆，然后经过"纳采、问名、纳吉、纳征、请期、亲迎"六道礼节程序，这些程序步骤循序渐进，缺一不可，更不可逾越。而且，"男生内向，有留家之义；女生外向，有从夫之义"，女人注定要出嫁，以夫为家，所以女子出嫁就是相当于"归"，回到了自己家了。经过了婚嫁的礼节程序，就是合礼的，也就是吉祥的，即"**渐。女归吉**"。婚姻之道、夫妇之道不容儿戏，所以利于走正道，夫妇以礼相待，互相扶助，患难与共，所以，"**利贞**"。

卦象：山上有木，渐。君子以居贤德善俗。

译文：山上的树木依山势而生长，这就是渐卦的卦象。君子学习渐卦之象，就要积累贤德，改善风俗。

卦象学习法：

风山渐卦，渐卦上卦为巽木，下卦为艮山，木在山上，也即山上长着木即树。山上的树与地上的树不同，山上的树只能远观，由于不能经常靠近，所以平时不易发现其在生长，但它却是在一直生长，渐渐地生长，直至有一天突然长成了参天大树，人们才发现惊人的变

周易学习法

化，所以，为"**山上有木，渐**"。

风山渐卦，树是生长在山上的，而山是有高低起伏的，那么树的高度也必然会随着山势高度的变化也渐渐地跟随着起伏，而不会有突兀的断层，除非是到了悬崖峭壁，所以，同样是"**山上有木，渐**"。

渐，循序渐进，是很慢的，不能一蹴而就，而且渐卦是上卦为巽木，起教化作用，下卦为艮山，起养德作用。所以，渐卦的上下部分和整体的卦义都指向了它的主要影响作用就是在修德和移风易俗方面，就是要身居贤德的环境之中，即"**居贤德**"，因为"近朱者赤，近墨者黑"，渐进的作用太强大，"性相近，习相远"，"孟母三迁"的故事正是如此。同时着手改善风俗，"**善俗**"，因为风俗更是"移风易俗"，仍然是渐进的过程，甚至更慢，需要长久的"随风潜入夜，润物细无声"的浸染和潜移默化，绝不可能一朝一夕都能办到。所以，君子效法渐卦的卦象，就要"**君子以居贤德善俗**"。

爻辞：

初六，鸿渐于干，小子厉，有言，无咎。

注释：鸿，大雁。渐，婚嫁要遵循严格的循序渐进次序，然后夫妻逐渐相互了解，渐入佳境，所以代表"婚姻安家"。有言，有不妥。

爻辞学习法：[因果脉络]

正如渐卦的卦辞所说的："渐。女归吉，利贞。"，渐卦主要讲女子出嫁的，出嫁之后就是组织了家庭，开始为家庭幸福生活而奋斗了，那么首先就要安家，因为"安家才能乐业"。所以渐卦的爻辞也在围绕着改善家庭环境、提升生活质量而展开的，在此六爻中主要通过鸿雁筑巢安家的逐渐升高换地方来体现，用以表现鸿雁的生活越来越好。"渐"在这里就是"渐渐变好"的意思。

鸿雁夫妇把窝也就是家安在了河边，**"鸿渐于干"**，这时候离河水很近，这对小鸿雁很危厉，一个不小心就会掉河里冲走了，**"小子厉"**，这肯定是不妥的，会有诟病之处，**"有言"**，最终有惊无险，没有什么咎害，毕竟有个安家之处了，**"无咎"**。

[发展脉络线 1/6]：渐入佳境，鸿雁夫妇把窝安在河水边。

六二，鸿渐于磐 ^{pán}，饮食衍 ^{yǎn} 衍，吉。

注释：磐，磐石、大石头。衍衍，愉快幸福的样子。

爻辞学习法：[因果脉络]

鸿雁夫妇把窝也就是家安在了大石头上，**"鸿渐于磐"**，这相比较于河边安全多了，地方也干燥宽敞了，视野也开阔了，住得舒服多了，因此鸿雁夫妇饮水吃饭的时候都十分的开心，幸福死了，**"饮食衍衍"**，吉利，**"吉"**。

[发展脉络线 2/6]：渐入佳境，鸿雁夫妇把窝安在大石头上，高于水边。

九三，鸿渐于陆，夫征不复，妇孕不育，凶。利御寇。

注释：陆，平地。征，远征。复，复返。孕，怀孕。不育，耽误养育。御寇，对抗外敌。

爻辞学习法：[因果脉络]

鸿雁夫妇又搬家了，这次把窝安在了高高的平地上，**"鸿渐于陆"**，这时候平地可不比河岸边和大石头上，这里更加复杂凶险，平地上飞禽走兽众多，因而环境更加复杂凶险，于是夫君为了保护家园，对外出征一去不复返，**"夫征不复"**，而这时候妇人也受孕了也耽误了养育已有的那个孩子"小子"，即**"妇孕不育"**，这很凶险，

"**凶**"。这时候最需要的就是夫君回来，一起对外，共抗外辱，即"**利御寇**"，所谓"夫妻同心，其利断金"。

[发展脉络线3/6]：渐入佳境，鸿雁夫妇把窝安在平地上，高于大石头。

六四，鸿渐于木，或得其桷^{jué}，无咎。

注释： 木，高高树上。桷，树枝茂密宽阔的地方。

爻辞学习法： [因果脉络]

夫君还没回来，于是雌鸿雁再次搬家，又把窝安在了高高的大树上，"**鸿渐于木**"，雌鸿雁特意挑选了树枝茂密宽阔的地方，"**或得其桷**"，这样安的家又大又稳，还不易被发现，还能躲避来自地面上的豺狼虎豹的袭扰，还有利于随时展翅高飞于天空，所以一点都找不出毛病，是个不可多得的好地方，即"**无咎**"。

[发展脉络线4/6]：渐入佳境，鸿雁把窝安在高高的树上，高于平地。

九五，鸿渐于陵，妇三岁不孕，终莫之胜，吉。

注释： 陵，山陵。三岁，三年。莫，不。胜，战胜、说服。

爻辞学习法： [因果脉络]

鸿雁夫妇再次搬家，这一次把窝安在了高高的山陵上，"**鸿渐于陵**"，夫君出门远征到现在也没回来，而妇人在家坚守妇道，忠诚于爱情，三年都没怀孕，"**妇三岁不孕**"，任谁都雷打不动，无法动摇她，最终守到了夫君到来的那一天，即"**终莫之胜**"，这样忠贞不渝的爱情当然吉利了，"**吉**"。

[发展脉络线5/6]：渐入佳境，鸿雁把窝安在山陵上，高于树上。

上九，鸿渐于陆（路），其羽可用为仪，吉。

注释：陆（路），天路。羽，羽毛。仪，仪仗。

爻辞学习法：[因果脉络]

爱情终于修成正果，鸿雁夫君回来了，二者双双高飞于天路上，在空中翱翔，即"**鸿渐于陆（路）**"，犹如"比翼双飞"，也预示着飞完之后就"夫妻双双把家还"了。而在天上，它们的羽毛格外闪亮、美丽，都可以做仪仗之用了，即"**其羽可用为仪**"，鸿雁夫妻双双把家还，多么吉祥如意，"**吉**"。

[发展脉络线6/6]：渐入佳境，鸿雁夫妇修得正果，快乐地翱翔天空。

爻辞学习法（总结）：

"风山渐"卦主旨是讲"渐入佳境"，其六爻的因果发展脉络为：从初爻的"渐入佳境，鸿雁夫妇把窝安在河水边"，又到二爻的"渐入佳境，鸿雁夫妇把窝安在大石头上，高于水边"，接着到三爻的"渐入佳境，鸿雁夫妇把窝安在平地上，高于大石头"，然后就到四爻的"渐入佳境，鸿雁把窝安在高高的树上，高于平地"，再到五爻的"渐入佳境，鸿雁把窝安在山陵上，高于树上"，最后到上爻的"渐入佳境，鸿雁夫妇修得正果，快乐地翱翔天空"。

54【归妹卦 雷泽归妹】☳☱ 妾妇之道

《序卦传》里的归妹卦："渐者，进也。进必有所归，故受之以归妹。"

《序卦传》（因果关系）学习法：

渐卦讲的是渐进，就是"进"，进必有目的地，到了目的地就是到达了归宿了，有所归了，行程就完成了。所有的循序渐进都有个目的地，都有个目标，达到了，就是到达了归宿了，就安下来了。所以，渐卦之后就是归妹卦。

卦辞：**归妹。征凶，无攸利。**

译文：归妹卦。前往就会有凶险，没有获利之处。

卦辞学习法：

归妹卦，上卦为震为长男，下卦为兑为少女，按照六爻自下而上的发展规律，是少女主动追求长男。"男追女隔座山，女追男隔层纱"，少女情窦初开，一眼相中了年长的男子，于是主动示爱、投怀送抱，内心的炽热遮蔽了她的双眼，这种行为完全不符合传统爱情婚姻的循序渐进的程序，导致不合礼仪，更失去了保障。少女的这样的奋不顾身和迫不及待很容易被辜负，如果被抛弃那就糟了，以后的路自己再走就不好走了，自己的身价也会急速贬值，就难以善终了，这样子极有可能把一辈子都毁了，怎能不凶险？更没有一点好处。所以，"**归妹。征凶，无攸利**"。男婚女嫁，必须顺礼而行，不可"偷工减料"，去绕小路走"捷径"。

卦象：**泽上有雷，归妹。君子以永终知敝。**

译文：雷在沼泽上震动轰鸣，这就是归妹卦的卦象。君子观察归妹卦之象，就要永远坚持男女生息之道，同时要知道弊坏的害处，有所预防。

卦象学习法：

雷泽归妹卦，归妹卦上卦为震雷声，下卦为兑泽水，雷声震响

247

就会激起泽水碧波荡漾，而震为长男，兑为少女，象征着少女按捺不住春心荡漾，以致心花怒放，就要主动挑逗勾引震雷长男，"女追男隔层纱"，哪个男的能够拒绝？更别说是老成持重和老谋深算的老男人了，妙龄少女倒追老男人，这是主动送上门，是少女自己把自己"归"了，把人生归宿定了，私定终身了，根本不去经过"父母之命，媒妁之言"的程序，所以，就是**"泽上有雷，归妹"**。归妹，就是自己做主，私定终身，与传统的嫁娶之仪完全不同。

从古至今，无论男女，还都是希望"天长地久"的爱情和婚姻，这也是夫妇之道。而"归妹"不是夫妇之道，是少女主动仰慕长男即老男人的成熟魅力，以致少女如痴如醉、欲罢不能地爱上了老男人，从而不顾一切和投怀送抱。少女的急不可耐和"如狼似虎"般地往前扑，最容易失贞，也极易遭到不珍惜。因为少女太主动，这从一开始就违背了千百年来中国男欢女爱的求偶模式，就是女的要矜持，要"待嫁闺中"，要等着男的主动前来表达爱慕之情，并"骑着高头大马"来提亲。因此，归妹的爱上老男人，在中国古代，老男人一般都已成婚，都已有了家室，所以少女只能是过去做偏房做妾，那么，这就是"妾之道"，而不是"夫妇之道"，这样就复杂和麻烦了，做妾从来都不是那么好当的，从来就是受气的一方。归妹的"妾之道"不会像夫妇之道那么永远，所以，刚开始的少女追求长男那样的情投意合、无限美好，这样的"善始"，并不能等来"善终"，因为"妾之道"永远不了，就终不了。自古以来，"花好月圆"堪比童话故事，"天长地久"更是缓兵之计。所以，无知少女们就要眼睛放长远一点了，就要知道以后的弊端，而要提前打住，既然未来不能"长相厮守"，那就要现在"及时放手"了。君子也是如此，不能"善终"的事情那肯定是坑，就要从一开始就不要被美丽的"善始"所迷惑，就要及时撒手撒场，必须做靠谱的能到达终点的有收获的事情。所以，

"君子以永终知敝"。

爻辞：

初九，归妹以娣^{di}，跛能履，征吉。

注释：归妹，出嫁少女。娣，侧室。跛，跛着脚。履，走路。

爻辞学习法：[因果脉络]

归妹卦主要讲女子嫁为侧室，"**归妹以娣**"，虽然是身份为偏房，但还是能辅助夫君和正房做一些事情，就如跛着脚，但还是能走路，"**跛能履**"，所以这样做是对的、吉利的，"**征吉**"。

[发展脉络线 1/6]：妾妇之道，嫁为侧室，贤内助。

九二，眇能视，利幽人之贞。

注释：眇，瞎了一只眼。视，看见。幽，幽静、静处。

爻辞学习法：[因果脉络]

嫁为偏房以后，对于夫君家里的事，对于妇人的事，就睁一只眼闭一只眼，尽量少说多听多看，"**眇能视**"，许多时候要躲在暗处不出声，这样就不过多掺和家庭争论，少惹是非，主要是在背后默默奉献，这样可以保持自身的贞正，"**利幽人之贞**"。

[发展脉络线 2/6]：妾妇之道，嫁为侧室，睁一只眼闭一只眼。

六三，归妹以须，反归以娣。

注释：须，等待。反归，返归回去。娣，侧室。

爻辞学习法：[因果脉络]

哪个嫁为偏室的女子不想被明媒正娶成为正室呢？再等一等会不会等到更好的或者命运改变？"**归妹以须**"，但现实又是不可能的，这不是她能决定的了的。于是，虽心有不甘，但女子还是接受了，思想转变过来了，最终安下心来做偏房，"**反归以娣**"。

[发展脉络线 3/6]：妾妇之道，想侧室变为正室，还是安下心了。

九四，归妹愆^{qiān}期，迟归有时。

注释：愆期，拖延婚期。迟归，迟点归来。有时，最终会来。

爻辞学习法：[因果脉络]

嫁为偏房虽然不像明媒正娶，但依然还是要"好事多磨"的，要讨论好些事情，以确定具体事项，不出乱子，所以事情就延期了，"**归妹愆期**"。但哪怕延期了，但该来的终将到来，这并不是逃避，时辰到了，终归还是要嫁为偏房，"**迟归有时**"。

[发展脉络线 4/6]：妾妇之道，嫁为侧室好事多磨，该来的还是要来。

六五，帝乙归妹，其君之袂^{mèi}不如其娣之袂良，月几望，吉。

注释：帝乙，商纣王之父。其君之袂，正室衣服。其娣之袂，侧室衣服。月，月亮。几望，虽满未盈、谦虚。

爻辞学习法：[因果脉络]

帝乙的妹妹也嫁为偏室了，"**帝乙归妹**"，她所穿的服饰光艳夺目甚至超过了正室的穿着，"**其君之袂不如其娣之袂良**"，但她又能控制住那个度，既不显得咄咄逼人、仗势欺人，又变现出来知书达理、修养过人的样子，就像月亮快圆了又未圆，恰到好处，"**月几望**"，这样众人皆被折服，所以吉利，"**吉**"。

[发展脉络线 5/6]：妾妇之道，帝乙嫁妹，恰到好处。

上六，女承筐无实，士刲^{kuī}羊无血，无攸利。

注释：承筐，手持筐篮。无实，没有果实礼品。士，男的。刲羊，杀羊。

爻辞学习法：[因果脉络]

婚后的生活中，嫁为侧室的女子没有资格与夫君一起挎着盛满祭品的筐篮去祭祀祖先，因为"名不正言不顺"，所以，女子最终可能会"竹篮打水一场空"，"**女承筐无实**"，而男的杀羊不见血，"**士刲羊无血**"，那还有什么本事？只能是没有担当，最终可能就是"始乱终弃"，所以嫁为偏室的女子在许多方面都没有利益，即"**无攸利**"。

[**发展脉络线 6/6**]：妾妇之道，名不正言不顺，一场空。

爻辞学习法（总结）：

"归妹卦"卦主旨是讲"妾妇之道"，其六爻的因果发展脉络为：从初爻的"妾妇之道，嫁为侧室，贤内助。"，又到二爻的"妾妇之道，嫁为侧室，睁一只眼闭一只眼"，接着到三爻的"妾妇之道，想侧室变为正室，还是安下心了"，然后就到四爻的"妾妇之道，嫁为侧室好事多磨，该来的还是要来"，再到五爻的"妾妇之道，帝乙嫁妹，恰到好处"，最后到上爻的"妾妇之道，名不正言不顺，一场空"。

55【丰卦 雷火丰】 遮天蔽日

《序卦传》里的丰卦："得其所归者必大，故受之以丰。丰者，大也。"

《序卦传》（因果关系）学习法：

归妹卦就是讲"归"，"归"就是到自己手里的意思，一直的归，那就是一直的聚了，一直聚，聚集得多了，就会"堆成了山"，那就是"丰收"之象了，资源就"丰盛"了。所以归妹卦之后就是丰卦。

卦辞： **丰。亨，王假之，勿忧，宜日中。**

译文： 丰卦。亨通，君王很大度，不用担忧，日蚀出现在日中是最好的最正常的。

卦辞学习法：

丰卦，本义是讲盛大、丰厚、丰大，大当然好，好就是亨通，所以，"**丰。亨**"。"达则兼济天下"，丰大的君王必然要无所不至、无所不济，"**王假之**"，以为天下人着想，让四海富庶，百姓安居。当然了，君王的丰大是有原因的，所以君王丰大，君王以后仍然丰大，所以不必忧虑，"**勿忧**"。同时，君王的丰大普照天下也要四海兼顾，不能有照到有不照到，就像中午的太阳一样，遍照天下，没有死角，即"**宜日中**"。

丰卦的卦辞还有另外一层意思。丰卦讲的这个"丰"，与我们现代所认为的"丰"的含义并不一样。《周易》在创作的古代是很朴素的，都是借鉴比喻自然现象和当时人间社会百态。丰卦的"丰"还可能是指"日蚀"这一天文现象，即在大白天，太阳突然被月亮遮住了，遮天蔽日的阴暗到来了。此阴暗犹如黑暗之神来临，气大势大，鸡飞狗跳、飞沙走石，非常的丰大，所以叫做"丰"，丰盛的很，遮天蔽日。

"丰"的含义从"日蚀"的"遮天蔽日"推而广之，还是讲"丰大"的，气势磅礴、势不可挡，因而会亨通，即"**丰。亨**"。

但是，没关系，日蚀并不会造成什么伤害，因为就是自然现象，一会儿就会退散消失了。君王是知道日蚀的运行原理的，但是普通百姓好多并不知道，因为他们的认知受限，所以会惊慌失措。于是，君王亲自前往进行安抚，**"王假之"**，告知大家不用担心，**"勿忧"**。

同时，日蚀在"日中"即正中午发生最好，那么日蚀退去的速度就会很快，这时候太阳还在正上方的天空，光明很快重现。而如果日蚀发生在傍晚时候，那么等日蚀退去了，也就就到了天黑了，就不方便了。"日中"也就是中午，也是人们稍作休息之时，所以日蚀发生的时候也就不会耽误百姓的日作，如果日蚀发生是在上午或下午，正是忙碌之时，则不适宜，所以**"宜日中"**。

卦象：雷电皆至，丰。君子以折狱致刑。

译文：雷的威震和电的闪耀一起来到，这就是丰卦的卦象。君子因此要效法丰卦，就要威严光明公正的判案，决定刑罚尺度。

卦象学习法：

雷火丰卦，丰卦上卦震雷、下卦离电，震雷是天威天怒，离电是天之光耀，又是声大，又是光亮，声势浩大，无比的排场，真的是雷电交加、电闪雷鸣！多么丰大的景象！所以**"雷电皆至，丰"**。

丰卦的上卦震雷象征着威严，随时来真的动刑和判刑，而下卦离电泽象征着明察，是非曲直无所遮蔽。所以，审讯就得像离电闪耀的光明一样必须明察虚实，不能制造冤假错案；判罚就得像震雷的威严一样讲究轻重缓急，必须刑罚该当其罪。所以，**"君子以折狱致刑"**。

为什么"火雷噬嗑"卦象是"雷电噬嗑，先王以明罚敕法"，而"雷火丰"卦象是"雷电皆至，丰。**君子以折狱致刑**"？因为"火雷噬嗑"是离明在上、雷动在下，雷是"光打雷不下雨"，是吓唬、吓阻，是"丑话说在前头"，先立法来个"下马威"，差点点就要动手判刑了，画面一转，到了上卦，最后上卦为离明，是文明行事、守法公民，没犯事，是遵纪守法的、听话的，所以就只能是"明罚敕法"，不能拘捕判刑人家。而"雷火丰"是雷动在上、离明在下，是离明已经公开讲明要正大光明做人、要坦荡明亮做事，即首先下卦离表示已经"约法三章"了，但上卦却是震雷，就是依然不听话、乱作为，就是"目无法纪"触犯了法律、震动了上方，那必然要"办你"，即"**折狱致刑**"。所以，"**君子以折狱致刑**"。

爻辞：

初九，遇其配主，虽旬无咎，往有尚。

注释：遇，遇上。配，匹配。旬，均等。往，前往。尚，成就。

爻辞学习法：[因果脉络]

雷火丰卦主要是记录了古代的一次日食的过程。初九爻是讲日食刚开始的"初亏"阶段，这时候月球开始在天空中遮蔽太阳，就相当于遇到了匹配的事主，"**遇其配主**"，并很快月球就遮住了半个太阳，也就是一半对一半，势均力敌，但这并没有造成什么障碍，没有咎害，"**虽旬无咎**"，因为还有一半太阳没有被遮住，天空尚明，光线够用，所以走路前往都没有问题，"**往有尚**"。

[发展脉络线 1/6]：遮天蔽日，日食的初亏阶段。

六二，丰其蔀^{bù}，日中见斗，往得疑疾。有孚发若，吉。

注释：丰，丰大。蔀，草帘。日中，白天。见，看见。斗，北斗星。疑疾，疑虑。发，发展。

爻辞学习法：[因果脉络]

日食进一步发展，到了日食的"食既"阶段，太阳更多地被月球遮蔽住了，就像被草帘子遮住了一样，"**丰其蔀**"，这时候天空暗了下来，连北斗星都能看到了，"**日中见斗**"，此时再有行动到处乱走会有疑心病，因为天太暗了，就像走夜路一样的心里有鬼，即"**往得疑疾**"。所以，只要心里有信心，让日食自然发展，"**有孚发若**"，会有吉祥，"**吉**"。

[发展脉络线 2/6]：遮天蔽日，日食的食既阶段。

九三，丰其沛，日中见沫。折其右肱 ^{gōng}，**无咎。**

注释：沛，遮蔽之物。日中，白天。沫，小星星。折，折伤。右肱，右臂。

爻辞学习法：[因果脉络]

日食再进一步发展，到了日食的"食甚"阶段，也即"日全食"，太阳完全被月球遮蔽住，"**丰其沛**"，天空完全昏暗了下来，这时候连天上的小星星都看得见了，"**日中见沫**"。这时候彻底看不见光线了，就什么事情都做不成了，就相当于干活的右臂折伤了，干不了活了，"**折其右肱**"，这并不是自己的错，所以并没有什么说的，"**无咎**"。

[发展脉络线 3/6]：遮天蔽日，日食的食甚阶段。

九四，丰其蔀，日中见斗，遇其夷主，吉。

注释：蔀，草帘。夷，受伤。

爻辞学习法：[因果脉络]

随着日食的进一步发展，刚才的"食甚"的日全食很快结束，月亮开始与太阳错位，太阳的光芒又开始重新放射出来，但天空还是昏暗的，"**丰其蔀**"，这时候天上的小星星看不到了，又只能看到北斗星，"**日中见斗**"，太阳又重新看到，但还是被月亮啃噬着，像是受了伤，"**遇其夷主**"，光明即将回归，吉利，"**吉**"。

[发展脉络线 4/6]：遮天蔽日，日食的食甚过后的阶段。

六五，来章，有庆誉，吉。

注释：来，归来。章，通"彰"，表彰。庆誉，庆祝和赞誉。

爻辞学习法：[因果脉络]

日食终于全部结束，月球彻底消失，太阳又重现天空，光芒照射大地，光明回归，"**来章**"，这是值得庆贺和赞誉的事情，"**有庆誉**"，吉祥，"**吉**"。

[发展脉络线 5/6]：遮天蔽日，日食的生光阶段。

上六，丰其屋，蔀其家，窥其户，阒^{qù}其无人，三岁不见，凶。

注释：屋，房屋。家，家庭。窥，窥视。户，窗户。阒，寂静、冷清。三岁，多年。

爻辞学习法：[因果脉络]

回顾日食之时，黑暗笼罩着房屋，"**丰其屋**"，家里一片黑乎乎的，"**蔀其家**"，从外面窥视着屋内，"**窥其户**"，屋里寂静的不见一个人，"**阒其无人**"，这种日食现象是好多年都未见过的，"**三岁不见**"，还是非常凶险的，"**凶**"。

[发展脉络线 6/6]：遮天蔽日，多年未见的日食现象。

爻辞学习法（总结）：

"雷火丰"卦主旨是讲"遮天蔽日"，其六爻的因果发展脉络为：从初爻的"遮天蔽日，日食的初亏阶段"，又到二爻的"遮天蔽日，日食的食既阶段"，接着到三爻的"遮天蔽日，日食的食甚阶段"，然后就到四爻的"遮天蔽日，日食的食甚过后的阶段"，再到五爻的"遮天蔽日，日食的生光阶段"，最后到上爻的"遮天蔽日，多年未见的日食现象"。

56【旅卦 火山旅】䷷ 风尘苦旅

《序卦传》里的旅卦："丰者，大也。穷大者必失其所居，故受之以旅。"

《序卦传》（因果关系）学习法：

清代诗人、戏曲家孔尚任的《桃花扇》作品里有这样一句话："眼看他起朱楼，眼看他宴宾客，眼看他楼塌了！"当一个人过度丰大、盛大的时候，他就很容易"财大气粗"起来，所谓"由俭入奢易，由奢入俭难"，一个人骄奢淫逸进入了能够享受荣华富贵的阶段，那他就很少再去过苦日子，就会奢侈起来，紧随而来的就是"骄奢淫逸"，家财很快就支持不住，败家是铁定发生的事情，最后就会突然失去一切，包括住所。没有了住所，就要开始了行旅的生活，就要颠沛流离了。所以，极度盛大容易迷失自己，盛极必衰，物极必反，"富不过三代"也是这个道理。

所以，丰卦之后就是旅卦。

卦辞：旅。小亨，旅贞吉。

译文：旅卦。小的亨通，羁旅在外守正才能吉利。

卦辞学习法：

旅卦，就是出门在外的旅行、羁旅，离开了自己熟悉的地域，到了人生地不熟的地方，大的亨通是不可能的了，因为毕竟势单力薄，而且"强龙压不过地头蛇"，还是不要逞强为好，同时在旅途中还是能见识到各地的风土人情，进而见多识广增长见识，比待在家里"坐井观天"要好，所以可以有小的亨通，即"旅。小亨"。

一旦离开家门踏上旅程，那就必须要"穷家富路"，就是要多带些盘缠，因为出门不比在家吃喝不愁，什么都要花钱，所以出门前就要打算好，不能上路了才发现这个不够那个缺少，那就麻烦了。另外，在旅途中必须小心谨慎，眼睛要瞪得大大的，要知道古今不知多少英雄好汉栽倒在长路漫漫的路边黑店里，《水浒传》里的绿林好汉也不例外。所以要格外小心，不招惹是非，也不做非分之想，多一事不如少一事，"路见不平一声吼"的事情还是尽量少出声，俗语讲得好："没有金刚钻，别揽瓷器活"，"路见不平，拔刀相助"是讲给那些大侠听的，千万不要高估了自己，要量力而行。旅途之中只有小心才能驶的万年船，才能吉利，即"**旅贞吉**"。

卦象：山上有火，旅。君子以明慎用刑，而不留狱。

译文：山上有火在燃烧，这就是旅卦的卦象。君子效法旅卦，就要明察狱情，谨慎定刑，而不滞留拖延不判狱案。

卦象学习法：

火山旅卦，旅卦离火在上卦，艮山在下卦，形成了火在山上、火光在山上照耀，即"山上有火"的景象，这一般是描写特别是在古代旅行之人夜晚在山上安营扎寨，为了防止夜晚睡着了之后被野兽偷袭，于是点燃篝火，野兽都怕光怕火，不敢靠近，这样就形成了远远看去"山上有火光"的画面，所以，"**山上有火，旅**"。

火山旅，火在山上燃烧，一把就把山烧完了，火最终会熄灭，也就是说，山也并非是火的长居之所和久留之地，火也是短暂在山上旅行，而且燃烧的时候快，熄灭的速度也快，"来也匆匆，去也匆匆"，火也是"匆匆过客"，一个旅客。所以，"**山上有火，旅**"

火山旅卦上卦的离火象征着明照，就是要公开透明、明镜高悬、公正廉明；下卦的艮山象征着慎止，就是要有所谨慎、有所控制、有所不为。而火在山上留不住，火在山上烧，火光"漫山遍野"，所到之处，一片不留，烧了个精光，火很快就熄灭不见了。所以，君子效法火山旅的卦象，就要"**君子以明慎用刑，而不留狱**"。也就是要公开公正透明慎重地断案判刑，不容"暗箱操作"，同时要不积压案卷，使得案子早日得到解决，还当事人公道和安宁。

爻辞：

初六，旅琐琐，斯其所取灾。

注释：旅，旅途。琐琐，猥琐。斯，此。所，所以。取灾，招致祸害。

爻辞学习法：[因果脉络]

旅行者踏上了旅程，一身的狼狈，形象也很卑微猥琐，"**旅琐琐**"，这一切都是自找的，自取其辱，"**斯其所取灾**"，可怜之人必有可恨之处。

[发展脉络线 1/6]：风尘苦旅，卑微猥琐，自讨苦吃。

六二，旅即次，怀其资，得童仆，贞。

注释：次，住宿。怀，怀带、携带。资，资财、盘缠。

爻辞学习法：[因果脉络]

天黑了，旅行者住进了旅舍，"**旅即次**"，身上还有够用的盘缠，"**怀其资**"，身边还有照顾自己的小童仆，"**得童仆**"。一切都刚刚好，安于现状，不乱动最好，"**贞**"。

[发展脉络线 2/6]：风尘苦旅，衣食住行无忧。

九三，旅焚其次，丧其童仆，贞厉。

注释：焚，着火。次，住宿。丧，失去。

爻辞学习法：[因果脉络]

有了钱了，安枕无忧了，就开始造次了，哪知道出门在外得罪了人可不是好兆头，于是住的旅舍被焚烧了，"**旅焚其次**"，童仆也趁乱跑了，"**丧其童仆**"，这时候就要重新回到正道，保持贞正，以防止危厉的事情发生，"**贞厉**"。

[发展脉络线3/6]：风尘苦旅，旅舍烧了，下人跑了。

九四，旅于处，得其资斧，我心不快。

注释：处，歇息之处。资斧，锋利的斧子。不快，不快乐。

爻辞学习法：[因果脉络]

旅舍被焚烧了，不得不去重新找了个临时处所安歇，"**旅于处**"，这时候为了防身，拿到了一把锋利的斧子，"**得其资斧**"，旅途之中旅舍被烧了、童仆也跑了，遇到了这么的糟心事，心里十分不快，"**我心不快**"。

[发展脉络线4/6]：风尘苦旅，吃了亏之后，注意防范了。

六五，射雉，一矢亡，终以誉命。

注释：射雉，射野鸡。一矢，一支箭。亡，损失。誉命，荣誉和任命。

爻辞学习法：[因果脉络]

在旅途中，搭弓射箭去射野鸡，"**射雉**"，一支箭射出去就没了，"**一矢亡**"，但最终射中了野鸡，以此声名鹊起，赢得了荣誉和任命，"**终以誉命**"。

[发展脉络线5/6]：风尘苦旅，箭法高超，获得荣誉和任命。

上九，鸟焚其巢，旅人先笑后号啕。丧牛于易，凶。

注释：巢，鸟巢。丧，丧失。易，容易，慢易，疏忽大意。

爻辞学习法：［因果脉络］

获得了荣誉和任命之后，又开始洋洋得意、目中无人了，在旅途中又开始生事，惹恼了当地人，于是住所再次地被焚烧，"覆巢之下焉有完卵"，就像鸟巢被焚烧一样，**"鸟焚其巢"**，什么都丧失了，再次地什么都没有了，这些都是咎由自取，都是旅行者在轻忽慢易中造成的，所以旅行者先是得意忘形谈笑风生而后痛心疾首嚎啕大哭，**"旅人先笑后号啕"**。丢失牛是因为慢易、疏忽大意，**"丧牛于易"**，当然就凶险，**"凶"**。

［发展脉络线6/6］：风尘苦旅，再次惹是生非，会乐极生悲。

爻辞学习法（总结）：

"火山旅"卦主旨是讲"风尘苦旅"，其六爻的因果发展脉络为：从初爻的"风尘苦旅，卑微猥琐，自讨苦吃"，又到二爻的"风尘苦旅，衣食住行无忧"，接着到三爻的"风尘苦旅，旅舍烧了，下人跑了"，然后就到四爻的"风尘苦旅，吃了亏之后，注意防范了"，再到五爻的"风尘苦旅，箭法高超，获得荣誉和任命"，最后到上爻的"风尘苦旅，再次惹是生非，会乐极生悲"。

57【巽卦 巽为风】☴ 三令五申

《序卦传》里的巽卦："旅而无所容，故受之以巽。巽者，入也。"

《序卦传》（因果关系）学习法：

出门在外，身在异乡为异客，还是要"入"乡随俗，融"入"

当地的风土人情，不能一直那么飘着，更不能格格不入，不然就会有凶险，有"客死异乡"的巨大可能。所以旅途之中不能油腥不沾，而是要"入"乡、要融"入"，就像风一样的无孔不"入"、随风潜"入"夜，这样站稳脚跟与当地合体，就不会被排斥了，旅途也就告别了险难了，也就找到了一个容身之地了。所以，旅卦之后是巽卦。

卦辞：巽。小亨，利有攸往，利见大人。

译文：巽卦。小的亨通，有利于有所前往，利于出现大人。

卦辞学习法：

巽是风，是柔性的，顺从的，难以担当统筹帷幄、雷厉风行的领头人角色，所以做不到大的亨通，只能是小的亨通，不能抢头功了，所以"**巽。小亨**"。巽为风，风是"风行天下"的、无所不往的，而且风就像"风化"一样软化人的思想，改变国家社会的风貌，所谓"随风潜入夜"，风不仅能带来雨雪，风还可以带来改变，所以风是有利于前往的，即"**利有攸往**"。而又因为巽风是顺从，自己并不是主心骨，自己只是执行号令，那既然是顺从，那肯定是顺从大人物，接收来自大人物的指示，当然就利于见到大人物，即"**利见大人**"。而且巽风所至，无所不吹到，正是指示号令传达的最好最快最广的方式，所以既是巽风"**利见大人**"，而"**大人**"也乐见巽风的"无所不入"的作用。

卦象：随风，巽^{xùn}。君子以申命行事。

译文：风紧接着风不断地吹拂，这就是巽卦的卦象。君子从巽卦中得到启示，要先行申明号令自己的命令，使民众广泛听到，听令付诸行动。

卦象学习法：

巽卦就是上下卦都是风，所以叫做巽风，就是前风来了，后风又至，风一阵又一阵地吹来，风随着风，所以"**随风，巽**"。

风一阵阵地吹来，所到之处草倒伏、树歪斜、有缝的地方也灌满了风，没有一个不听从的，都很顺从，没有抗拒。巽风又为"号令"的意思，"号令"要风驰电掣地传达下去。上下两个巽风，就是"三令五申""千叮咛万嘱咐"，即"**申命**"。另一方面，上卦巽像下达的指令，即"**申命**"，下卦巽又像火速执行，即"**行事**"。风的力量很强大，在发号施令，所到之处都很听话地服从和执行，这就像三令五申之后政令的施行之状。因此，君子效法巽卦之象，就要"**君子以申命行事**"。

爻辞：

初六，进退，利武人之贞。

注释： 进退，进或者退。武人，军队将帅。

爻辞学习法：[因果脉络]

巽风的特点就是风到处乱吹，可进可退，没有定力，反复犹豫不决，随时退缩，"**进退**"，这会坏事，就要发挥武人的果敢刚强精进的气魄，才能成事，"**利武人之贞**"。

[发展脉络线 1/6]：三令五申，犹豫退缩，果断刚强。

九二，巽在床下，用史巫纷若，吉，无咎。

注释： 巽，顺从。床下，指谦卑。史巫，都是古代负责祷告祈福的官员，在神灵面前当然要谦卑。纷若，很多的样子。

爻辞学习法：[因果脉络]

巽风作为号令是要百姓万民遵守的，所以要深入到黎民百姓的

263

底层，全盘了解情况，"**巽在床下**"，并运用历史官来以古为鉴，参考巫士以预测未来，从而全面把握，量身定做，为推行号令行事的参考，"**用史巫纷若**"，这样就吉利了，"**吉**"，没有过错，"**无咎**"。

[发展脉络线 2/6]：三令五申，了解下情，鉴古知今。

九三，频巽，吝。

注释：频，频繁。巽，风，顺从。

爻辞学习法：[因果脉络]

号令、指令最怕朝令夕改，所谓"金口玉言"，一再更改号令，就会人心不稳、无所适从，就像巽风一样一波刮着一波，"**频巽**"，肯定是要犯错了，就会有悔吝，"**吝**"。

[发展脉络线 3/6]：三令五申，朝令夕改，会有悔吝。

六四，悔亡，田获三品。

注释：田获，打猎。三品，许多猎物。

爻辞学习法：[因果脉络]

终于克服了进退不能、退缩不前的毛病，变得果断了，能够奉命行事，所有的后悔疑虑之病都断绝了，"**悔亡**"，令行禁止，所向披靡，建功立业，就如出去打猎，猎获很多，祭祀的祭品、宴请宾客以及留够自己食用的，"**田获三品**"，通通够用，一样都不缺，所谓"上下打点"，处好关系，广结善缘，后期下达指令就好遵行了。

[发展脉络线 4/6]：三令五申，果断无悔，广结善缘。

九五，贞吉，悔亡，无不利。无初有终，先庚三日，后庚三日，吉。

注释：无初，刚开始没有效果。有终，最后有结果。先庚三日，后庚三日，反复宣传实施。

爻辞学习法：[因果脉络]

这时候发布的号令既能了解下情，也能广结善缘，还克服了退缩不前的毛病，也不再朝令夕改了，那么就会因为号令本身是中正的、权威的，那就是吉利的，"**贞吉**"，就没有什么后悔了，"**悔亡**"，所以无往不利，"**无不利**"。号令的执行一开始并不能看出来什么，人们也会"看一步走一步"，以观后效，所以号令的落地落实是需要时间的，最主要看结果，人们逐渐领会到号令的好处，自然乐见其成，因而结果是满意的，"**无初有终**"。所以，号令的施行需要前期的宣传，就是三令五申，反复宣传，并适时调整细则，即"**先庚三日**"，然后随着号令的施行，就要跟随着号令落地的实效进行改进完善，即"**后庚三日**"，做到了这些，当然就万事大吉，"**吉**"。

[发展脉络线 5/6]：三令五申，号令权威，成功落地。

上九，巽在床下，丧其资斧，贞凶。

注释： 丧，丧失。资斧，锋利的斧子。

爻辞学习法：[因果脉络]

号令的"三令五申"，需要权威，需要令行禁止，这时候不能再次地"犹豫病"犯了，为了号令的执行而去降低姿态，而且一降再降，都跑到床底下了，"**巽在床下**"，太过谦虚了，太卑微了，就会"马善被人骑，人善被人欺"，就会被人瞧不起，从而顶撞和抵抗号令的施行，就相当于手里没有威慑对方的利斧了，"**丧其资斧**"，"枪杆子里出政权"，没有了"枪杆子"，那号令就没人听了，所以，这时候就要回到权威的、令行禁止的正道上来以防备凶险的事情发生，"**贞凶**"。

[发展脉络线 6/6]：三令五申，降低姿态，人善被欺。

爻辞学习法（总结）：

"巽为风"卦主旨是讲"三令五申"，其六爻的因果发展脉络为：从初爻的"三令五申，犹豫退缩，果断刚强"，又到二爻的"三令五申，了解下情，鉴古知今"，接着到三爻的"三令五申，朝令夕改，会有悔吝"，然后就到四爻的"三令五申，果断无悔，广结善缘"，再到五爻的"三令五申，号令权威，成功落地"，最后到上爻的"三令五申，降低姿态，人善被欺"。

58【兑卦 兑为泽】䷹ 溜须拍马

《序卦传》里的兑卦："巽者，入也。入而后说之，故受之以兑。兑者，说也。"

《序卦传》（因果关系）学习法：

巽就是风，是无孔不入的，入了某个地方，就逐渐了解了这个地方，也有了归宿了，也就不再像浪子一样飘忽不定了，当然就会高兴了，甚至喜悦之情难以言表，之后就入乡随俗，站稳脚跟，越来越好，就会由衷喜悦。风吹过来，如沐春风，心情自然爽，所以巽之后是兑。而"随风潜入夜，润物细无声"也揭示了巽风和兑泽的先后关系，即：风能潜入万家，而泽能滋润万物，风带来了雨，也带来了愉悦。所以，巽卦之后就是兑卦。

卦辞：兑。亨，利贞。

译文： 兑卦。亨通，利于贞正。

卦辞学习法：

兑卦就是喜悦，心情好，那么做事就有劲，就容易亨通，所以，

"**兑。亨**"。但是喜悦即自己的幸福不能建立在别人的痛苦之上，即喜悦一定不能通过邪路来获得，不能为了一己之私而去伤害别人，这是不道德的，也是不持久的，更是危险的。所以，真正的喜悦要走在正道上，即要"**利贞**"。

兑也是泽，泽水能润泽万物，万物由此而生长，进而喜悦，这就像"万物生长靠太阳"的太阳的功劳一样，"水是生命之源"，泽水的功劳也伟大，当然就亨通，即"**兑。亨**"。当然了，兑泽的润泽万物要在正道上，即要有个度，不能过度，过了度，就类如泽风大过卦了，泽水漫过了树木的顶了，那就是"灭顶之灾"了，即如大过卦象辞所说的"泽灭木，大过"。所以，要"**利贞**"。

卦象：丽泽，兑。君子以朋友讲习。

译文： 悦上加悦，则更加喜悦，泽连着泽，则更加浸润彼此，这就是兑卦的卦象。君子从兑卦得到启示，就要和志同道合的朋友一起互相讲习，互相增益进步。

卦象学习法：

兑卦是两个兑上下连在一起，是两个兑泽相叠，那么兑泽与兑泽彼此相连，必互相浸润、交相滋益，也彼此相悦，皆大欢喜，所以这就是兑卦，即"**丽泽，兑**"。

兑卦的上下两个兑卦，两个泽互相滋益、互相帮助对方，就像"同道之朋，同志之友"一样，即"**朋友**"。而兑又为"口"义，上下两个兑泽象征着两张口，就是互相拉家常、切磋交流、讲道习义，即"**讲习**"。这样就摆脱了一个人、一张嘴的"孤陋寡闻"和"闭门造车"的弊端，讲道就会把未讲明的讲通透，习义就会把未习熟的习惯通，所谓"道不讲不通，义不习不熟"。而且，以"**朋友**"身份互相"**讲习**"，必会越聊越开心，越聊越起劲，就会非常喜悦，就是

"**兑**"。所以，君子效法兑为泽卦之象，就要"**君子以朋友讲习**"。孔子的《论语》的"学而时习之，不亦说乎？有朋自远方来，不亦乐乎？"正合此意。

爻辞：

初九，和兑，吉。

注释：和，和气。兑，取悦。

爻辞学习法：［因果脉络］

和气地取悦别人，"**和兑**"，所谓"与人为善"，这样就会吉利，"**吉**"。

［**发展脉络线 1/6**］：溜须拍马，和气取悦。

九二，孚兑，吉，悔亡。

注释：孚，诚信。兑，取悦。

爻辞学习法：［因果脉络］

有诚信地去取悦，"**孚兑**"，所谓"诚信行天下"，所以吉利，"**吉**"，没有悔恨发生，"**悔亡**"。

［**发展脉络线 2/6**］：溜须拍马，诚信取悦。

六三，来兑，凶。

注释：来兑，主动取悦。

爻辞学习法：［因果脉络］

而主动前来的取悦，就是有所求的取悦，"**来兑**"，那就会有问题，是带着目的的，会有凶险，"**凶**"。

［**发展脉络线 3/6**］：溜须拍马，主动取悦。

九四，商兑未宁，介疾有喜。

注释：商兑，商量取悦。未宁，未达成共识。介，去除、隔绝。疾，不好的。

爻辞学习法：[因果脉络]

商量着来取悦但未达成共识，"**商兑未宁**"，那么把有毛病的隔绝了，就会有喜庆，"**介疾有喜**"。

[发展脉络线 4/6]：溜须拍马，商量取悦。

九五，孚于剥，有厉。

注释：孚，诚信、真实。剥，打折扣、剥削。

爻辞学习法：[因果脉络]

相信于那些巧言令色、擅于谄媚的、内心另有打算、想占你便宜的小人的话，"**孚于剥**"，那么就会有危厉，"**有厉**"。

[发展脉络线 5/6]：溜须拍马，谄媚取悦。

上六，引兑。

注释：引兑，引导取悦。

爻辞学习法：[因果脉络]

引导着、引诱着去取悦，"**引兑**"，这里必另有所图。恐怕就会出了轨道，误入歧途了。

[发展脉络线 6/6]：溜须拍马，引诱取悦。

爻辞学习法（总结）：

"兑为泽"卦主旨是讲"溜须拍马"，其六爻的因果发展脉络为：从初爻的"溜须拍马，和气取悦"，又到二爻的"溜须拍马，诚信取悦"，接着到三爻的"溜须拍马，主动取悦"，然后就到四爻的"溜须拍马，商量取悦"，再到五爻的"溜须拍马，谄媚取悦"，最后到上爻的"溜须拍马，引诱取悦"。

59【涣卦 风水涣】䷺ 焕然一新

《序卦传》里的涣卦："兑者，说也。说而后散之，故受之以涣。涣者，离也。"

《序卦传》（因果关系）学习法：

人一喜悦就会精神焕发，慵懒之意就会上头，整个人都酥软了下来，像散架了一样，就难以聚精会神做事了，就是涣卦，精神涣散。所以，兑卦之后就是涣卦。

兑卦就是讲开心，"独乐乐不如众乐乐"，所以开心一般都是多人的开心，大家一起开心。但"天下没有不散的筵席"，人群聚集在一起，大家七嘴八舌，都说得很开心，该说的都说完了，谁都过了嘴瘾，再听就没什么可听的了，就听腻了，终归有散场的时候，然后就要分散开了，各奔东西了，向四面八方散去。所以，兑卦之后就是涣卦。

卦辞：涣。亨。王假有庙，利涉大川，利贞。

译文：涣卦。亨通。君王至庙中（祭祀、祷告、求助），有利于涉渡大河，利于贞正。

卦辞学习法：

涣卦讲涣散，涣散了就有事干了，就是去除涣散，那么就会有成就感，就会亨通，"**涣。亨**"，不然无所事事，就无所建树，就不能亨通。涣散是个大事情，特别是国家涣散，政局一盘散沙，那么就民心不稳，那就要拯救涣散，也就是凝聚民心。什么事情能够凝聚人心，那就是统一信仰。那么统一信仰的集合点就在宗庙，这是最庄重、最值得所有人敬重的场所，这也是所有人精神寄托的地方。天下涣散之时，凝聚人心的职责在于君王，这时候君王就亲临宗庙主持祭祀仪式，"**王假有庙**"，以祈求上天和祖宗的保佑，这样同宗同族的身份意识瞬间被唤醒，人心凝聚了起来，天下就不再是涣散的一盘散沙了。涣散之时是天下涣散，拯救涣散也就要到全天下去拯救和治理，即"**利涉大川**"，而且涣卦是"风水涣"，是巽风的木行于水上，当然就有利于跋涉大河大川，即"**利涉大川**"。涣卦之时这样做，去拯救涣散，是有利于贞正之道，即"**利贞**"，切不可在涣散之时，行"趁火打劫"和"火中取栗"之事，那只会给涣散"雪上加霜"。

卦象：风行水上，涣。先王以享于帝立庙。

译文：风吹水面，这就是涣卦的卦象。涣卦卦象给了反面的启示，就是如何使人心不涣散，那就是祭祀天帝，建立宗庙，传播信仰，只有信仰才能把人心凝聚在一起。

卦象学习法：

风水涣卦，涣卦上卦为巽风，下卦为坎水，有"风行水上"之象，而且，风吹行于水面，则水面"泛起涟漪""波光粼粼""碧波荡漾"，风如果再大一点，水面就一下子"波澜壮阔"了。那么，之前没风的水面像一面镜子，而现在就是风吹水散、水涣散开来，形成各种图形：涟漪、粼粼、荡漾，都是水涣散开的模样。所以，"**风行水上，涣**"。

"涣"难之时，天下"人心涣散""分崩离析""乱作一团""一盘散沙"，"涣"难之时就要救，救民于水火，而不能"见死不救"和"袖手旁观"，就要救人心，就要凝聚人心，稳住乱局。古时最好的凝聚人心的方法，就是建造宗庙，真心祭祀，献祭上帝，传播国家和民族的统一信仰和共同精神支柱，使得"天下归心"，维系天下人的人心，而凝聚人心的职责就在于先王。于是，"涣"难来临之时，最高统治者先王就享祭于天帝，并立庙，即**"先王以享于帝立庙"**。

爻辞：

初六，用拯马壮，吉。

注释：用，利用。拯，拯救。马壮，壮马。

爻辞学习法：[因果脉络]

涣散的力量很大，波及面也很广，仅靠自身是难以拯救的，就要借助外力，就像借助于强壮的马匹助力一样，**"用拯马壮"**，这样才能吉祥，**"吉"**。

[发展脉络线 1/6]：焕然一新，借助外力。

九二，涣奔其机，悔亡。

注释：涣，涣散。奔，直奔。机，机会。

爻辞学习法：[因果脉络]

处于涣散之时，要涣散掉投机主义，堵住逃跑的后路，这样就没有机会主义分子了，没有侥幸心理了，也就没有南郭先生了，就会坚定信心，**"涣奔其机"**，没有后悔，**"悔亡"**。

[发展脉络线 2/6]：焕然一新，堵住后路。

六三，涣其躬，无悔。

注释：躬，领导者、主犯。

爻辞学习法：[因果脉络]

处于涣散之时，还要涣散掉起到涣散作用的主犯，"擒贼先擒王"，**"涣其躬"**，这样才能没有后悔的事情发生，**"无悔"**。

[发展脉络线 3/6]：焕然一新，擒贼擒王。

六四，涣其群，元吉。涣有丘，匪夷所思。

注释：群，群体、朋党。丘，大才能。匪夷所思，不可思议。

爻辞学习法：［因果脉络］

处于涣散之时，还要涣散掉起到涣散作用的群体、朋党，解散其割据势力，把害群之马都清除出去，"**涣其群**"，这样就会大大的吉利，"**元吉**"。涣散掉的同时竟然收获到了具有大才能的人才，"**涣有丘**"，这就让人感到不可思议，"**匪夷所思**"，一般是"一丘之貉"，没想到还有"出淤泥而不染，濯清涟而不妖"的特立独行者。

［发展脉络线 4/6］：**焕然一新，解散割据。**

九五，涣汗其大号，涣王居，无咎。

注释：汗，出汗，没有回头路。大号，号令。王居，王室居所。

爻辞学习法：［因果脉络］

处于涣散之时，要更广泛地散发传播君王严肃的"君无戏言"的号令，"**涣汗其大号**"，同时要涣散掉君王周边的小人，即"清君侧"，还君王以安宁清明，"**涣王居**"，做了这些没有错误，"**无咎**"。

［发展脉络线 5/6］：**焕然一新，号令天下。**

上九，涣其血，去逖^{tì}出，无咎。

注释：血，同"恤"，担心。去，去除。逖出，远离。

爻辞学习法：［因果脉络］

涣散掉担心，即涣散之难解除了，"**涣其血**"，就可以去除远离，"**去逖出**"，可以归来了，没有任何错误，"**无咎**"。

［发展脉络线 6/6］：**焕然一新，涣散解除。**

爻辞学习法（总结）：

"风水涣"卦主旨是讲"焕然一新"，其六爻的因果发展脉络为：从初爻的"焕然一新，借助外力"，又到二爻的"焕然一新，堵住后路"，接着到三爻的"焕然一新，擒贼擒王"，然后就到四爻的"焕然一新，解散割据"，再到五爻的"焕然一新，号令天下"，最后到上爻的"焕然一新，涣散解除"。

60【节卦 水泽节】䷻ 节制有度

《序卦传》里的节卦："涣者，离也。物不可以终离，故受之以节。"

《序卦传》（因果关系）学习法：

一直涣散下去就会更加离散了，就容易垮掉，那就非常有害了，就不能再听之任之，就要及时制止，就要节制住涣散，让其有所收敛，不然涣散得没了影了，就什么都不剩下了。所以，涣卦之后是节卦。

卦辞： 节。亨，苦节不可贞。

译文： 节卦。亨通，过分节制是不可守正长久的。

卦辞学习法：

节卦，本来就是讲"节制"的，节是往小的节，而不是往大的节，往大的节就是"铺张浪费"了，所以有所节制而不是大手大脚就是好事，会有亨通，即"**节。亨**"。节，本来就有"节制有度"的意思，而不能过分地去节，所谓"过犹不及"，过分节制会扭曲人性，违逆人的正常生理需求，就会变成"苦行僧"了，也容易酿成苦果，因为过分的节制，容易变成"小扣""抠门""吝啬鬼"，也就到了不懂得"舍得"，不懂得投资了，不懂得"钱生钱"，就要过苦日子了，甚至闹到"一天到晚吃馒头就咸菜，把身体搞坏了"的地步，这就得不偿失了。所以，这种"苦节"是不提倡的，也是要不得的，即**"苦节不可贞"**。

卦象：泽上有水，节。君子以制数度，议德行。

译文：泽湖上面还有水，这就是节卦的卦象。君子从节卦得到启示，要按照人的尊卑贵贱制定不同的礼节待遇，并考察人的道德行为是否节制合规。

卦象学习法：

水泽节卦，节卦坎水在上卦、兑泽在下卦，水在泽上、泽里，那么水是无限的，泽则有大小，没满则还能容水，满了就要溢水，水能进入泽的量以泽的大小来调节。泽就如水库一样，水少了就蓄水，水多了就放水，从而来节制水。所以，**"泽上有水，节"**。

君子观察水泽节卦的卦象，知道节制的重要作用，即如果不节制，泽就如水库一样，要么不蓄水就干涸了，要么不放水就溃坝了，都是十分危害的行为。因此，就要制定尊卑贵贱的等级制度，以使得人们有参照的礼仪行为规范，上下有别互不侵扰，即**"制数度"**；还要考察人的才华德行，以人的优劣表现来择优选录，定职安排，即**"议德行"**。所以，君子效法水泽节卦的卦象，就要**"君子以制数度，议德行"**。

爻辞：
初九，不出户庭，无咎。
注释：户庭，户门。

爻辞学习法：[因果脉络]

水泽节卦主要讲泽水类如水库的节水放水机制的运用。这时候泽水即水库刚刚开始蓄水，就要关闭水闸，不能放水，即"**不出户庭**"，那么就没有错误，"**无咎**"。

[**发展脉络线 1/6**]：节制有度，关闸蓄水。

九二，不出门庭，凶。

注释：门庭，院门。

爻辞学习法：[因果脉络]

泽水即水库的水位直线上升，要溢满了，这时候就要开闸放水，也是利于灌溉使用，造福百姓，那么如果依旧是紧闭闸门，"**不出门庭**"，那么就要凶险了，"**凶**"，水库的堤坝就要支撑不住。

[**发展脉络线 2/6**]：节制有度，水库满了不开闸放水，凶险。

六三，不节若，则嗟若，无咎。

注释：节，节制。嗟若，叹息、后悔。

爻辞学习法：[因果脉络]

不能根据泽水即水库的水位高低来适时地蓄水、放水来节制水，"**不节若**"，就会有呜呼嗟叹的后悔，"**则嗟若**"，没有问题，"**无咎**"。

[**发展脉络线 3/6**]：节制有度，不节制水，就会有后悔。

六四，安节，亨。

注释：安，安排好。

爻辞学习法：[因果脉络]

这时候终于开闸放水了，水库也安全了，民众的灌溉需求也得到了满足，各自安好，都有安排了，"**安节**"，因而亨通，"**亨**"。

[**发展脉络线 4/6**]：节制有度，水库放水，都有安排。

九五，甘节，吉，往有尚。

注释：甘，甜头。往，交往。尚，高尚、好事。

爻辞学习法：[因果脉络]

泽水即水库放水之后，大家都尝到了灌溉之后的甜头，"**甘节**"，所以吉利，"**吉**"，继续这样做是有意义的，值得做的，"**往有尚**"。

[**发展脉络线 5/6**]：节制有度，得到灌溉，尝到甜头。

上六，苦节，贞凶，悔亡。

注释：苦，吃苦。

爻辞学习法：[因果脉络]

但得到灌溉尝到甜头之后得意忘形了，又疏于管理泽水即水库了，使得放水就一直地在放水，直至水库里的水干涸了，这不得了了，水库见底了，就要吃苦头了，"**苦节**"，这时候就要赶快走回正道关闭水闸继续蓄水，防止没水的凶险，"**贞凶**"，这样后悔的事才会不发生，"**悔亡**"。

[**发展脉络线 6/6**]：节制有度，水库见底，要吃苦头。

爻辞学习法（总结）：

"水泽节"卦主旨是讲"节制有度"，其六爻的因果发展脉络为：从初爻的"节制有度，关闸蓄水"，又到二爻的"节制有度，水库满了不开闸放水，凶险"，接着到三爻的"节制有度，不节制水，就会有后悔"，然后就到四爻的"节制有度，水库放水，都有安排"，再到五爻的"节制有度，得到灌溉，尝到甜头"，最后到上爻的"节制有度，水库见底，要吃苦头"。

61【中孚卦 风泽中孚】☲ 偏信则暗

《序卦传》里的中孚卦："节而信之，故受之以中孚。"
《序卦传》（因果关系）学习法：

节制，就是控制，最好的节制就是人类社会建立的制度，有了制度，就有了约束，人们都不敢逾越而遵守，这样社会就稳定，人们有信心，日子就有盼头。也就是，上头制定制度以节制人们的行为规范，下边俯首帖耳遵纪守法形成信义秩序。上有节，下有信，那么整个国家社会就稳定了。所以，节卦之后是中孚卦。

卦辞： 中孚，豚^{tún}鱼，吉，利涉大川，利贞。

译文：（中孚卦）心中有诚信，使得泽水里的豚鱼也感而信之，吉利，有利于涉渡大河，利于贞正的方向。

卦辞学习法：

中孚卦就是讲内心的诚信。中孚卦是"风泽中孚"，是风吹拂在泽面上，这个风是信风，每年都准时到来，因而这个风是守信的守诺的，风的这份诚信因为风吹动泽面，泽水也感受到了，进而传染到了泽水里的豚鱼，豚鱼也深受感染而被感化，那么这个中孚就是实至名归的"中孚"、彻彻底底的"中孚"，不仅感动了泽水和泽水里的豚鱼，也足以感动天地，没有什么东西不被感动了，因而都有了相信，所以吉利，即"中孚，豚鱼，吉"。心中诚信，有了相信，那就有了坚定的信仰了，就愿意抛头颅、洒热血，敢于壮烈牺牲，勇往直前，天南海北都敢于闯荡，即"利涉大川"。同时，诚信、信义也要正义，答应干坏事的守诺不可提倡，所以要"利贞"。

卦象：泽上有风，中孚。君子以议狱缓死。

译文：风吹在泽上，这就是中孚卦的卦象。君子效法中孚卦，心中有诚信，就会在判案之前不武断独断而会进行广泛调查讨论，不留可疑之处，对死刑从缓执行，以查清定罪依据，秉公执法，不留冤情。

卦象学习法：

风泽中孚卦，中孚卦上卦为巽风，下卦为兑泽，有风吹行于泽水上之象，风行水上，水完全受之，那么，风大则水波大，风小则水波小，没有诳人欺瞒，至信无比。而且中孚卦上卦的风代表着风行教化，下卦的泽代表着泽被恩惠，不能有半点虚假，都要至诚表达。所以，"**泽上有风，中孚**"。

中孚卦讲求至诚至真，不容半点虚假和冤枉，那么应用在断狱上就要查清来龙去脉，汇总所有证据材料，充分讨论，不容一丝一毫的差错，对于要判死刑的仍然要暂缓执行，以防有冤假错案，冤死生灵。而且中孚卦的卦象是上面两个阳爻、下面两个阳爻，像上下两个坚硬的保护壳；中间两个阴爻，象征躲在里面的生命。因此，中孚卦又是"蛋壳"的象，而且"孚"不仅是"诚信"的意思，在古代也是"孵"的意思，就是母鸟在孵化蛋，正在孵化新生命，这正应了中孚卦"蛋壳"之象。因此，中孚卦又意味着孕育生命，爱惜生命之义，因而对于死刑更要慎重。这样就做到了至诚至信乃至至善，一切要重事实之真，援法律之准，这些都是中孚卦的"信"和"诚"的题中之义。所以，效法中孚卦之象，就要"**君子以议狱缓死**"。

爻辞：

初九，虞吉，有它不燕。

注释：虞，审查、调查。有它，有问题。不燕，不安宁。

爻辞学习法：[因果脉络]

中孚卦是讲诚信、信义的，这并不意味着诚信可以不用审查而照单全收，骗子何其多，所以对于信誓旦旦首先必须审查其真实性、可信性，才能吉利，即"**虞吉**"，如果其中夹杂了其它情况和问题，那就有事了，就不会安宁了，"**有它不燕**"。

[发展脉络线1/6]：偏信则暗，诚信要审查真实性。

九二，鸣鹤在阴，其子和之。我有好爵，吾与尔靡^{mi}之。

注释：鸣鹤，鹤鸣叫。阴，荫凉处。子，知己。和，应和。好爵，好酒。吾，我。尔，你。靡，分散、共享。

爻辞学习法：[因果脉络]

诚信具有很强的感染力，正如"同声相应，同气相求"，一个人诚实笃信，声名远播，那么就很快会感动别人，并得到回应，从而相互感通，犹如在树荫处鸣叫的鹤，很快就会引来附和者，即"**鸣鹤在阴，其子和之**"。进而诚信的"同道中人"就会拿出美酒进行邀请分享，"**我有好爵，吾与尔靡之**"，因为诚信值得称赞、值得嘉奖。

[发展脉络线2/6]：偏信则暗，诚信具有很强感染力。

六三，得敌，或鼓或罢，或泣或歌。

注释：敌，敌意。鼓，击鼓。罢，罢了。泣，哭泣。歌，歌舞。

爻辞学习法：[因果脉络]

这招致了不诚意之人的敌意和攻击，遇到对手了，因为把他们比下去了，"**得敌**"，这时候真的不知道是击鼓追击？还是鸣金退缩？"**或鼓或罢**"，没了个主意。于是一会儿哭泣又一会儿歌唱，"**或泣或歌**"，彷徨失措，不知道如何是好，自信心在丧失。

六四，月几望，马匹亡，无咎。

注释： 月几望，月亮又要圆。马匹亡，马匹消亡。

爻辞学习法：［因果脉络］

好不容易，诚信和自信心又回归了，满血复活了，就像月亮又要盈满了一样，"**月几望**"，这时候就不再计较别人的攻击，不再对比和嫉妒，诚信再次地专一了，就如匹敌的马匹消亡了，"**马匹亡**"，这样就没有错误了，"**无咎**"。

［发展脉络线 4/6］：偏信则暗，诚信回归，不再计较。

九五，有孚挛 ˡᵘᵃⁿ 如，无咎。

注释： 挛，连在一起。

爻辞学习法：［因果脉络］

诚信和自信心回归以后，自身的至诚之心达到了爆棚的程度，无处不孚，无所不孚，诚信广系天下，而天下亦回应以诚信，二者连在了一起，"**有孚挛如**"，这样就没有咎错了，"**无咎**"，正所谓"诚信赢天下"。

［发展脉络线 5/6］：偏信则暗，诚信赢天下。

上九，翰 ʰᵃⁿ 音登于天，贞凶。

注释： 翰音，高音，高谈阔论。

爻辞学习法：［因果脉络］

诚信爆了棚之后，内心就会极度膨胀，就开始说一些华而不实、虚无缥缈的话了，就胡乱承诺，到处夸下海口，高亢的声音都能传到天上了，就犹如飞鸟高飞，其鸣叫之声响彻天际，就是不见鸟影，纯

周易·下经

281

粹是"空谈"，即"**翰音登于天**"，在此情况下，就要回归正道，以防止凶险事情发生，"**贞凶**"。

[发展脉络线6/6]：偏信则暗，夸口空谈不行。

爻辞学习法（总结）：

"风泽中孚"卦主旨是讲"偏信则暗"，其六爻的因果发展脉络为：从初爻的"偏信则暗，诚信要审查真实性"，又到二爻的"偏信则暗，诚信具有很强感染力"，接着到三爻的"偏信则暗，诚信被敌意和攻击"，然后就到四爻的"偏信则暗，诚信回归，不再计较"，再到五爻的"偏信则暗，诚信赢天下"，最后到上爻的"偏信则暗，夸口空谈不行"。

62【小过卦 雷山小过】䷽ 过犹不及

《序卦传》里的小过卦："有信者必行之，故受之以小过。"

《序卦传》（因果关系）学习法：

只有不相信才会踌躇不前、犹豫不决，因为不相信就会有担心，而相信就会付诸行动，因为心里有了把握，有了预期，也就是"言必信，行必果"。但行动的话，现实当中总会有这样那样的偏差，会有过失，不能一点过失都没有，现实之中没有这样的情况，所谓"百密一疏"，而且过于自信有时候也不是好事，就会酿成"自信过度了"的闪失。另外，从卦象上来看，中孚卦的卦象是两阴在中间，四阳在外面，像鸟孵卵之象；而小过卦的卦象是两阳在中间，四阴在外面，像鸟展翅飞翔之象。这是鸟的生命的一个生长衔接过程，就是先孵蛋，后展翅飞翔。所以，中孚卦之后就是小过卦。

卦辞：小过。亨，利贞。可小事，不可大事。飞鸟遗之音，不宜上宜下，大吉。

译文： 小过卦。亨通，有利于守正。可以做寻常小事，但不可以做天下国家大事。鸟飞过留下微音，不宜于向上飞，宜于向下飞，大吉利。

卦辞学习法：

小过卦，是指小的事情过了，不是大事过了，重点在于"小"，而不是"过"。"小"就是指日常生活中的鸡毛蒜皮小事，过了就过了，没有什么大不了的，也是生活的调味品，不可能有什么损伤的。而且在日常小事上面，普通老百姓仍然是倾情付出，并不是隔靴搔痒的，而是付出百倍的努力和辛劳，目的就是努力把平常的小事也做好。老百姓们更多的是用蛮力，他们相信"大力出奇迹"，相信"一分耕耘一分收获"，更相信"爱拼才会赢"，他们会"过分"地使出力气和花费时间在小事上面，反正力气和时间在他们身上是应有尽有，也是最不值钱的，有的是。而且，在这种寻常"小"事上面"过"了，即使过了、失败了，伤害的范围也不大，损失往往局限在自己身上，不会对国家社会造成影响。同时，老百姓的这种对于"小"事的"过"也是最值得钦佩的，这是底层百姓的奋斗的写照，当然是亨通的，即**"小过。亨"**，当然了，再小的事也要走正道，而不能通过非法手段甚至违法犯罪去实现，即要"利贞"。

处于小过卦时，是在做小事，不可突发奇想，想"四两拨千斤"，想"一飞冲天"来个大的，幻想"癞蛤蟆想吃天鹅肉"，那是不可能的，既然是小身板就不要去挑大担，不然会把身子压垮的。另外大事是关系国家社会的，而小事就是日常寻常的小事，二者的处理方式方法不一样，涉及到的各方面关系、因素也不同，所需要的境界、悟性、智慧、能力更都是云泥之别，不可用"小"的思维去硬上大项目、接大盘子，那纯粹就是胡来了，绝对要倒大霉、栽大跟头。所以，"**可小事，不可大事**"。

小过卦的卦形就是一个飞鸟的样子，中间的两个阳爻象极了鸟的头腹尾部，而上下各两个阴爻则像极了鸟的两边翅膀。鸟是很小的，往往飞过之后，只能听见鸟叫的声音而看不着鸟的身影，这也意味着鸟儿刚刚飞"过"，没有飞太远，因而鸟叫的声音还"遗留"在附近，还能听到，即"**飞鸟遗之音**"。

小过卦的情况下，只适宜做小事，不适宜做大事，就是"就低不就高"，就是只能往下来，不能往上去，因为没这个实力。所以这个时候就不能再冒险往上冲，往上冲是需要本钱的，小过卦的这种情况根本承受不起，只会半途而废而烂尾。而且小过卦的飞鸟形象更是无法向上冲的，不仅会急速耗费体力，且天上漫无目标，更没有食物，还是往下飞的好，可口美味的食物还是在大地上的多，虚无缥缈的天空却啥也没有只有空气，因此"**不宜上宜下**"。做到了以上这些，就会大大的吉利，即"**大吉**"。

卦象：山上有雷，小过。君子以行过乎恭，丧过乎哀，用过乎俭。

译文：雷在山上响起，这就是小过卦的卦象。君子感悟小过卦，就要尽量避免犯过错，就要行为更加恭敬，丧事要更加哀痛，花销费用要更加节俭。

卦象学习法：

雷山小过卦，小过卦雷在上、山在下，雷在山上响起，雷声必然要被一座又一座的山忽左忽右地阻挡，那么雷声就不能全部通过了，只有部分过，就是"小过"，因此，"**山上有雷，小过**"。

小过卦的卦形是中间两个阳爻像鸟身，上面两个阴爻、下面两个阴爻像鸟的两个翅膀展翅飞翔，小过卦就是一个飞鸟的形象。小过卦的上卦是震为动，下卦是艮为山，也就是飞鸟振翅飞翔，飞"过"了一座又一座山，但山哪有天高啊，只能是"小"的飞"过"，要飞过天空，才是"大"的飞"过"，所以目前的飞过山，还只是"小过"，"小"的飞"过"，所以，"**山上有雷，小过**"。

小过卦的卦形是上面两个阴爻以及下面两个阴爻来夹住了中间的两个阳爻，阴为"小"，阳为"大"，所以小过卦就是"小"超过了"大"，所以是"小"的"过"。因此，小过卦就是在"小"事上可以"过"，无伤大雅，"**君子以行过乎恭，丧过乎哀，用过乎俭**"，过分恭敬、过分哀痛、过分节俭，这没事的，不会有人说的，这些都是"小"事，不是国家大事，可以过，正所谓"礼多人不怪""儿子哭惊天动地，女儿哭真心实意""俭，德之共也；侈，恶之大也"。另一方面，处于"小过"之时，虽"小"尤大，从"小"看大，"千里之堤溃于蚁穴""'小'不忍则乱大谋"，"'小'时偷针，大时偷金"。因此，处于小过卦之时，更要在"小"事情上用心，及时"亡羊补牢"，以守住防线，不使"小"过向"大"过蔓延，所以，"**君子以行过乎恭，丧过乎哀，用过乎俭**"，这些举措，就是给"小"过来个"急刹车"，降温降温再降温，使其不脱离轨道。

爻辞：

初六，飞鸟以凶。

注释：以，按照飞的惯性向上飞。

爻辞学习法：[因果脉络]

小过卦是讲求"宜下不宜上"的，切不可意气用事，想着一飞冲天，不然就会用凶险，就像小鸟一样不可上飞，不然就有凶险，因为枪打出头鸟，总有小人看你不顺眼，即"**飞鸟以凶**"。

[发展脉络线 1/6]：过犹不及，枪打出头鸟。

六二，过其祖，遇其妣 ᵇⁱ，不及其君，遇其臣。无咎。

注释：过，超过。祖，祖辈。妣，逝去的母亲。不及，未超过。君，君主。遇，相遇、平手。臣，臣子。

爻辞学习法：[因果脉络]

如果实在要向上飞，飞过了两层关卡，超过了祖辈和逝去的母亲，"**过其祖，遇其妣**"，但到了一定高度，就知道了"天外有天，人外有人"，还有不能及的君王，"**不及其君**"，于是向下返回，遇到了臣子，"**遇其臣**"，于是回来安分守己。头一次上飞又返回，及时后撤，没有遇到险阻，没有咎害，"**无咎**"。

[发展脉络线 2/6]：过犹不及，上升遇阻，及时回返。

九三，弗过，防之，从或戕 qiāng 之，凶。

注释：弗过，未超过。防，防守。从，依从、顺从。戕，戕害。

爻辞学习法：[因果脉络]

既然不再有向上的飞过，"**弗过**"，于是严加防范，"**防之**"，以免为小人加害，但这时候如果从了小人，那么小人就会顺势加害，"**从或戕之**"，会有凶险，"**凶**"。

[发展脉络线 3/6]：过犹不及，防范小人，从之有害。

九四，无咎。弗过，遇之，往厉，必戒，勿用，永贞。

注释：遇之，相遇。戒，警戒。

爻辞学习法：[因果脉络]

坚持了防范小人之心就没有咎错了，"**无咎**"。这时候还是没有向上飞过，"**弗过**"，但小人主动下降来相遇，"**遇之**"，那前往就会有危厉，"**往厉**"，必须警戒之，"**必戒**"，不要有所行动、有所上行，"**勿用**"，还要永远保持贞正的正道，"**永贞**"。

［发展脉络线 4/6］：过犹不及，遇到小人，躲避小人。

六五，密云不雨，自我西郊。公弋^{yì}**取彼在穴。**

注释：弋，带绳的箭。穴，洞穴。

爻辞学习法：［因果脉络］

这时候就不主动上飞了，原地不动，明哲保身了，就如从西边的天空飘来了浓密的云彩，就是不下雨，没有行动，"**密云不雨，自我西郊**"。不上飞有不上飞的好处，在地上的洞穴里捕获了猎物，有收获，"**公弋取彼在穴**"。

［发展脉络线 5/6］：过犹不及，原地不动，以逸待劳。

上六，弗遇，过之，飞鸟离之，凶，是谓灾眚。

注释：离，被捕获。灾眚，灾难、巨大损失。

爻辞学习法：［因果脉络］

没有遇到小人，"**弗遇**"，于是心里又开始急躁了，按捺不住又开始向上飞过，"**过之**"，这次就不幸了，飞鸟上飞的过程中被网捕获，"**飞鸟离之**"，大意了，从而凶险，"**凶**"，这就是自找的灾祸，"明枪易躲，暗箭难防"，人家在前头、在上方等着你呢，纯粹是自作自受、自讨苦吃、自投罗网，没有谁可怨的，"**是谓灾眚**"。

［发展脉络线 6/6］：过犹不及，向上冒进，自投罗网。

爻辞学习法（总结）：

"雷山小过"卦主旨是讲"过犹不及"，其六爻的因果发展脉络为：从初爻的"过犹不及，枪打出头鸟"，又到二爻的"过犹不及，上升遇阻，及时回返"，接着到三爻的"过犹不及，防范小人，从之有害"，然后就到四爻的"过犹不及，遇到小人，躲避小人"，再到五爻的"过犹不及，原地不动，以逸待劳"，最后到上爻的"过犹不及，向上冒进，自投罗网"。

63【既济卦 水火既济】☲ 居安思危

《序卦传》里的既济卦："有过物者必济，故受之以既济。"

《序卦传》（因果关系）学习法：

小过卦就是有过失，有过失就要去纠偏，去救济，不能袖手旁观，更不能见死不救。而且，小过就是小的过失，不是大过，也就可以稍微救济之后就能回归正轨，从而万事大吉了，就完事了，完美了。"知错能改，善莫大焉"，所以改了过之后，既济卦就是成功状态了。所以，小过卦之后就是既济卦。

卦辞：既济。亨小，利贞。初吉，终乱。

译文：既济卦。亨通，连小事都会亨通，利于贞正。初始吉祥，最终会有变乱。

卦辞学习法：

既济卦，字面意思就是"已经渡过河水"之意，表示一切都已完成，矛盾都已结束，事业成功了。周易共有64卦，而把既济卦和未济卦放在倒数最后两卦是有深意的，是周易作者的整体布局，一种逻辑安排，是基于通过运用64卦即64种场景现象来复原、复盘世间事物发展过程的一种模拟、一种理论阐述，也是一个收尾和大总结。既济卦，就是在世间事物经过"九九八十一难"之后，终于"修成正果"，解决了一切矛盾，达到一种平衡，然后所有都安定了下来，没有问题了，都各就各位，都有了归宿，这是一个皆大欢喜的结局。经历了众多的磨难，终于渡过河水"上岸"了，成功了，当然要记住，这只是"上岸"了，只是对没过河之前的一切征服了、问题解决了、矛盾消除了，到了河岸这边还要继续赶路，还会遇到新问题、新矛盾，所以目前的"渡河"和"上岸"只能是小阶段的胜利，小的亨通，即"**既济。亨小**"。所以，眼光要放长远，而且还要继续保持在正道上，即"**利贞**"，千万不能上岸之后就沾沾自喜继而流连忘返，频繁来到上岸的河边反复回味成功的过去，而忘了"居安思危"，要知道"常在河边走，哪能不湿鞋？"所以，既济了之后，最怕"坐享其成"和"坐吃山空"，一旦满足于现状就完了，必然是就如"逆水行舟不进则退""打江山难，守江山更难。"，也就是"一招不慎，全盘皆输""好汉不提当年勇"，所以，成功之后的"再出发"再重要不过了。所以，既济之后容易"**初吉，终乱**"，必须继续保持"谦虚谨慎、不骄不躁"的"**利贞**"的作风。

卦象：水在火上，既济。君子以思患而豫防之。

译文： 水在火的上面，这就是既济卦的卦象。君子学习既济卦，就要居安思危，防微杜渐，提前思虑祸患隐患，提前预防，做到防患于未然。

卦象学习法：

水火既济卦，既济卦上卦为坎水，下卦为离火，就是用火烧水，架起锅，"烧火做饭"之象，因为做饭就是在盛水的锅下面生火，然后锅里放水煮饭。这样水火各司其职，煮成食物，饭菜又做好了，有饭吃了，生命也就得到了救济，即"**水在火上，既济**"。

水在火上烧，烧好饭菜，有饭吃了，生命得以救济，得以延续，这是美好的一面。还要想到，往往"水火无情"，因为"火性炎上，水性润下"，火会一直往上烧，而水有向下流的动力，形势可能瞬息万变，如果无人看守，一个不小心，就可能形势急转直下，要么锅可能倒掉了，锅里的水一倾而下把火浇灭；要么火一直烧，火能把水烧干，甚至会把锅烧透，火势继续蔓延，那就危险了。因此，处于既济卦时，水在火上烧，必须要思考到隐患而提前预防，做到"防患于未然"，即"君子以思患而豫防之"。

爻辞：

初九，曳其轮，濡其尾，无咎。

注释：曳其轮，轮子陷住了。濡，沾湿。尾，尾巴。

爻辞学习法：[因果脉络]

既济卦是已经成功之卦，这时候就要守成，要理智冷静，不轻举妄动，就要按捺住"财大气粗"之后的骄傲劲儿，就要拉住要往前进的车轮子，"**曳其轮**"，而想冒险涉水，也仅仅是把尾巴打湿了，"**濡其尾**"，也即刚下水，还来得及赶紧退回来，回到岸上，一切尚未晚，所以没有过错，"**无咎**"。

[发展脉络线 1/6]：居安思危，及时打住冒险念头。

六二，妇丧其茀^{fú}，勿逐，七日得。

注释：丧，丢失。茀，帘幕。勿逐，别找、别追逐。得，失而复得。

爻辞学习法：[因果脉络]

妇人乘车丢失了遮挡车子的帘幕，"**妇丧其茀**"，就要无可遮蔽要抛头露面了，那就没有屏障了，也就没有保护了，那就要停车不再前进，"**勿逐**"，以后会失而复得，机会多的是，"**七日得**"。这里是暗示到达了既济卦之后，稳定现状非常重要，没有保障的行动不可随意尝试。

[发展脉络线 2/6]：居安思危，没有保障不要前进。

九三，高宗伐鬼方，三年克之，小人勿用。

注释：高宗，商王武丁。鬼方，商朝西北方一诸侯国。克，战胜。

爻辞学习法：[因果脉络]

既济卦的获得是来之不易的，是要经过艰苦卓绝的长期奋斗才能得来，付出的心血巨大，也旷日持久，耗费的人力物力财力更是不可计数，所以，"帝王之业，草创不难，守成更难。"所以，就如商朝的商高宗征伐鬼方用了数年时间，"**高宗伐鬼方，三年克之**"，可谓仗打得非常辛苦，胜利果实来之不易。那么，江山打下来了，"守江山更难"，而"堡垒最容易从内部攻破"，所以就要任人唯贤，坚决要杜绝任用小人，"**小人勿用**"。

[发展脉络线 3/6]：居安思危，守住胜利果实，远离小人。

六四，繻^{xū}有衣袽^{rú}，终日戒。

注释：繻，通濡，渗漏。衣袽，破敝的衣服。戒，戒备。

爻辞学习法：[因果脉络]

处于既济卦之时，还要有备无患，就是遇到任何紧急情况都有预案，所谓"凡事豫则立，不豫则废"，就是手边一定要留有趁手的东西，从而遇到状况就能"手到擒来"，就如开船坐船一样，要在船上随船备上破烂衣物，用以一旦船体渗漏就能及时封堵，"**繻有衣袽**"，而且这个要整天整天地戒备，不能有所闪失，叫做"有备无患"，即"**终日戒**"。

[发展脉络线 4/6]：居安思危，有备无患，高度戒备。

九五，东邻杀牛，不如西邻之禴祭，实受其福。

注释： 禴祭，简单祭祀。

爻辞学习法： ［因果脉络］

到了既济卦，什么问题都解决了，也什么物品都不缺了，达到安定状态。既济卦的到来都是在于以往的及时解决问题，就是"时"的至关重要性，所谓"过时不候"，错过了时辰，许多事情怎么补救都来不及了，"及时"至关重要。就如祭祀一样，到了该祭祀的时候就要及时祭祀，不能提前更不能拖延，不然就如"夏天穿棉袄，冬天穿裤衩"那样的不伦不类，也不诚敬了。而且，既济卦之时还要讲究适度，不能因为到了舒适区之后以为有了本钱就可以大肆挥霍、铺张浪费了，那样就是奔着"骄奢淫逸"而去了，就有祸患了。就类如东边的邻居过了时辰去祭祀，于是杀牛来补救，那还不如西边的邻居及时祭祀，哪怕是薄祭都是没问题的，正类如"死后坟前烧纸，不如生前尽孝"，"**东邻杀牛，不如西邻之禴祭**"，做到了"及时"和"适度"，获利的是自己，享福的是本人，即"**实受其福**"。

［发展脉络线 5/6］：居安思危，不失其时，适可而止。

上六，濡其首，厉。

注释： 濡，沾湿。首，头部。

爻辞学习法： ［因果脉络］

处于既济卦之时，还是没拉住蠢蠢欲动的心，太志得意满了，还是冲了出去，这时候就如不朝前看，不预想下一步的后果，硬着头皮往前闯，那能不撞南墙吗？就如冒险涉水过河，一下子不露头了，头顶都湿了，"**濡其首**"，说明涉水很深了，已经不是"浅尝辄止"了，那既济的状态就打破了，就有危厉了，"**厉**"。

[发展脉络线 6/6]：居安思危，冲动是魔鬼。

爻辞学习法（总结）：

"水火既济"卦主旨是讲"居安思危"，其六爻的因果发展脉络为：从初爻的"居安思危，及时打住冒险念头"，又到二爻的"居安思危，没有保障不要前进"，接着到三爻的"居安思危，守住胜利果实，远离小人"，然后就到四爻的"居安思危，有备无患，高度戒备"，再到五爻的"居安思危，不失其时，适可而止"，最后到上爻的"居安思危，冲动是魔鬼"。

64【未济卦 火水未济】䷿ 周而复始

《序卦传》里的未济卦："物不可穷也，故受之以未济，终焉。"

《序卦传》（因果关系）学习法：

既济卦，六爻全部当位，阴爻都居阴位，阳爻都居阳位，而且三个阴爻与三个阳爻又相互应与（初九应六四，六二应九五，九三应六上），六爻皆有位皆有应，表明所以问题都解决了，所以矛盾都消除了，到头了，事物发展到了穷尽的地步，不能再好了。但正所谓"好花不常开，好景不常在"，既济卦是成功了，看似到达了终点，实际并不是，因为成功只是对过去的成功，不代表未来，未来还未知，而且"失败是必然的，成功是偶然的"，成功并不是终点，成绩只属于过去。"好汉不提当年勇"，世间上的万事万物一直在发展的，生生不息的，过去的佼佼者放在现在或未来极有可能就过时了，世界永远有未知领域要去探索，过去取得的成就将成为明日继续攀登的垫脚石，因为"要站在巨人的肩膀"嘛。到达了一个山峰，还有下一个山峰等着去征服。天地间万事万物，都是周而复始的，阴晴圆缺，夏去秋来，冬去春来，一个阶段结束了，下一个阶段又开始了，这就是既济和未济的承前启后、循环交替的关系。所以，既济卦之后就是未济卦。

卦辞：未济。亨，小狐汔济，濡^{rú} 其尾，无攸利。

译文： 未济卦。亨通，小狐狸就快要渡过河了，尾巴不慎沾湿，没有利益。

卦辞学习法：

与既济卦的"已经渡过河水"的意思相反，未济卦是"没有渡过河水"，表示事业还未成功、还未完成，有种"革命尚未成功，同志仍须努力"的感觉。《周易》之所以把未济卦放在既济卦之后，放在全64卦的最后一卦，就是要揭示：世间一切万物经历了"九九八十一难"之后到达了一个终点即"既济"的状态，只是一个里程结束了；随之而来的，是另一个新里程的开始，就是"未济"的揭幕，又是一个新的起点，也就是大自然最充满魅力的"周而复始、循环往复、生生不息"的生命力的上演。新的开始，潜力无限，万般可能，于是又到了激动人心的大展拳脚、施展抱负的时刻了，这怎能不亨通？奋斗的本身就是值得肯定的，充满希望的新启程同样让人心潮澎湃。而且，既然又到了"未济"的状态，谁又能敢断言未来就不能再次来到"既济"呢？"莫欺少年穷""莫欺中年穷""莫欺老年穷"，人只要怀揣希望，就不能盖棺定论，未来就能可期。所以，**"未济。亨"**。

未济卦是从既济卦进入到的又一个新的阶段、新的征程，那么过去的一切经验、资源和规则都不一定能全部适用，那么之前作为"成功者"的"老手"身份就要褪去了，现在又站到了起跑线，又变为了"新手"，而这里的"新手"就例如小狐狸，即**"小狐"**，而老手就被称为"老狐狸"。狐狸是聪明的甚至是狡猾的，那是对老狐狸说的，对于小狐狸却并不如此。在未济之时，面对新起点、新情况、新问题，最怕"新手"经验不足，因为换了赛道了，也就"隔行如隔山"了，这时候最怕需要"临门一脚""画龙点睛"的关键时刻，突然拉稀了，也就是"脚一抖射偏了""手一滑画歪了"，就是"**小狐汔济，濡其尾**"的情景，就是小狐狸快要渡过河了，最后还是不幸把自己尾巴沾湿了，意味着遇到了危险，功亏一篑，前功尽弃，未济。不同于老狐狸，小狐狸渡河没有经验，渡河就算快要渡过去了，却不知收高自己的尾巴，导致尾巴沾湿在了河里，尾巴一沾湿就有拖住身体之忧，就要整个身体浸入水中了，那这就有受淹要命的危险了！这种情况还哪来的"利"啊，只能没有任何利益，即"**无攸利**"，能保命就不错了。

《周易》把未济卦放在倒数第二卦既济卦之后，放在整个 64 卦的最后一卦，就是要郑重说明："旧的不去，新的不来"，也就是在宣言"创新"的重大历史意义。一个事物、一个时代乃至一个朝代真正的结束，都必须要"新的"出现，来亲手终结它、埋葬它。"旧的不去，新的不来"也可以说成"新的不来，旧的不去"。只有新的来了，才就彻底宣告旧的灭亡，才能让"占着茅坑不拉屎"的"尸位素餐"的既得利益者彻底拜拜，才真正把一个周期走完，同时完美地去衔接去迎接下一个循环的开始，世界又翻开了崭新的一页。没有创新，就没有未来，更没有光明，世界只将会被守成者、守旧者把持，昏天暗地、腐败横行。

卦象：火在水上，未济。君子以慎辨物居方。

译文：火在水的上面，这就是未济卦的卦象。君子从未济卦中得到启示，谨慎辨别物类，又要物当位，找到属于自己的位置，各居其位，不使秩序紊乱。

卦象学习法：

火水未济卦，未济卦上卦为离火，火性炎上，下卦为坎水，水性流下，方向相反；离火在南方，坎水在北方，方位不同；火热、水寒，性质各异。也就是，火在上，水在下，二者总是背道而驰，各行其是，"你走你的阳关道，我过我的独木桥"，各走各的路，你不帮我，我不助你，互无交集，"老死不相往来"，那就是彼此孤立了，互不救济，所以，**"火在水上，未济"**。而且，火水未济卦的六爻全部失位、不正，没有一个摆正位置的，处于一种失序状态，那就是"脱轨"了，那还能做什么事？做了也要"偏离航线"，什么事也做不成，成不了事，所以，也是**"火在水上，未济"**。

火水未济卦的"未济"的结果说明，物与物是不同的，这个世界"没有两片相同的树叶"，也是"方以类聚，物以群分"，不同的物品有它不同的作用，必须仔细认清不能混淆了，所谓"知己知彼，百战不殆"，必须了解事物，即**"辨物"**。火水未济卦的"未济"的结果还指明，事物发挥其功能还要放对位置，不能"驴唇不对马嘴"，要各得其所、各司其职，要匹配，要"人尽其才，物尽其用"，要方位、方向正确，即**"居方"**。鞋子要合脚才行，不然用错了物，使错了人、走错了方向，那就"南辕北辙"了，"方向不对，一切白费"说的就是这个。因此，在**"辨物"**和**"居方"**之后，就会发现"火水未济"的错误，然后就赶快纠正和调整，做到物尽所能、摆对**方位**，那么就能"乾坤大挪移"，重返"水火既济"的完美状态。所以，君子就要**"君子以慎辨物居方"**。

爻辞：

初六，濡其尾，吝。

注释： 濡，沾湿。尾，尾巴。吝，遗憾、失利。

爻辞学习法：[因果脉络]

处于未济之处，急于求济，又因为作为"小狐狸"不老道，年轻人总是"嚣张跋扈"，于是跃跃欲试，急于求成，又要以身试法，到河里去试水，以求得渡过河去，成功上岸。但很糟糕，刚入河里就沾湿了尾巴，"**濡其尾**"，最终还是不自量力，当然就会有失利，"**吝**"。

[**发展脉络线 1/6**]：周而复始，急于求成，以身试法。

九二，曳其轮，贞吉。

注释：曳，拖曳。

爻辞学习法：[因果脉络]

长了记性了，也开始变得谨慎了，于是拽住了向前驶的车轮，"**曳其轮**"，刹住了车，这样回到正道，不随意冒险，就会吉利，"**贞吉**"。

[**发展脉络线 2/6**]：周而复始，谨慎后退，不再冒险。

六三，未济，征凶，利涉大川。

注释：未济，未渡河、未成功。征，出征，向前。

爻辞学习法：[因果脉络]

不再强行渡河了，"**未济**"，因为再往前去试水就会有凶险，"**征凶**"，要暂时按兵不动，积攒力量，这样才会有利于跋涉大江大河，"**利涉大川**"。退一步，暂避锋芒，反而会海阔天空。

[**发展脉络线 3/6**]：周而复始，积攒力量，未来可期。

九四，贞吉，悔亡。震用伐鬼方，三年有赏于大国。

注释：震，行动。伐，征伐。鬼方，商朝西北方一诸侯国。大国，大的诸侯国。

爻辞学习法：[因果脉络]

终于积攒够了力量，也增长了耐心，不乱出动，那就吉利，"**贞吉**"，没有后悔了，"**悔亡**"，这时候可以进击了。就如采取行动来征伐鬼方，"**震用伐鬼方**"，打了三年，打仗打得异常艰苦还旷日持久，但也屡获嘉奖，并分封大的诸侯国，"**三年有赏于大国**"。

[发展脉络线 4/6]：周而复始，时机已到，果断出击。

六五，贞吉，无悔。君子之光，有孚，吉。

注释： 君子之光，君子之光辉。

爻辞学习法：[因果脉络]

继续有耐心不冲动，不再随便试水，老成持重，吉利，"**贞吉**"，也就没有悔恨，"**无悔**"。这时候君子的大德大才光辉闪耀，终于可以扬眉吐气了，"**君子之光**"，有信心，"**有孚**"，吉利，"**吉**"。

[发展脉络线 5/6]：周而复始，老成持重，扬眉吐气。

上九，有孚于饮酒，无咎。濡其首，有孚失是。

注释： 饮酒，开怀畅饮。失是，失去了规则。

爻辞学习法：[因果脉络]

未济发展到最后，必为既济，这是目标也是目的地。未济终于得到救济成为既济了，值得庆祝的事情，所谓"人逢喜事千杯少"，喝酒是少不了的，于是觥筹交错，真诚抒发情感，"**有孚于饮酒**"，这并没有什么好说的，"**无咎**"。酒虽好，但不可贪杯。如果情不自禁，过度沉醉，甚至喝得酩酊大醉，眉毛胡子到处都沾满了酒水，"**濡其首**"，那就狼藉难看了，并没有失去心中的至诚，但失掉了规则，失态了，"**有孚失是**"。

[发展脉络线 6/6]：周而复始，过度沉醉，没了准星。

爻辞学习法（总结）：

"火水未济"卦主旨是讲"周而复始"，其六爻的因果发展脉络为：从初爻的"周而复始，急于求成，以身试法"，又到二爻的"周而复始，谨慎后退，不再冒险"，接着到三爻的"周而复始，积攒力量，未来可期"，然后就到四爻的"周而复始，时机已到，果断出击"，再到五爻的"周而复始，老成持重，扬眉吐气"，最后到上爻的"周而复始，过度沉醉，没了准星。"。

周易经部原文

1【乾为天】☰

一、卦辞

乾。元亨利贞。

二、彖辞

《彖》曰：大哉乾元，万物资始，乃统天。云行雨施，品物流形。大明终始，六位时成，时乘六龙以御天。乾道变化，各正性命，保合太和，乃利贞。首出庶物，万国咸宁。

三、象辞

《象》曰：天行健，君子以自强不息。

四、爻辞

初九，潜龙勿用。

象曰：潜龙勿用，阳在下也。

九二，见龙在田，利见大人。

象曰：见龙再田，德施普也。

九三，君子终日乾乾，夕惕若，厉，无咎。

象曰：终日乾乾，反复道也。

九四，或跃在渊，无咎。

象曰：或跃在渊，进无咎也。

九五，飞龙在天，利见大人。

象曰：飞龙在天，大人造也。

上九，亢龙有悔。

象曰：亢龙有悔，盈不可久也。

用九，见群龙无首，吉。

象曰：用九，天德不可为首也。

五、文言

《文言》曰：元者，善之长也。亨者，嘉之会也。利者，义之和也。贞者，事之干也。君子体仁足以长人，嘉会足以合礼，利物足以和义，贞固足以干事。君子行此四德者，故曰："乾：元、亨、利、贞。"

初九曰："潜龙勿用。"何谓也？子曰："龙，德而隐者也。不易乎世，不成乎名，遁世无闷，不见是而无闷。乐则行之，忧则违之，确乎其不可拔，潜龙也。"

九二曰："见龙在田，利见大人。"何谓也？子曰："龙，德而正中者也。庸言之信，庸行之谨，闲邪存其诚，善世而不伐，德博而化。《易》曰：'见龙在田，利见大人。'君德也。"

九三曰："君子终日乾乾，夕惕若，厉，无咎。"何谓也？子曰："君子进德修业。忠信，所以进德也。修辞立其诚，所以居业也。知至至之，可与言几也。知终终之，可与存义也。是故居上位而不骄，在下位而不忧。故乾乾因其时而惕，虽危无咎矣。"

九四曰："或跃在渊，无咎。"何谓也？子曰："上下无常，非为邪也。进退无恒，非离群也。君子进德修业，欲及时也。故无咎。"

九五曰："飞龙在天，利见大人。"何谓也？子曰："同声相应，同气相求。水流湿，火就燥。云从龙，风从虎。圣人作而万物睹。本乎天者亲上，本乎地者亲下。则各从其类也。

上九曰："亢龙有悔。"何谓也？子曰："贵而无位，高而无民，贤人在下位而无辅，是以动而有悔也。"

"潜龙勿用"，下也。"见龙在田"，时舍也。"终日乾乾"，行事也。"或跃在渊"，自试也。"飞龙在天"，上治也。"亢龙有悔"，穷之灾也。"乾元""用九"，天下治也。

"潜龙勿用"，阳气潜藏。"见龙在田"，天下文明。"终日乾乾"，与时偕行。"或跃在渊"，乾道乃革。"飞龙在天"，乃位乎天德。"亢龙有悔"，与时偕极。"乾元""用九"，乃见天则。

乾元者，始而亨者也，利贞者，性情也。乾始能以美利利天下，不言所利，大矣哉！大哉乾乎！刚健中正，纯粹精也。六爻发挥，旁通情也。时乘六龙，以御天也。云行雨施，天下平也。

君子以成德为行，日可见之行也。"潜"之为言也，隐而未见，行而未成，是以君子弗"用"也。

君子学以聚之，问以辩之，宽以居之，仁以行之。《易》曰："见龙在田，利见大人。"君德也。

九三，重刚而不中，上不在天，下不在田，故"乾乾"因其时而"惕"，虽危"无咎"矣。

九四，重刚而不中，上不在天，下不在田，中不在人，故"或"之。或之者，疑之也。故"无咎"。

夫"大人"者，与天地合其德，与日月合其明，与四时合其序，与鬼神合其吉凶，先天而天弗违，后天而奉天时。天且弗违，而况于人乎？况于鬼神乎？

"亢"之为言也，知进而不知退，知存而不知亡，知得而不知丧。其唯圣人乎！知进退存亡而不失其正者，其唯圣人乎！

2【坤为地】☷

一、卦辞

坤。元亨，利牝马之贞。君子有攸往，先迷后得主，利西南得朋，东北丧朋。安贞吉。

二、彖辞

《彖》曰：至哉坤元，万物资生，乃顺承天。坤厚载物，德合无疆。含弘光大，品物咸亨。牝马地类，行地无疆，柔顺利贞。君子攸行，先迷失道，后顺得常。西南得朋，乃与类行；东北丧朋，乃终有庆。安贞之吉，应地无疆。

三、象辞

《象》曰：地势坤，君子以厚德载物。

四、爻辞

初六，履霜，坚冰至。

象曰：履霜坚冰，阴始凝也。驯致其道，至坚冰也。

六二，直方大，不习，无不利。

象曰：六二之动，直以方也。不习无不利，地道光也。

六三，含章可贞，或从王事，无成，有终。

象曰：含章可贞，以时发也。或从王事，知光大也。

六四，括囊，无咎，无誉。

象曰：括囊无咎，慎不害也。

六五，黄裳，元吉。

象曰：黄裳元吉，文在中也。

上六，龙战于野，其血玄黄。

象曰：龙战于野，其道穷也。

用六，利永贞。
象曰：用六永贞，以大终也。

五、文言

《文言》曰：坤至柔而动也刚，至静而德方，后得主而有常，含万物而化光。坤道其顺乎！承天而时行。

积善之家，必有余庆。积不善之家，必有余殃。臣弑其君，子弑其父，非一朝一夕之故，其所由来者渐矣。由辩之不早辩也。《易》曰："履霜，坚冰至。"盖言顺也。

直其正也，方其义也。君子敬以直内，义以方外，敬义立而德不孤。"直、方、大、不习，无不利。"则不疑其所行也。

阴虽有美，含之，以从王事，弗敢成也。地道也，妻道也，臣道也。地道无成而代有终也。

天地变化，草木蕃。天地闭，贤人隐。《易》曰："括囊，无咎无誉。"盖言谨也。

君子黄中通理，正位居体，美在其中，而畅于四支，发于事业，美之至也。

阴疑于阳，必战，为其嫌于无阳也，故称"龙"焉。犹未离其类也，故称"血"焉。夫玄黄者，天地之杂也。天玄而地黄。

3【水雷屯】䷂

一、卦辞

屯。元亨利贞，勿用有攸往，利建侯。

二、彖辞

《彖》曰：屯，刚柔始交而难生，动乎险中，大亨贞。雷雨之动满盈，天造草昧，宜建侯而不宁。

三、象辞

《象》曰：云雷，屯。君子以经纶。

四、爻辞

初九，磐桓，利居贞，利建侯。

象曰：虽磐桓，志行正也。以贵下贱，大得民也。

六二，屯如，邅如，乘马班如，匪寇，婚媾。女子贞不字，十年乃字。

象曰：六二之难，乘刚也。十年乃字，反常也。

六三，即鹿无虞，惟入于林中。君子几，不如舍，往吝。

象曰：即鹿无虞，以从禽也。君子舍之，往吝穷也。

六四，乘马班如，求婚媾。往吉，无不利。

象曰：求而往，明也。

九五，屯其膏，小贞吉，大贞凶。

象曰：屯其膏，施未光也。

上六，乘马班如，泣血涟如。

象曰：泣血涟如，何可长也。

4【山水蒙】

一、卦辞

蒙。亨。匪我求童蒙，童蒙求我。初噬告，再三渎，渎则不告。利贞。

二、彖辞

《彖》曰：蒙，山下有险，险而止，蒙。蒙亨，以亨行时中也。"匪我求童蒙，童蒙求我"，志应也。"初筮告"，以刚中也。"再三渎，渎则不告"，渎蒙也。蒙以养正，圣功也。

三、象辞

《象》曰：山下出泉，蒙。君子以果行育德。

四、爻辞

初六，发蒙，利用刑人，用说桎梏，以往吝。

象曰：利用刑人，以正法也。

九二，包蒙，吉。纳妇，吉。子克家。

象曰：子克家，刚柔接也。

六三，勿用取女，见金夫，不有躬。无攸利。

象曰：勿用取女，行不顺也。

六四，困蒙，吝。

象曰：困蒙之吝，独远实也。

六五，童蒙，吉。

象曰：童蒙之吉，顺以巽也。

上九，击蒙，不利为寇，利御寇。

象曰：利用御寇，上下顺也。

5【水天需】䷄

一、卦辞

需。有孚，光亨，贞吉。利涉大川。

二、彖辞

《彖》曰：需，须也，险在前也。刚健而不陷，其义不困穷矣。"需，有孚，光亨，贞吉"，位乎天位，以正中也。"利涉大川"，往有功也。

三、象辞

《象》曰：云上于天，需。君子以饮食宴乐。

四、爻辞

初九，需于郊，利用恒，无咎。

象曰：需于郊，不犯难行也。利用恒，无咎，未失常也。

九二，需于沙，小有言，终吉。

象曰：需于沙，衍在中也。虽小有言，以终吉也。

九三，需于泥，致寇至。

象曰：需于泥，灾在外也。自我致寇，敬慎不败也。

六四，需于血，出自穴。

象曰：需于血，顺以听也。

九五，需于酒食，贞吉。

象曰：酒食贞吉，以中正也。

上六，入于穴，有不速之客三人来，敬之，终吉。

象曰：不速之客来，敬之终吉。虽不当位，未大失也。

6【天水讼】☰☵

一、卦辞

讼。有孚窒惕，中吉，终凶。利见大人，不利涉大川。

二、彖辞

《彖》曰：讼，上刚下险，险而健，讼。"讼，有孚窒惕，中吉"，刚来而得中也。"终凶"，讼不可成也。"利见大人"，尚中正也。"不利涉大川"，入于渊也。

三、象辞

《象》曰：天与水违行，讼。君子以作事谋始。

四、爻辞

初六，不永所事，小有言，终吉。

象曰：不永所事，讼不可长也。虽有小言，其辩明也。

九二，不克讼，归而逋，其邑人三百户，无眚。

象曰：不克讼，归逋窜也。自下讼上，患至掇也。

六三，食旧德，贞，厉，终吉。或从王事，无成。

象曰：食旧德，从上吉也。

九四，不克讼，复既命，渝，安贞吉。

象曰：复即命，渝安贞，不失也。

九五：讼，元吉。

象曰：讼元吉，以中正也。

上九：或锡之鞶带，终朝三褫之。

象曰：以讼受服，亦不足敬也。

7【地水师】䷆

一、卦辞

师。贞，丈人吉，无咎。

二、彖辞

《彖》曰：师，众也，贞正也，能以众正，可以王矣。刚中而应，行险而顺，以此毒天下，而民从之，吉又何咎矣。

三、象辞

《象》曰：地中有水，师。君子以容民畜众。

四、爻辞

初六，师出以律，否臧凶。

象曰：师出以律，失律凶也。

九二，在师中，吉，无咎，王三锡命。

象曰：在师中吉，承天宠也。王三锡命，怀万邦也。

六三，师或舆尸，凶。

象曰：师或舆尸，大无功也。

六四，师左次，无咎。

象曰：左次无咎，未失常也。

六五，田有禽，利执言，无咎。长子帅师，弟子舆尸，贞凶。

象曰：长子帅师，以中行也。弟子舆师，使不当也。

上六，大君有命，开国承家，小人勿用。

象曰：大君有命，以正功也。小人勿用，必乱邦也。

8【水地比】䷇

一、卦辞

比。吉。原筮，元永贞，无咎。不宁方来，后夫凶。

二、彖辞

《彖》曰：比，吉也。比，辅也，下顺从也。"原筮，元永贞，无咎"，以刚中也。"不宁方来"，上下应也。"后夫凶"，其道穷也。

三、象辞

《象》曰：地上有水，比。先王以建万国，亲诸侯。

四、爻辞

初六，有孚比之，无咎。有孚盈缶，终来有它，吉。

象曰：比之初六，有它吉也。

六二，比之自内，贞吉。

象曰：比之自内，不自失也。

六三，比之匪人。

象曰：比之匪人，不亦伤乎！

六四，外比之，贞吉。

象曰：外比于贤，以从上也。

九五，显比，王用三驱，失前禽，邑人不诫，吉。

象曰：显比之吉，位正中也。舍逆取顺，失前禽也。邑人不诫，上使中也。

上六，比之无首，凶。
象曰：比之无首，无所终也。

9【风天小畜】☴

一、卦辞

小畜。亨。密云不雨，自我西郊。

二、彖辞

《彖》曰：小畜，柔得位，而上下应之，曰小畜。健而巽，刚中而志行，乃亨。"密云不雨"，尚往也。"自我西郊"，施未行也。

三、象辞

《象》曰：风行天上，小畜。君子以懿文德。

四、爻辞

初九，复自道，何其咎？吉。
象曰：复自道，其义吉也。

九二，牵复，吉。
象曰：牵复在中，亦不自失也。

九三，舆说辐，夫妻反目。
象曰：夫妻反目，不能正室也。

六四，有孚，血去惕出，无咎。

象曰：有孚惕出，上合志也。

九五，有孚挛如，富以其邻。

象曰：有孚挛如，不独富也。

上九，既雨，既处，尚德载。妇贞厉，月几望，君子征凶。

象曰：既雨既处，德积载也。君子征凶，有所疑也。

10【天泽履】䷉

一、卦辞

履。履虎尾，不咥人，亨。

二、彖辞

《彖》曰：履，柔履刚也。说而应乎乾，是以"履虎尾，不咥人，亨"。刚中正，履帝位而不疚，光明也。

三、象辞

《象》曰：上天下泽，履。君子以辩上下，定民志。

四、爻辞

初九，素履，往无咎。

象曰：素履之往，独行愿也。

九二，履道坦坦，幽人贞吉。

象曰：幽人贞吉，中不自乱也。

六三，眇能视，跛能履，履虎尾，咥人，凶。武人为于大君。

象曰：眇能视，不足以有明也。跛能履，不足以与行也。咥人
之凶，位不当也。武人为于大君，志刚也。

九四，履虎尾，愬愬，终吉。

象曰：愬愬终吉，志行也。

九五，夬履，贞厉。

象曰：夬履贞厉，位正当也。

上九，视履考祥，其旋元吉。

象曰：元吉在上，大有庆也。

11【地天泰】䷊

一、卦辞

泰。小往大来，吉亨。

二、彖辞

《彖》曰："泰，小往大来，吉亨"，则是天地交，而万物通也；
上下交，而其志同也。内阳而外阴，内健而外顺，内君子而外小人。
君子道长，小人道消也。

三、象辞

《象》曰：天地交，泰。后以财成天地之道，辅相天地之宜，以
左右民。

四、爻辞

初九，拔茅茹，以其汇。征吉。

象曰：拔茅征吉，志在外也。

九二，包荒，用冯河，不遐遗。朋亡，得尚于中行。

象曰：包荒，得尚于中行，以光大也。

九三，无平不陂，无往不复。艰贞无咎，勿恤其孚，于食有福。

象曰：无往不复，天地际也。

六四，翩翩，不富以其邻，不戒以孚。

象曰：翩翩不富，皆失实也。不戒以孚，中心愿也。

六五，帝乙归妹，以祉元吉。

象曰：以祉元吉，中以行愿也。

上六，城复于隍，勿用师，自邑告命。贞吝。

象曰：城复于隍，其命乱也。

12【天地否】☷☰

一、卦辞

否。否之匪人，不利君子贞，大往小来。

二、彖辞

《彖》曰："否之匪人，不利君子贞，大往小来"，则是天地不交，而万物不通也。上下不交，而天下无邦也。内阴而外阳，内柔而外刚，内小人而外君子。小人道长，君子道消也。

三、象辞

《象》曰：天地不交，否。君子以俭德辟难，不可荣以禄。

四、爻辞

初六，拔茅茹，以其汇。贞吉，亨。

象曰：拔茅贞吉，志在君也。

六二，包承，小人吉，大人否，亨。

象曰：大人否，亨，不乱群也。

六三，包羞。

象曰：包羞，位不当也。

九四，有命无咎，畴离祉。

象曰：有命无咎，志行也。

九五，休否，大人吉。其亡其亡，系于苞桑。

象曰：大人之吉，位正当也。

上九，倾否，先否后喜。

象曰：否终则倾，何可长也。

13【天火同人】☰☲

一、卦辞

同人。同人于野，亨。利涉大川，利君子贞。

二、彖辞

《彖》曰：同人，柔得位得中，而应乎乾，曰同人。同人曰，"同人于野，亨，利涉大川"，乾行也。文明以健，中正而应，君子正也。唯君子为能通天下之志。

三、象辞

《象》曰：天与火，同人。君子以类族辨物。

四、爻辞

初九，同人于门，无咎。

象曰：出门同人，又谁咎也。

六二，同人于宗，吝。

象曰：同人于宗，吝道也。

九三，伏戎于莽，升其高陵，三岁不兴。

象曰：伏戎于莽，敌刚也。三岁不兴，安行也。

九四，乘其墉，弗克攻，吉。

象曰：乘其墉，义弗克也。其吉，则困而反则也。

九五，同人，先号咷，而后笑，大师克相遇。

象曰：同人之先，以中直也。大师相遇，言相克也。

上九，同人于郊，无悔。
象曰：同人于郊，志未得也。

14【火天大有】䷍

一、卦辞

大有。元亨。

二、彖辞

《彖》曰：大有，柔得尊位，大中而上下应之，曰大有。其德刚健而文明，应乎天而时行，是以元亨。

三、象辞

《象》曰：火在天上，大有。君子以遏恶扬善，顺天休命。

四、爻辞

初九，无交害，匪咎，艰则无咎。
象曰：大有初九，无交害也。

九二，大车以载，有攸往，无咎。
象曰：大车以载，积中不败也。

九三，公用亨于天子，小人弗克。
象曰：公用亨于天子，小人害也。

周易经部原文

九四，匪其彭，无咎。

象曰：匪其彭，无咎，明辨晣也。

六五，厥孚交如，威如，吉。

象曰：厥孚交如，信以发志也。威如之吉，易而无备也。

上九，自天祐之，吉，无不利。

象曰：大有上吉，自天祐也。

15【地山谦】▤▤

一、卦辞

谦。亨，君子有终。

二、彖辞

《彖》曰：谦，亨，天道下济而光明，地道卑而上行。天道亏盈而益谦，地道变盈而流谦，鬼神害盈而福谦，人道恶盈而好谦。谦，尊而光，卑而不可逾，君子之终也。

三、象辞

《象》曰：地中有山，谦。君子以裒多益寡，称物平施。

四、爻辞

初六，谦谦君子，用涉大川，吉。

象曰：谦谦君子，卑以自牧也。

六二，鸣谦，贞吉。

象曰：鸣谦贞吉，中心得也。

九三，劳谦，君子有终，吉。

象曰：劳谦君子，万民服也。

六四，无不利，扬谦。

象曰：无不利，扬谦，不违则也。

六五，不富以其邻，利用侵伐，无不利。

象曰：利用侵伐，征不服也。

上六，鸣谦，利用行师，征邑国。

象曰：鸣谦，志未得也。可用行师，征邑国也。

16【雷地豫】䷏

一、卦辞

豫。利建侯行师。

二、彖辞

《彖》曰：豫，刚应而志行，顺以动，豫。豫，顺以动，故天地如之，而况建侯行师乎？天地以顺动，故日月不过，而四时不忒；圣人以顺动，则刑罚清而民服。豫之时义大矣哉！

三、象辞

《象》曰：雷出地奋，豫。先王以作乐崇德，殷荐之上帝，以配祖考。

四、爻辞

初六，鸣豫，凶。

象曰：初六鸣豫，志穷凶也。

六二，介于石，不终日，贞吉。

象曰：不终日，贞吉，以中正也。

六三，盱豫，悔，迟有悔。

象曰：盱豫有悔，位不当也。

九四，由豫，大有得，勿疑。朋盍簪。

象曰：由豫，大有得，志大行也。

六五，贞，疾，恒不死。

象曰：六五贞疾，乘刚也。恒不死，中未亡也。

上六，冥豫，成有渝，无咎。

象曰：冥豫在上，何可长也。

17【泽雷随】☳

一、卦辞

随。元亨利贞，无咎。

二、彖辞

《彖》曰：随，刚来而下柔，动而说，随。大亨贞，无咎，而天下随时，随时之义大矣哉！

三、象辞

《象》曰：泽中有雷，随。君子以向晦入宴息。

四、爻辞

初九，官有渝，贞吉，出门交有功。

象曰：官有渝，从正吉也。出门交有功，不失也。

六二，系小子，失丈夫。

象曰：系小子，弗兼与也。

六三，系丈夫，失小子。随，有求得，利居贞。

象曰：系丈夫，志舍下也。

九四，随，有获，贞凶。有孚在道，以明，何咎？

象曰：随，有获，其义凶也。有孚在道，明功也。

九五，孚于嘉，吉。

象曰：孚于嘉，吉，位正中也。

上六，拘系之，乃从，维之，王用亨于西山。

象曰：拘系之，上穷也。

18【山风蛊】䷑

一、卦辞

蛊。元亨，利涉大川。先甲三日，后甲三日。

二、彖辞

《彖》曰：蛊，刚上而柔下，巽而止，蛊。"蛊，元亨"，而天下治也。"利涉大川"，往有事也。"先甲三日，后甲三日"，终则有始，天行也。

三、象辞

《象》曰：山下有风，蛊。君子以振民育德。

四、爻辞

初六，干父之蛊，有子，考无咎。厉，终吉。

象曰：干父之蛊，意承考也。

九二，干母之蛊，不可贞。

象曰：干母之蛊，得中道也。

九三，干父之蛊，小有悔，无大咎。

象曰：干父之蛊，终无咎也。

六四，裕父之蛊，往见吝。

象曰：裕父之蛊，往未得也。

六五，干父之蛊，用誉。

象曰：干父之蛊，承以德也。

上九，不事王侯，高尚其事。

象曰：不事王侯，志可则也。

19【地泽临】䷒

一、卦辞

临。元亨利贞。至于八月有凶。

二、彖辞

《彖》曰：临，刚浸而长。说而顺，刚中而应，大亨以正，天之道也。"至于八月有凶"，消不久也。

三、象辞

《象》曰：泽上有地，临。君子以教思无穷，容保民无疆。

四、爻辞

初九，咸临，贞吉。

象曰：咸临，贞吉，志行正也。

九二，咸临，吉无不利。

象曰：咸临，吉无不利，未顺命也。

六三，甘临，无攸利。既忧之，无咎。

象曰：甘临，位不当也。既忧之，咎不长也。

六四，至临，无咎。

象曰：至临无咎，位当也。

六五，知临，大君之宜，吉。

象曰：大君之宜，行中之谓也。

上六，敦临，吉，无咎。

象曰：敦临之吉，志在内也。

20【风地观】䷓

一、卦辞

观。盥而不荐，有孚颙若。

二、彖辞

《彖》曰：大观在上，顺而巽，中正以观天下。"观，盥而不荐，有孚颙若"，下观而化也。观天之神道，而四时不忒，圣人以神道设教，而天下服矣。

三、象辞

《象》曰：风行地上，观。先王以省方观民设教。

四、爻辞

初六，童观，小人无咎，君子吝。

象曰：初六童观，小人道也。

六二，窥观，利女贞。

象曰：窥观女贞，亦可丑也。

六三，观我生，进退。

象曰：观我生，进退，未失道也。

六四，观国之光，利用宾于王。

象曰：观国之光，尚宾也。

九五，观我生，君子无咎。
象曰：观我生，观民也。

上九，观其生，君子无咎。
象曰：观其生，志未平也。

21【火雷噬嗑】䷔

一、卦辞

噬嗑。亨。利用狱。

二、彖辞

《彖》曰：颐中有物，曰噬嗑。噬嗑而亨，刚柔分，动而明，雷电合而章。柔得中而上行，虽不当位，利用狱也。

三、象辞

《象》曰：雷电噬嗑，先王以明罚敕法。

四、爻辞

初九，履校灭趾，无咎。
象曰：履校灭趾，不行也。

六二，噬肤，灭鼻，无咎。
象曰：噬肤灭鼻，乘刚也。

六三，噬腊肉，遇毒，小吝，无咎。

象曰：遇毒，位不当也。

九四，噬干肺，得金矢，利艰贞，吉。

象曰：利艰贞吉，未光也。

六五，噬干肉，得黄金，贞厉，无咎。

象曰：贞厉无咎，得当也。

上九，何校灭耳，凶。

象曰：何校灭耳，聪不明也。

22【山火贲】䷕

一、卦辞

贲。亨，小利，有攸往。

二、彖辞

《彖》曰："贲，亨"，柔来而文刚，故亨。分刚上而文柔，故"小利，有攸往"。刚柔交错，天文也。文明以止，人文也。观乎天文，以察时变；观乎人文，以化成天下。

三、象辞

《象》曰：山下有火，贲。君子以明庶政，无敢折狱。

四、爻辞

初九，贲其趾，舍车而徒。

象曰：舍车而徒，义弗乘也。

六二，贲其须。

象曰：贲其须，与上兴也。

九三，贲如濡如，永贞，吉。

象曰：永贞之吉，终莫之陵也。

六四，贲如皤如，白马翰如，匪寇，婚媾。

象曰：六四，当位疑也。匪寇婚媾，终无尤也。

六五，贲于丘园，束帛戋戋，吝，终吉。

象曰：六五之吉，有喜也。

上九，白贲，无咎。

象曰：白贲无咎，上得志也。

23【山地剥】☶☷

一、卦辞

剥。不利有攸往。

二、彖辞

《彖》曰：剥，剥也，柔变刚也。"不利有攸往"，小人长也。顺而止之，观象也。君子尚消息盈虚，天行也。

三、象辞

《象》曰：山附于地，剥，上以厚下安宅。

四、爻辞

初六，剥床以足，蔑贞，凶。

象曰：剥床以足，以灭下也。

六二，剥床以辨，蔑贞，凶。

象曰：剥床以辨，未有与也。

六三，剥之，无咎。

象曰：剥之无咎，失上下也。

六四，剥床以肤，凶。

象曰：剥床以肤，切近灾也。

六五，贯鱼，以宫人宠，无不利。

象曰：以宫人宠，终无尤也。

上九，硕果不食，君子得舆，小人剥庐。

象曰：君子得舆，民所载也。小人剥庐，终不可用也。

24【地雷复】䷗

一、卦辞

复。亨。出入无疾，朋来无咎。反复其道，七日来复，利有

攸往。

二、彖辞

《彖》曰：复亨，刚反，动而以顺行，是以"出入无疾，朋来无咎"。"反复其道，七日来复"，天行也。"利有攸往"，刚长也。复其见天地之心乎。

三、象辞

《象》曰：雷在地中复，先王以至日闭关，商旅不行，后不省方。

四、爻辞

初九，不复远，无祇悔，元吉。

象曰：不远之复，以修身也。

六二，休复，吉。

象曰：休复之吉，以下仁也。

六三，频复，厉，无咎。

象曰：频复之厉，义无咎也。

六四，中行独复。

象曰：中行独复，以从道也。

六五，敦复，无悔。

象曰：敦复无悔，中以自考也。

上六，迷复，凶，有灾眚。用行师，终有大败，以其国君凶。至于十年不克征。

象曰：迷复之凶，反君道也。

25【天雷无妄】䷘

一、卦辞

无妄。元亨利贞。其匪正有眚，不利有攸往。

二、彖辞

《彖》曰：无妄，刚自外来，而为主于内。动而健，刚中而应，大亨以正，天之命也。"其匪正有眚，不利有攸往"，无妄之往，何之矣？天命不佑，行矣哉？

三、象辞

《象》曰：天下雷行，物与无妄，先王以茂对时，育万物。

四、爻辞

初九，无妄，往吉。
象曰：无妄之往，得志也。

六二，不耕获，不菑畲，则利有攸往。
象曰：不耕获，未富也。

六三，无妄之灾，或系之牛，行人之得，邑人之灾。
象曰：行人得牛，邑人灾也。

九四，可贞，无咎。
象曰：可贞无咎，固有之也。

九五，无妄之疾，勿药有喜。

象曰：无妄之药，不可试也。

上九，无妄，行有眚，无攸利。

象曰：无妄之行，穷之灾也。

26【山天大畜】䷙

一、卦辞

大畜。利贞。不家食，吉。利涉大川。

二、彖辞

《彖》曰：大畜，刚健笃实，辉光日新其德，刚上而尚贤。能止健，大正也。"不家食，吉"，养贤也。"利涉大川"，应乎天也。

三、象辞

《象》曰：天在山中，大畜。君子以多识前言往行，以畜其德。

四、爻辞

初九，有厉，利已。

象曰：有厉利已，不犯灾也。

九二，舆说輹。

象曰：舆说輹，中无尤也。

九三，良马逐，利艰贞。曰闲舆卫，利有攸往。

象曰：利有攸往，上合志也。

六四，童牛之牿，元吉。

象曰：六四元吉，有喜也。

六五，豮豕之牙，吉。

象曰：六五之吉，有庆也。

上九，何天之衢，亨。

象曰：何天之衢，道大行也。

27【山雷颐】䷚

一、卦辞

颐。贞吉。观颐，自求口实。

二、彖辞

《彖》曰："颐，贞吉"，养正则吉也。"观颐"，观其所养也。"自求口实"，观其自养也。天地养万物，圣人养贤，以及万民，颐之时大矣哉！

三、象辞

《象》曰：山下有雷，颐。君子以慎言语，节饮食。

四、爻辞

初九，舍尔灵龟，观我朵颐，凶。

象曰：观我朵颐，亦不足贵也。

六二，颠颐，拂经于丘，颐征凶。

象曰：六二征凶，行失类也。

六三，拂颐，贞凶，十年勿用，无攸利。

象曰：十年勿用，道大悖也。

六四，颠颐，吉。虎视眈眈，其欲逐逐，无咎。

象曰：颠颐之吉，上施光也。

六五，拂经，居贞吉。不可涉大川。

象曰：居贞之吉，顺以从上也。

上九，由颐，厉，吉，利涉大川。

象曰：由颐厉吉，大有庆也。

28【泽风大过】䷛

一、卦辞

大过。栋桡，利有攸往，亨。

二、彖辞

《彖》曰：大过，大者过也。"栋桡"，本末弱也，刚过而中，巽而说行。"利有攸往"，乃亨。大过之时大矣哉！

三、象辞

《象》曰：泽灭木，大过。君子以独立不惧，遁世无闷。

四、爻辞

初六，藉用白茅，无咎。

象曰：藉用白茅，柔在下也。

九二，枯杨生稊，老夫得其女妻，无不利。

象曰：老夫女妻，过以相与也。

九三，栋桡，凶。

象曰：栋桡之凶，不可以有辅也。

九四，栋隆，吉。有它，吝。

象曰：栋隆之吉，不桡乎下也。

九五，枯杨生华，老妇得士夫，无咎无誉。

象曰：枯杨生华，何可久也。老妇士夫，亦可丑也。

上六，过涉灭顶，凶，无咎。

象曰：过涉之凶，不可咎也。

29【坎为水】䷜

一、卦辞

习坎。有孚，维心，亨，行有尚。

二、彖辞

《彖》曰：习坎，重险也。水流而不盈，行险而不失其信。"维心，亨"，乃以刚中也。"行有尚"，往有功也。天险不可升也，地险山川丘陵也，王公设险以守其国，险之时用大矣哉！

三、象辞

《象》曰：水洊至，习坎，君子以常德行，习教事。

四、爻辞

初六，习坎，入于坎窞，凶。

象曰：习坎入坎，失道凶也。

九二，坎有险，求小得。

象曰：求小得，未出中也。

六三，来之坎坎，险且枕，入于坎窞，勿用。

象曰：来之坎坎，终无功也。

六四，樽酒，簋贰，用缶，纳约自牖，终无咎。

象曰：樽酒簋贰，刚柔际也。

九五，坎不盈，祗既平，无咎。

象曰：坎不盈，中未大也。

上六，系用徽纆，寘于丛棘，三岁不得，凶。

象曰：上六失道，凶三岁也。

30【离为火】䷝

一、卦辞

离。利贞，亨。畜牝牛，吉。

二、彖辞

《彖》曰：离，丽也。日月丽乎天，百谷草木丽乎土，重明以丽乎正，乃化成天下。柔丽乎中正，故亨，是以"畜牝牛吉"也。

三、象辞

《象》曰：明两作，离。大人以继明照于四方。

四、爻辞

初九，履错然，敬之，无咎。

象曰：履错之敬，以辟咎也。

六二，黄离，元吉。

象曰：黄离元吉，得中道也。

九三，日昃之离，不鼓缶而歌，则大耋之嗟，凶。

象曰：日昃之离，何可久也。

九四，突如其来如，焚如，死如，弃如。

象曰：突如其来如，无所容也。

六五，出涕沱若，戚嗟若，吉。

象曰：六五之吉，离王公也。

上九，王用出征，有嘉折首，获匪其丑，无咎。

象曰：王用出征，以正邦也。

31【泽山咸】䷞

一、卦辞

咸。亨，利贞，取女吉。

二、彖辞

《彖》曰：咸，感也。柔上而刚下，二气感应以相与，止而说，男下女，是以"亨，利贞，取女吉"也。天地感而万物化生，圣人感人心而天下和平。观其所感，而天地万物之情可见矣！

三、象辞

《象》曰：山上有泽，咸。君子以虚受人。

四、爻辞

初六，咸其拇。

象曰：咸其拇，志在外也。

六二，咸其腓，凶，居吉。

象曰：虽凶，居吉，顺不害也。

九三，咸其股，执其随，往吝。

象曰：咸其股，亦不处也。志在随人，所执下也。

九四，贞吉，悔亡。憧憧往来，朋从尔思。

象曰：贞吉悔亡，未感害也。憧憧往来，未光大也。

九五，咸其脢，无悔。
象曰：咸其脢，志末也。

上六，咸其辅颊舌。
象曰：咸其辅颊舌，滕口说也。

32【雷风恒】䷟

一、卦辞

恒。亨，无咎，利贞。利有攸往。

二、彖辞

《彖》曰：恒，久也。刚上而柔下，雷风相与，巽而动，刚柔皆应，恒。"恒，亨，无咎，利贞"，久于其道也。天地之道，恒久而不已也。"利有攸往"，终则有始也。日月得天，而能久照。四时变化，而能久成。圣人久于其道，而天下化成。观其所恒，而天地万物之情可见矣！

三、象辞

《象》曰：雷风，恒。君子以立不易方。

四、爻辞

初六，浚恒，贞凶，无攸利。
象曰：浚恒之凶，始求深也。

九二，悔亡。

象曰：九二悔亡，能久中也。

九三，不恒其德，或承之羞，贞吝。

象曰：不恒其德，无所容也。

九四，田无禽。

象曰：久非其位，安得禽也。

六五，恒其德，贞，妇人吉，夫子凶。

象曰：妇人贞吉，从一而终也。夫子制义，从妇凶也。

上六，振恒，凶。

象曰：振恒在上，大无功也。

33【天山遁】☷

一、卦辞

遁。亨，小利贞。

二、彖辞

《彖》曰："遁，亨"，遁而亨也。刚当位而应，与时行也。"小利贞"，浸而长也。遁之时义大矣哉！

三、象辞

《象》曰：天下有山，遁。君子以远小人，不恶而严。

四、爻辞

初六，遁尾，厉，勿用，有攸往。

象曰：遁尾之厉，不往何灾也。

六二，执之用黄牛之革，莫之胜说。

象曰：执用黄牛，固志也。

九三，系遁，有疾，厉。畜臣妾，吉。

象曰：系遁之厉，有疾惫也。畜臣妾吉，不可大事也。

九四，好遁，君子吉，小人否。

象曰：君子好遁，小人否也。

九五，嘉遁，贞吉。

象曰：嘉遁贞吉，以正志也。

上九，肥遁，无不利。

象曰：肥遁，无不利，无所疑也。

34【雷天大壮】

一、卦辞

大壮。利贞。

二、彖辞

《彖》曰：大壮，大者壮也。刚以动，故壮。"大壮，利贞"，大者正也。正大而天地之情可见矣！

三、象辞

《象》曰：雷在天上，大壮。君子以非礼弗履。

四、爻辞

初九，壮于趾，征凶，有孚。

象曰：壮于趾，其孚穷也。

九二，贞吉。

象曰：九二贞吉，以中也。

九三，小人用壮，君子用罔，贞，厉，羝羊触藩，羸其角。

象曰：小人用壮，君子罔也。

九四，贞吉，悔亡。藩决，不羸，壮于大舆之輹。

象曰：藩决不羸，尚往也。

六五，丧羊于易，无悔。

象曰：丧羊于易，位不当也。

上六，羝羊触藩，不能退，不能遂，无攸利。艰则吉。

象曰：不能退，不能遂，不详也。艰则吉，咎不长也。

35【火地晋】䷢

一、卦辞

晋。康侯用锡马蕃庶，昼日三接。

二、彖辞

《彖》曰：晋，进也。明出地上，顺而丽乎大明，柔进而上行。是以"康侯用锡马蕃庶，昼日三接"也。

三、象辞

《象》曰：明出地上，晋。君子以自昭明德。

四、爻辞

初六，晋如，摧如，贞吉。罔孚，裕，无咎。

象曰：晋如，摧如，独行正也。裕无咎，未受命也。

六二，晋如，愁如，贞，吉。受兹介福，于其王母。

象曰：受兹介福，以中正也。

六三，众允，悔亡。

象曰：众允之，志上行也。

九四，晋如鼫鼠，贞厉。

象曰：鼫鼠贞厉，位不当也。

六五，悔亡，失得勿恤，往吉，无不利。

象曰：失得勿恤，往有庆也。

上九，晋其角，维用伐邑，厉吉，无咎，贞吝。

象曰：维用伐邑，道未光也。

36【地火明夷】☷☲

一、卦辞

明夷。利艰贞。

二、彖辞

《彖》曰：明入地中，明夷。内文明而外柔顺，以蒙大难，文王以之。利艰贞，晦其明也，内难而能正其志，箕子以之。

三、象辞

《象》曰：明入地中，明夷。君子以莅众，用晦而明。

四、爻辞

初九，明夷于飞，垂其翼。君子于行，三日不食。有攸往，主人有言。

象曰：君子于行，义不食也。

六二，明夷，夷于左股，用拯马壮，吉。

象曰：六二之吉，顺以则也。

九三，明夷，于南狩，得其大首，不可疾，贞。

象曰：南狩之志，乃大得也。

六四，入于左腹，获明夷之心，于出门庭。

象曰：入于左腹，获心意也。

六五，箕子之明夷，利贞。

象曰：箕子之贞，明不可息也。

上六，不明，晦，初登于天，后入于地。

象曰：初登于天，照四国也。后入于地，失则也。

37【风火家人】䷤

一、卦辞

家人。利女贞。

二、彖辞

《彖》曰：家人，女正位乎内，男正位乎外。男女正，天地之大义也。家人有严君焉，父母之谓也。父父，子子，兄兄，弟弟，夫夫，妇妇，而家道正。正家而天下定矣。

三、象辞

《象》曰：风自火出，家人。君子以言有物，而行有恒。

四、爻辞

初九，闲有家，悔亡。

象曰：闲有家，志未变也。

六二，无攸遂，在中馈，贞吉。

象曰：六二之吉，顺以巽也。

九三，家人嗃嗃，悔厉吉。妇子嘻嘻，终吝。

象曰：家人嗃嗃，未失也。妇子嘻嘻，失家节也。

六四，富家，大吉。

象曰：富家大吉，顺在位也。

九五，王假有家，勿恤，吉。

象曰：王假有家，交相爱也。

上九，有孚，威如，终吉。

象曰：威如之吉，反身之谓也。

38【火泽睽】䷥

一、卦辞

睽。小事吉。

二、彖辞

《彖》曰：睽，火动而上，泽动而下。二女同居，其志不同行。说而丽乎明，柔进而上行，得中而应乎刚，是以"小事吉"。天地睽，而其事同也。男女睽，而其志通也。万物睽，而其事类也。睽之时用大矣哉！

三、象辞

《象》曰：上火下泽，睽。君子以同而异。

四、爻辞

初九，悔亡。丧马，勿逐，自复。见恶人，无咎。

象曰：见恶人，以辟咎也。

九二，遇主于巷，无咎。

象曰：遇主于巷，未失道也。

六三，见舆曳，其牛掣，其人天且劓。无初，有终。

象曰：见舆曳，位不当也。无初有终，遇刚也。

九四，睽孤，遇元夫，交孚，厉，无咎。

象曰：交孚无咎，志行也。

六五，悔亡，厥宗噬肤，往何咎？

象曰：厥宗噬肤，往有庆也。

上九，睽孤，见豕负涂，载鬼一车，先张之弧，后说之弧。匪寇，婚媾，往遇雨则吉。

象曰：遇雨之吉，群疑亡也。

39【水山蹇】䷦

一、卦辞

蹇。利西南，不利东北。利见大人，贞吉。

二、彖辞

《彖》曰：蹇，难也，险在前也。见险而能止，知矣哉！"蹇，利西南"，往得中也。"不利东北"，其道穷也。"利见大人"，往有功也。当位"贞吉"，以正邦也。蹇之时用大矣哉！

三、象辞

《象》曰：山上有水，蹇。君子以反身修德。

四、爻辞

初六，往蹇，来誉。

象曰：往蹇来誉，宜待也。

六二，王臣蹇蹇，匪躬之故。

象曰：王臣蹇蹇，终无尤也。

九三，往蹇，来反。

象曰：往蹇来反，内喜之也。

六四，往蹇，来连。

象曰：往蹇来连，当位实也。

九五，大蹇，朋来。

象曰：大蹇朋来，以中节也。

上六，往蹇，来硕，吉，利见大人。

象曰：往蹇来硕，志在内也。利见大人，以从贵也。

40【雷水解】 ䷧

一、卦辞

解。利西南，无所往，其来复吉。有攸往，夙吉。

二、彖辞

《彖》曰：解，险以动，动而免乎险，解。"解，利西南"，往得众也。"其来复吉"，乃得中也。"有攸往，夙吉"，往有功也。天地解，而雷雨作，雷雨作，而百果草木皆甲坼，解之时大矣哉！

三、象辞

《象》曰：雷雨作，解。君子以赦过宥罪。

四、爻辞

初六，无咎。

象曰：刚柔之际，义无咎也。

九二，田获三狐，得黄矢，贞吉。

象曰：九二贞吉，得中道也。

六三，负且乘，致寇至，贞吝。

象曰：负且乘，亦可丑也。自我致戎，又谁咎也。

九四，解而拇，朋至斯孚。

象曰：解而拇，未当位也。

六五，君子维有解，吉，有孚于小人。

象曰：君子有解，小人退也。

上六，公用射隼于高墉之上，获之，无不利。

象曰：公用射隼，以解悖也。

41【山泽损】䷨

一、卦辞

损。有孚，元吉，无咎，可贞，利有攸往。曷之用？二簋可用享。

二、彖辞

《彖》曰：损，损下益上，其道上行，损而"有孚，元吉，无咎，可贞，利有攸往。曷之用？二簋可用享"。二簋应有时，损刚益柔有时。损益盈虚，与时偕行。

三、象辞

《象》曰：山下有泽，损。君子以惩忿窒欲。

四、爻辞

初九，巳事遄往，无咎，酌损之。
象曰：巳事遄往，尚合志也。

九二，利贞，征凶，弗损，益之。
象曰：九二利贞，中以为志也。

六三，三人行，则损一人。一人行，则得其友。
象曰：一人行，三则疑也。

六四，损其疾，使遄有喜，无咎。
象曰：损其疾，亦可喜也。

六五，或益之十朋之龟，弗克违，元吉。

象曰：六五元吉，自上佑也。

上九，弗损，益之，无咎，贞吉，利有攸往，得臣无家。

象曰：弗损益之，大得志也。

42【风雷益】䷩

一、卦辞

益。利有攸往，利涉大川。

二、彖辞

《彖》曰：益，损上益下，民说无疆。自上下下，其道大光。"利有攸往"，中正有庆。"利涉大川"，木道乃行。益动而巽，日进无疆。天施地生，其益无方。凡益之道，与时偕行。

三、象辞

《象》曰：风雷，益。君子以见善则迁，有过则改。

四、爻辞

初九，利用为大作，元吉，无咎。
象曰：元吉无咎，下不厚事也。

六二，或益之十朋之龟，弗克违，永贞吉。王用享于帝，吉。
象曰：或益之，自外来也。

六三，益之用凶事，无咎。有孚中行，告公用圭。

象曰：益用凶事，固有之也。

六四，中行告公从，利用为依迁国。

象曰：告公从，以益志也。

九五，有孚惠心，勿问，元吉。有孚惠我德。

象曰：有孚惠心，勿问之矣。惠我德，大得志也。

上九，莫益之，或击之，立心勿恒，凶。

象曰：莫益之，偏辞也。或击之，自外来也。

43【泽天夬】

一、卦辞

夬。扬于王庭，孚号有厉，告自邑，不利即戎，利有攸往。

二、彖辞

《彖》曰：夬，决也，刚决柔也。健而说，决而和。"扬于王庭"，柔乘五刚也。"孚号有厉"，其危乃光也。"告自邑，不利即戎"，所尚乃穷也。"利有攸往"，刚长乃终也。

三、象辞

《象》曰：泽上于天，夬。君子以施禄及下，居德则忌。

四、爻辞

初九，壮于前趾，往不胜，为咎。

象曰：不胜而往，咎也。

九二，惕号，莫夜有戎，勿恤。

象曰：有戎，勿恤，得中道也。

九三，壮于頄，有凶。君子夬夬独行，遇雨，若濡，有愠，无咎。

象曰：君子夬夬，终无咎也。

九四，臀无肤，其行次且。牵羊悔亡，闻言不信。

象曰：其行次且，位不当也。闻言不信，聪不明也。

九五，苋陆夬夬，中行无咎。

象曰：中行无咎，中未光也。

上六，无号，终有凶。

象曰：无号之凶，终不可长也。

44【天风姤】

一、卦辞

姤。女壮，勿用取女。

二、彖辞

《彖》曰：姤，遇也，柔遇刚也。"勿用取女"，不可与长也。天地相遇，品物咸章也。刚遇中正，天下大行也。姤之时义大矣哉！

三、象辞

《象》曰：天下有风，姤。后以施命诰四方。

四、爻辞

初六，系于金柅，贞吉。有攸往，见凶，羸豕孚蹢躅。

象曰：系于金柅，柔道牵也。

九二，包有鱼，无咎，不利宾。

象曰：包有鱼，义不及宾也。

九三，臀无肤，其行次且，厉，无大咎。

象曰：其行次且，行未牵也。

九四，包无鱼，起凶。

象曰：无鱼之凶，远民也。

九五，以杞包瓜，含章，有陨自天。

象曰：九五含章，中正也。有陨自天，志不舍命也。

上九，姤其角，吝，无咎。

象曰：姤其角，上穷吝也。

45【泽地萃】☱☷

一、卦辞

萃。亨，王假有庙。利见大人，亨，利贞。用大牲吉，利有攸往。

二、彖辞

《彖》曰：萃，聚也。顺以说，刚中而应，故聚也。"王假有庙"，致孝享也。"利见大人，亨"，聚以正也。"用大牲吉，利有攸往"，顺天命也。观其所聚，而天地万物之情可见矣。

三、象辞

《象》曰：泽上于地萃。君子以除戎器，戒不虞。

四、爻辞

初六，有孚，不终，乃乱乃萃。若号，一握为笑，勿恤，往无咎。

象曰：乃乱乃萃，其志乱也。

六二，引吉，无咎，孚乃利用禴。

象曰：引吉无咎，中未变也。

六三，萃如，嗟如，无攸利。往无咎，小吝。

象曰：往无咎，上巽也。

九四，大吉，无咎。

象曰：大吉无咎，位不当也。

九五，萃有位，无咎，匪孚。元永贞，悔亡。

象曰：萃有位，志未光也。

上六，赍咨涕洟，无咎。

象曰：赍咨涕洟，未安上也。

46【地风升】䷭

一、卦辞

升。元亨，用见大人，勿恤，南征吉。

二、彖辞

《彖》曰：柔以时升，巽而顺，刚中而应，是以大亨。"用见大人，勿恤"，有庆也。"南征吉"，志行也。

三、象辞

《象》曰：地中行木，升。君子以顺德，识小以高大。

四、爻辞

初六，允升，大吉。
象曰：允升大吉，上合志也。

九二，孚，乃利用禴，无咎。
象曰：九二之孚，有喜也。

九三，升虚邑。
象曰：升虚邑，无所疑也。

六四，王用亨于岐山，吉，无咎。
象曰：王用亨于岐山，顺事也。

六五，贞吉，升阶。
象曰：贞吉升阶，大得志也。

上六，冥升，利于不息之贞。

象曰：冥升在上，消不富也。

47【泽水困】䷮

一、卦辞

困。亨，贞，大人吉，无咎。有言不信。

二、彖辞

《彖》曰：困，刚掩也。险以说，困而不失其所。"亨"，其唯君子乎！"贞，大人吉"，以刚中也。"有言不信"，尚口乃穷也。

三、象辞

《象》曰：泽无水，困。君子以致命遂志。

四、爻辞

初六，臀困于株木，入于幽谷，三岁不觌。

象曰：入于幽谷，幽不明也。

九二，困于酒食，朱绂方来，利用亨祀。征凶，无咎。

象曰：困于酒食，中有庆也。

六三，困于石，据于蒺藜，入于其宫，不见其妻，凶。

象曰：据于蒺藜，乘刚也。入于其宫，不见其妻，不祥也。

九四，来徐徐，困于金车，吝，有终。

象曰：来徐徐，志在下也。虽不当位，有与也。

九五，劓刖，困于赤绂。乃徐有说，利用祭祀。

象曰：劓刖，志未得也。乃徐有说，以中直也。利用祭祀，受福也。

上六，困于葛藟，于臲卼，曰动悔，有悔，征吉。

象曰：困于葛藟，未当也。动悔有悔，吉行也。

48【水风井】䷯

一、卦辞

井。改邑不改井，无丧无得，往来井井。汔至，亦未繘井，羸其瓶，凶。

二、彖辞

《彖》曰：巽乎水而上水，井。井养而不穷也。"改邑不改井"，乃以刚中也。"汔至，亦未繘井"，未有功也。"羸其瓶"，是以凶也。

三、象辞

《象》曰：木上有水，井。君子以劳民劝相。

四、爻辞

初六，井泥不食，旧井无禽。

象曰：井泥不食，下也。旧井无禽，时舍也。

九二，井谷射鲋，瓮敝漏。

象曰：井谷射鲋，无与也。

九三，井渫不食，为我心恻，可用汲，王明，并受其福。

象曰：井渫不食，行恻也。求王明，受福也。

六四，井甃，无咎。

象曰：井甃无咎，修井也。

九五，井冽，寒泉食。

象曰：寒泉之食，中正也。

上六，井收，勿幕。有孚元吉。

象曰：元吉在上，大成也。

49【泽火革】䷰

一、卦辞

革。巳日乃孚，元亨，利贞，悔亡。

二、彖辞

《彖》曰：革，水火相息，二女同居，其志不相得，曰革。"巳日乃孚"，革而信之。文明以说，大亨以正，革而当，其悔乃亡。天地革而四时成，汤武革命，顺乎天而应乎人，革之时大矣哉！

三、象辞

《象》曰：泽中有火，革。君子以治历明时。

四、爻辞

初九，巩用黄牛之革。

象曰：巩用黄牛，不可以有为也。

六二，巳日乃革之，征吉，无咎。
象曰：巳日革之，行有嘉也。

九三，征凶，贞厉，革言三就，有孚。
象曰：革言三就，又何之矣。

九四，悔亡，有孚，改命，吉。
象曰：改命之吉，信志也。

九五，大人虎变，未占，有孚。
象曰：大人虎变，其文炳也。

上六，君子豹变，小人革面。征凶，居贞吉。
象曰：君子豹变，其文蔚也。小人革面，顺以从君也。

50【火风鼎】☲☴

一、卦辞

鼎。元吉，亨。

二、彖辞

《彖》曰：鼎，象也。以木巽火，亨饪也。圣人亨以享上帝，而大亨以养圣贤。巽而耳目聪明，柔进而上行，得中而应乎刚，是以元亨。

三、象辞

《象》曰：木上有火，鼎。君子以正位凝命。

四、爻辞

初六，鼎颠趾，利出否。得妾以其子，无咎。

象曰：鼎颠趾，未悖也。利出否，以从贵也。

九二，鼎有实，我仇有疾，不我能即，吉。

象曰：鼎有实，慎所之也。我仇有疾，终无尤也。

九三，鼎耳革，其行塞，雉膏不食。方雨亏悔，终吉。

象曰：鼎耳革，失其义也。

九四，鼎折足，覆公𬤊，其形渥，凶。

象曰：覆公𬤊，信如何也。

六五，鼎黄耳，金铉，利贞。

象曰：鼎黄耳，中以为实也。

上九，鼎玉铉，大吉，无不利。

象曰：玉铉在上，刚柔节也。

51【震为雷】䷲

一、卦辞

震。亨。震来虩虩，笑言哑哑。震惊百里，不丧匕鬯。

周易学习法

二、彖辞

《彖》曰："震，亨，震来虩虩"，恐致福也。"笑言哑哑"，后有则也。"震惊百里"，惊远而惧迩也。不丧匕鬯出可以守宗庙社稷，以为祭主也。

三、象辞

《象》曰：洊雷，震。君子以恐惧修省。

四、爻辞

初九，震来虩虩，后笑言哑哑，吉。
象曰：震来虩虩，恐致福也。笑言哑哑，后有则也。

六二，震来，厉。亿丧贝，跻于九陵，勿逐，七日得。
象曰：震来厉，乘刚也。

六三，震苏苏，震行，无眚。
象曰：震苏苏，位不当也。

九四，震遂泥。
象曰：震遂泥，未光也。

六五，震往来，厉，亿，无丧，有事。
象曰：震往来厉，危行也。其事在中，大无丧也。

上六，震索索，视矍矍，征凶。震不于其躬，于其邻，无咎，婚媾有言。

象曰：震索索，未得中也。虽凶无咎，畏邻戒也。

52【艮为山】䷳

一、卦辞

艮。艮其背，不获其身，行其庭，不见其人，无咎。

二、彖辞

《彖》曰：艮，止也。时止则止，时行则行，动静不失其时，其道光明。艮其止，止其所也。上下敌应，不相与也。是以"不获其身，行其庭，不见其人，无咎"也。

三、象辞

《象》曰：兼山，艮。君子以思不出其位。

四、爻辞

初六，艮其趾，无咎，利永贞。

象曰：艮其趾，未失正也。

六二，艮其腓，不拯其随，其心不快。

象曰：不拯其随，未退听也。

九三，艮其限，列其夤，厉，薰心。

象曰：艮其限，危薰心也。

六四，艮其身，无咎。

象曰：艮其身，止诸躬也。

六五，艮其辅，言有序，悔亡。

象曰：艮其辅，以中正也。

上九，敦艮，吉。

象曰：敦艮之吉，以厚终也。

53【风山渐】䷴

一、卦辞

渐。女归吉，利贞。

二、彖辞

《彖》曰：渐之进也，女归吉也。进得位，往有功也。进以正，可以正邦也。其位刚，得中也。止而巽，动不穷也。

三、象辞

《象》曰：山上有木，渐。君子以居贤德善俗。

四、爻辞

初六，鸿渐于干，小子厉，有言，无咎。

象曰：小子之厉，义无咎也。

六二，鸿渐于磐，饮食衎衎，吉。

象曰：饮食衎衎，不素饱也。

九三，鸿渐于陆，夫征不复，妇孕不育，凶。利御寇。

象曰：夫征不复，离群丑也。妇孕不育，失其道也。利用御寇，顺相保也。

六四，鸿渐于木，或得其桷，无咎。

象曰：或得其桷，顺以巽也。

九五，鸿渐于陵，妇三岁不孕，终莫之胜，吉。

象曰：终莫之胜，吉，得所愿也。

上九，鸿渐于陆（路），其羽可用为仪，吉。

象曰：其羽可用为仪，吉，不可乱也。

54【雷泽归妹】䷵

一、卦辞

归妹。征凶，无攸利。

二、彖辞

《彖》曰：归妹，天地之大义也。天地不交，而万物不兴。归妹，人之终始也。说以动，所归妹也。"征凶"，位不当也。"无攸利"，柔乘刚也。

三、象辞

《象》曰：泽上有雷，归妹。君子以永终知敝。

四、爻辞

初九，归妹以娣，跛能履，征吉。

象曰：归妹以娣，以恒也。跛能履吉，相承也。

九二，眇能视，利幽人之贞。

象曰：利幽人之贞，未变常也。

六三，归妹以须，反归以娣。

象曰：归妹以须，未当也。

九四，归妹愆期，迟归有时。

象曰：愆期之志，有待而行也。

六五，帝乙归妹，其君之袂不如其娣之袂良，月几望，吉。

象曰：帝乙归妹，不如其娣之袂良也。其位在中，以贵行也。

上六，女承筐无实，士刲羊无血，无攸利。

象曰：上六无实，承虚筐也。

55【雷火丰】䷶

一、卦辞

丰。亨，王假之，勿忧，宜日中。

二、彖辞

《彖》曰：丰，大也。明以动，故丰。"王假之"，尚大也。"勿忧，宜日中"，宜照天下也。日中则昃，月盈则食，天地盈虚，与时消息，而况于人乎？况于鬼神乎？

三、象辞

《象》曰：雷电皆至，丰。君子以折狱致刑。

四、爻辞

初九，遇其配主，虽旬无咎，往有尚。

象曰：虽旬无咎，过旬灾也。

六二，丰其蔀，日中见斗，往得疑疾。有孚发若，吉。

象曰：有孚发若，信以发志也。

九三，丰其沛，日中见沬。折其右肱，无咎。

象曰：丰其沛，不可大事也。折其右肱，终不可用也。

九四，丰其蔀，日中见斗，遇其夷主，吉。

象曰：丰其蔀，位不当也。日中见斗，幽不明也。遇其夷主，吉行也。

六五，来章，有庆誉，吉。

象曰：六五之吉，有庆也。

上六，丰其屋，蔀其家，窥其户，阒其无人，三岁不觌，凶。

象曰：丰其屋，天际翔也。窥其户，阒其无人，自藏也。

56【火山旅】☲☶

一、卦辞

旅。小亨，旅贞吉。

二、彖辞

《彖》曰："旅，小亨"，柔得中乎，外而顺乎刚，止而丽乎明，是以"小亨，旅贞吉"也。旅之时义大矣哉！

三、象辞

《象》曰：山上有火，旅。君子以明慎用刑，而不留狱。

四、爻辞

初六，旅琐琐，斯其所，取灾。

象曰：旅琐琐，志穷灾也。

六二，旅即次，怀其资，得童仆，贞。

象曰：得童仆贞，终无尤也。

九三，旅焚其次，丧其童仆，贞厉。

象曰：旅焚其次，亦以伤矣。以旅与下，其义丧也。

九四，旅于处，得其资斧，我心不快。

象曰：旅于处，未得位也。得其资斧，心未快也。

六五，射雉，一矢亡，终以誉命。

象曰：终以誉命，上逮也。

上九，鸟焚其巢，旅人先笑，后号咷。丧牛于易，凶。

象曰：以旅在上，其义焚也。丧牛于易，终莫之闻也。

57【巽为风】☴☴

一、卦辞

巽。小亨，利有攸往，利见大人。

二、彖辞

《彖》曰：重巽以申命。刚巽乎中正而志行，柔皆顺乎刚。是以"小亨，利有攸往，利见大人"。

三、象辞

《象》曰：随风，巽。君子以申命行事。

四、爻辞

初六，进退，利武人之贞。
象曰：进退，志疑也。利武人之贞，志治也。

九二，巽在床下，用史巫纷若，吉，无咎。
象曰：纷若之吉，得中也。

九三，频巽，吝。
象曰：频巽之吝，志穷也。

六四，悔亡，田获三品。
象曰：田获三品，有功也。

九五，贞吉，悔亡，无不利。无初，有终。先庚三日，后庚三日，吉。

象曰：九五之吉，位正中也。

上九，巽在床下，丧其资斧，贞凶。

象曰：巽在床下，上穷也。丧其资斧，正乎凶也。

58【兑为泽】☱

一、卦辞

兑。亨，利贞。

二、彖辞

《彖》曰：兑，说也。刚中而柔外，说以利贞，是以顺乎天，而应乎人。说以先民，民忘其劳。说以犯难，民忘其死。说之大，民劝矣哉！

三、象辞

《象》曰：丽泽，兑。君子以朋友讲习。

四、爻辞

初九，和兑，吉。

象曰：和兑之吉，行未疑也。

九二，孚兑，吉，悔亡。

象曰：孚兑之吉，信志也。

六三，来兑，凶。

象曰：来兑之凶，位不当也。

九四，商兑未宁，介疾，有喜。

象曰：九四之喜，有庆也。

九五，孚于剥，有厉。

象曰：孚于剥，位正当也。

上六，引兑。

象曰：上六引兑，未光也。

59【风水涣】䷺

一、卦辞

涣。亨。王假有庙，利涉大川，利贞。

二、彖辞

《彖》曰："涣，亨"，刚来而不穷，柔得位乎外而上同。"王假有庙"，王乃在中也。"利涉大川"，乘木有功也。

三、象辞

《象》曰：风行水上，涣。先王以享于帝立庙。

四、爻辞

初六，用拯马壮，吉。

象曰：初六之吉，顺也。

九二，涣，奔其机，悔亡。

象曰：涣奔其机，得愿也。

六三，涣其躬，无悔。

象曰：涣其躬，志在外也。

六四，涣其群，元吉。涣有丘，匪夷所思。

象曰：涣其群，元吉，光大也。

九五，涣汗其大号，涣王居，无咎。

象曰：王居无咎，正位也。

上九，涣其，血去，逖出，无咎。

象曰：涣其血，远害也。

60【水泽节】☵

一、卦辞

节。亨，苦节不可贞。

二、彖辞

《彖》曰："节，亨"，刚柔分，而刚得中。"苦节不可贞"，其道穷也。说以行险，当位以节，中正以通。天地节而四时成，节以制度，不伤财，不害民。

三、象辞

《象》曰：泽上有水，节。君子以制数度，议德行。

四、爻辞

初九，不出户庭，无咎。

象曰：不出户庭，知通塞也。

九二，不出门庭，凶。

象曰：不出门庭，失时极也。

六三，不节若，则嗟若，无咎。

象曰：不节之嗟，又谁咎也。

六四，安节，亨。

象曰：安节之亨，承上道也。

九五，甘节，吉，往有尚。

象曰：甘节之吉，居位中也。

上六，苦节，贞凶，悔亡。

象曰：苦节贞凶，其道穷也。

61【风泽中孚】䷼

一、卦辞

中孚，豚鱼，吉，利涉大川，利贞。

二、彖辞

《彖》曰："中孚"，柔在内而刚得中。说而巽，孚乃化邦也。"豚鱼，吉"，信及豚鱼也。"利涉大川"，乘木舟虚也。中孚以"利贞"，乃应乎天也。

三、象辞

《象》曰：泽上有风，中孚。君子以议狱缓死。

四、爻辞

初九，虞吉，有它不燕。

象曰：初九虞吉，志未变也。

九二，鸣鹤在阴，其子和之。我有好爵，吾与尔靡之。

象曰：其子和之，中心愿也。

六三，得敌，或鼓或罢，或泣或歌。

象曰：或鼓或罢，位不当也。

六四，月几望，马匹亡，无咎。

象曰：马匹亡，绝类上也。

九五，有孚挛如，无咎。

象曰：有孚挛如，位正当也。

上九，翰音登于天，贞凶。

象曰：翰音登于天，何可长也。

62【雷山小过】䷽

一、卦辞

小过。亨，利贞。可小事，不可大事。飞鸟遗之音，不宜上宜下，大吉。

二、彖辞

《彖》曰：小过，小者过而亨也。过以利贞，与时行也。柔得中，是以小事吉也。刚失位而不中，是以"不可大事"也。有飞鸟之象焉，"飞鸟遗之音，不宜上宜下，大吉"，上逆而下顺也。

三、象辞

《象》曰：山上有雷，小过。君子以行过乎恭，丧过乎哀，用过乎俭。

四、爻辞

初六，飞鸟以凶。

象曰：飞鸟以凶，不可如何也。

六二，过其祖，遇其妣，不及其君，遇其臣。无咎。

象曰：不及其君，臣不可过也。

九三，弗过，防之，从或戕之，凶。

象曰：从或戕之，凶如何也。

九四，无咎。弗过，遇之，往厉，必戒，勿用，永贞。

象曰：弗过遇之，位不当也。往厉必戒，终不可长也。

六五，密云不雨，自我西郊。公弋取彼在穴。

象曰：密云不雨，已上也。

上六，弗遇，过之，飞鸟离之，凶，是谓灾眚。

象曰：弗遇过之，已亢也。

63【水火既济】䷾

一、卦辞

既济。亨小，利贞。初吉，终乱。

二、彖辞

《彖》曰：既济，亨，小者亨也。"利贞"，刚柔正而位当也。"初吉"，柔得中也。"终止则乱"，其道穷也。

三、象辞

《象》曰：水在天上，既济。君子以思患而豫防之。

四、爻辞

初九，曳其轮，濡其尾，无咎。

象曰：曳其轮，义无咎也。

六二，妇丧其茀，勿逐，七日得。

象曰：七日得，以中道也。

九三，高宗伐鬼方，三年克之，小人勿用。

象曰：三年克之，惫也。

六四，繻有衣袽，终日戒。

象曰：终日戒，有所疑也。

九五，东邻杀牛，不如西邻之禴祭，实受其福。

象曰：东邻杀牛，不如西邻之时也。实受其福，吉大来也。

上六，濡其首，厉。

象曰：濡其首厉，何可久也。

64【火水未济】䷿

一、卦辞

未济。亨，小狐汔济，濡其尾，无攸利。

二、彖辞

《彖》曰："未济，亨"，柔得中也。"小狐汔济"，未出中也。"濡其尾，无攸利"，不续终也。虽不当位，刚柔应也。

三、象辞

《象》曰：火在水上，未济。君子以慎辨物居方。

四、爻辞

初六，濡其尾，吝。

象曰：濡其尾，亦不知极也。

九二，曳其轮，贞吉。

象曰：九二贞吉，中以行正也。

六三，未济，征凶，利涉大川。

象曰：未济征凶，位不当也。

九四，贞吉，悔亡。震用伐鬼方，三年有赏于大国。

象曰：贞吉悔亡，志行也。

六五，贞吉，无悔。君子之光有孚，吉。

象曰：君子之光，其晖吉也。

上九，有孚于饮酒，无咎。濡其首，有孚，失是。

象曰：饮酒濡首，亦不知节也。

周易传部原文

系辞传·上

第一章

天尊地卑，乾坤定矣。卑高以陈，贵贱位矣。动静有常，刚柔断矣。方以类聚，物以群分，吉凶生矣。在天成象，在地成形，变化见矣。

是故刚柔相摩，八卦相荡。鼓之以雷霆，润之以风雨。日月运行，一寒一暑。

乾道成男，坤道成女。乾知大始，坤作成物。

乾以易知，坤以简能。易则易知，简则易从。易知则有亲，易从则有功。有亲则可久，有功则可大。可久则贤人之德，可大则贤人之业。易简而天下之理得矣。天下之理得，而成位乎其中矣。

第二章

圣人设卦观象，系辞焉而明吉凶，刚柔相推而生变化。是故吉凶者，失得之象也；悔吝者，忧虞之象也；变化者，进退之象也；刚柔者，昼夜之象也；六爻之动，三极之道也。是故君子所居而安者，《易》之序也；所乐而玩者，爻之辞也。是故君子居则观其象而玩其辞，动则观其变而玩其占，是以"自天佑之，吉无不利"。

第三章

彖者，言乎象者也；爻者，言乎变者也；吉凶者，言乎其失得也；悔吝者，言乎其小疵也；无咎者，善补过也。

是故列贵贱者存乎位，齐小大者存乎卦，辨吉凶者存乎辞，忧悔吝者存乎介，震无咎者存乎悔。

是故卦有小大，辞有险易。辞也者，各指其所之。

第四章

《易》与天地准，故能弥纶天地之道。

仰以观于天文，俯以察于地理，是故知幽明之故；原始反终，故知死生之说；精气为物，游魂为变，是故知鬼神之情状。

与天地相似，故不违；知周乎万物，而道济天下，故不过；旁行而不流，乐天知命，故不忧；安土敦乎仁，故能爱。范围天地之化而不过，曲成万物而不遗，通乎昼夜之道而知，故神无方而《易》无体。

第五章

一阴一阳之谓道。

继之者善也，成之者性也。仁者见之谓之仁，知者见之谓之知，百姓日用而不知，故君子之道鲜矣。

显诸仁，藏诸用，鼓万物而不与圣人同忧，盛德大业至矣哉！

富有之谓大业，日新之谓盛德。生生之谓易，成象之谓乾，效法之谓坤，极数知来之谓占，通变之谓事，阴阳不测之谓神。

第六章

夫《易》广矣大矣，以言乎远则不御，以言乎迩则静而正，以言乎天地之间则备矣。

夫乾，其静也专，其动也直，是以大生焉。

夫坤，其静也翕^{xī}，其动也辟，是以广生焉。

广大配天地，变通配四时，阴阳之义配日月，易简之善配至德。

第七章

子曰："《易》其至矣乎！"夫《易》，圣人所以崇德而广业也。知崇礼卑，崇效天，卑法地。天地设位，而《易》行乎其中矣。成性存存，道义之门。

第八章

圣人有以见天下之赜^{zé}，而拟诸其形容，象其物宜，是故谓之象。圣人有以见天下之动，而观其会通，以行其典礼，系辞焉以断其吉凶，是故谓之爻。言天下之至赜而不可恶也，言天下之至动而不可乱也。拟之而后言，议之而后动，拟议以成其变化。

"鸣鹤在阴，其子和之。我有好爵，吾与尔靡之。"子曰："君子居其室，出其言善，则千里之外应之，况其迩者乎？居其室，出其言不善，则千里之外违之，况其迩者乎？言出乎身，加乎民；行发乎迩，见乎远。言行，君子之枢机。枢机之发，荣辱之主也。言行，君子之所以动天地也，可不慎乎！"

"同人，先号咷而后笑。"子曰："君子之道，或出或处，或默或语。二人同心，其利断金。同心之言，其臭如兰。"

"初六，藉用白茅，无咎。"子曰："苟错诸地而可矣，藉之用茅，何咎之有？慎之至也。夫茅之为物薄，而用可重也。慎斯术也以往，其无所失矣。”

“劳谦，君子有终，吉。”子曰：“劳而不伐，有功而不德，厚之至也。语以其功下人者也。德言盛，礼言恭。谦也者，致恭以存其位者也。”

“亢龙有悔。”子曰：“贵而无位，高而无民，贤人在下位而无辅，是以动而有悔也。”

“不出户庭，无咎。”子曰：“乱之所生也，则言语以为阶。君不密则失臣，臣不密则失身，几事不密则害成。是以君子慎密而不出也。”

子曰：“作《易》者，其知盗乎？《易》曰：‘负且乘，致寇至。’负也者，小人之事也。乘也者，君子之器也。小人而乘君子之器，盗思夺之矣。上慢下暴，盗思伐之矣。慢藏诲盗，冶容诲淫。《易》曰：‘负且乘，致寇至。’盗之招也。”

第九章

大衍之数五十，其用四十有九。分而为二以象两，挂一以象三，揲^{shé}之以四以象四时，归奇于扐^{lè}以象闰；五岁再闰，故再扐而后挂。

天一，地二；天三，地四；天五，地六；天七，地八；天九，地十。天数五，地数五，五位相得而各有合；天数二十有五，地数三十，凡天地之数五十有五，此所以成变化而行鬼神也。

《乾》之策二百一十有六，《坤》之策百四十有四，凡三百有六十，当期之日。二篇之策，万有一千五百二十，当万物之数也。是故四营而成《易》，十有八变而成卦，八卦而小成。引而伸之，触类而长之，天下之能事毕矣。

显道神德行，是故可与酬酢^{zuò}，可与佑神矣。子曰：“知变化之道者，其知神之所为乎？”

第十章

《易》有圣人之道四焉：以言者尚其辞，以动者尚其变，以制器者尚其象，以卜筮者尚其占。

是以君子将有为也，将有行也，问焉而以言，其受命也如响。无有远近幽深，遂知来物。非天下之至精，其孰能与于此？

参伍以变，错综其数。通其变，遂成天下之文；极其数，遂定天下之象。非天下之至变，其孰能与于此？

《易》，无思也，无为也，寂然不动，感而遂通天下之故。非天下之至神，其孰能与于此？

夫《易》，圣人之所以极深而研几也。唯深也，故能通天下之志；唯几也，故能成天下之务；唯神也，故不疾而速，不行而至。子曰“《易》有圣人之道四焉”者，此之谓也。

第十一章

子曰：“夫《易》何为者也？夫《易》，开物成务，冒天下之道，如斯而已者也。”

是故圣人以通天下之志，以定天下之业，以断天下之疑。

是故蓍^{shī}之德圆而神，卦之德方以知，六爻之义易以贡。圣人以此洗心，退藏于密，吉凶与民同患。神以知来，知以藏往，其孰能与于此哉！古之聪明睿知，神武而不杀者夫。

是以明于天之道，而察于民之故，是兴神物以前民用。圣人以此齐戒，以神明其德夫。

是故阖^{hé}户谓之坤，辟户谓之乾，一阖一辟谓之变，往来不穷谓之通，见乃谓之象，形乃谓之器，制而用之谓之法，利用出入，民咸用之谓之神。

是故《易》有太极，是生两仪，两仪生四象，四象生八卦，八卦定吉凶，吉凶生大业。

是故法象莫大乎天地；变通莫大乎四时；县象著明莫大乎日月；崇高莫大乎富贵；备物致用，立成器以为天下利，莫大乎圣人；探赜索隐，钩深致远，以定天下之吉凶，成天下之亹^{wěi}亹者，莫大乎蓍龟。

是故天生神物，圣人则之；天地变化，圣人效之；天垂象，见吉凶，圣人象之；河出图，洛出书，圣人则之。

《易》有四象，所以示也；系辞焉，所以告也；定之以吉凶，所以断也。

第十二章

《易》曰："自天佑之，吉无不利。"子曰："佑者，助也。天之所助者，顺也；人之所助者，信也。履信思乎顺，又以尚贤也。是以'自天佑之，吉无不利'也。"

子曰："书不尽言，言不尽意。"然则圣人之意，其不可见乎？子曰："圣人立象以尽意，设卦以尽情伪，系辞焉以尽其言，变而通之以尽利，鼓之舞之以尽神。"

乾坤，其《易》之缊邪？乾坤成列，而《易》立乎其中矣。乾坤毁，则无以见《易》。《易》不可见，则乾坤或几乎息矣。

是故形而上者谓之道，形而下者谓之器。化而裁之谓之变，推而行之谓之通，举而错之天下之民谓之事业。

是故夫象，圣人有以见天下之赜，而拟诸其形容，象其物宜，是故谓之象。圣人有以见天下之动，而观其会通，以行其典礼，系辞焉以断其吉凶，是故谓之爻。

极天下之赜者存乎卦；鼓天下之动者存乎辞；化而裁之存乎变；推而行之存乎通；神而明之存乎其人；默而成之，不言而信，存乎德行。

系辞传·下

第一章

八卦成列，象在其中矣；因而重之，爻在其中矣；刚柔相推，变在其中焉；系辞焉而命之，动在其中矣。吉凶悔吝者，生乎动者也；刚柔者，立本者也；变通者，趣时者也；吉凶者，贞胜者也；天地之道，贞观者也；日月之道，贞明者也；天下之动，贞夫一者也。

夫《乾》，确然示人易矣；夫《坤》，隤^{tuí}然示人简矣。

爻也者，效此者也。象也者，像此者也；爻象动乎内，吉凶见乎外，功业见乎变，圣人之情见乎辞。

天地之大德曰生，圣人之大宝曰位。何以守位？曰仁。何以聚人？曰财。理财正辞、禁民为非曰义。

第二章

古者包牺氏之王天下也，仰则观象于天，俯则观法于地，观鸟兽之文与地之宜，近取诸身，远取诸物，于是始作八卦，以通神明之德，以类万物之情。

作结绳而为网罟^{gǔ}，以佃^{tián}以渔，盖取诸《离》。

包牺氏没，神农氏作，斫^{zhuó}木为耜^{sì}，揉木为耒^{lěi}，耒耨^{nòu}之利，以教天下，盖取诸《益》。日中为市，致天下之民，聚天下之货，交易而退，各得其所，盖取诸《噬嗑》。神农氏没，黄帝、尧、舜氏作，通其变，使民不倦，神而化之，使民宜之。《易》穷则变，变则通，通则久。是以"自天佑之，吉无不利"。黄帝、尧、舜垂衣裳而天下治，盖取诸《乾》《坤》。

刳^{kū}木为舟，剡^{yǎn}木为楫，舟楫之利，以济不通，致远以利天下，盖取诸《涣》。

服牛乘马，引重致远，以利天下，盖取诸《随》。

重门击柝^{tuò}，以待暴客，盖取诸《豫》。断木为杵，掘地为臼，臼杵^{chǔ}之利，万民以济，盖取诸《小过》。

弦木为弧，剡木为矢，弧矢之利，以威天下，盖取诸《睽》。

上古穴居而野处，后世圣人易之以宫室，上栋下宇，以待风雨，盖取诸《大壮》。

古之葬者，厚衣之以薪，葬之中野，不封不树，丧期无数，后世圣人易之以棺椁，盖取诸《大过》。

上古结绳而治，后世圣人易之以书契，百官以治，万民以察，盖取诸《夬》。

第三章

是故《易》者，象也；象也者，像也。

彖者，材也；爻也者，效天下之动者也。

是故吉凶生而悔吝著也。

第四章

阳卦多阴，阴卦多阳，其故何也？阳卦奇，阴卦耦。

其德行何也？阳一君而二民，君子之道也。阴二君而一民，小人之道也。

第五章

《易》曰："憧 chōng 憧往来，朋从尔思。"子曰："天下何思何虑？天下同归而殊途，一致而百虑。天下何思何虑？日往则月来，月往则日来，日月相推而明生焉。寒往则暑来，暑往则寒来，寒暑相推而岁成焉。往者屈也，来者信也，屈信相感而利生焉。尺蠖 huò 之屈，以求信 shēn 也；龙蛇之蛰，以存身也。精义入神，以致用也；利用安身，以崇德也。过此以往，未之或知也；穷神知化，德之盛也。"

《易》曰："困于石，据于蒺 jí 藜 lí，入于其宫，不见其妻，凶。"子曰："非所困而困焉，名必辱。非所据而据焉，身必危。既辱且危，死期将至，妻其可得见耶！"

《易》曰："公用射隼于高墉之上，获之，无不利。"子曰："隼者，禽也；弓矢者，器也；射之者，人也。君子藏器于身，待时而动，何不利之有？动而不括，是以出而有获，语成器而动者也。"

子曰："小人不耻不仁，不畏不义，不见利不劝，不威不惩。小惩而大诫，此小人之福也。《易》曰：'履校灭趾，无咎。'此之谓也。"

"善不积不足以成名，恶不积不足以灭身。小人以小善为无益而弗为也，以小恶为无伤而弗去也，故恶积而不可掩，罪大而不可解。《易》曰：'何校灭耳，凶。'"

子曰："危者，安其位者也；亡者，保其存者也；乱者，有其治者也。是故君子安而不忘危，存而不忘亡，治而不忘乱，是以身安而国家可保也。《易》曰：'其亡其亡，系于苞桑。'"

子曰："德薄而位尊，知小而谋大，力少而任重，鲜不及矣。《易》曰：'鼎折足，覆公餗 sù，其形渥，凶。'言不胜其任也。"

子曰："知几其神乎！君子上交不谄，下交不渎，其知几乎？几者，动之微，吉之先见者也。君子见几而作，不俟终日。《易》曰：

'介于石，不终日，贞吉。'介如石焉，宁用终日？断可识矣。君子知微知彰，知柔知刚，万夫之望。"

子曰："颜氏之子，其殆庶几乎？有不善未尝不知，知之未尝复行也。《易》曰：'不远复，无祗悔，元吉。'"

"天地纲缊，万物化醇。男女构精，万物化生。《易》曰：'三人行则损一人，一人行则得其友。'言致一也。"

子曰："君子安其身而后动，易其心而后语，定其交而后求。君子修此三者，故全也。危以动，则民不与也；惧以语，则民不应也；无交而求，则民不与也；莫之与，则伤之者至矣。《易》曰：'莫益之，或击之，立心勿恒，凶。'"

第六章

子曰："乾坤，其《易》之门耶？"

乾，阳物也；坤，阴物也。阴阳合德，而刚柔有体。以体天地之撰，以通神明之德。其称名也，杂而不越。于稽其类，其衰世之意邪？

夫《易》，彰往而察来，而微显阐幽，开而当名辨物，正言断辞，则备矣。

其称名也小，其取类也大。其旨远，其辞文，其言曲而中，其事肆而隐。因贰以济民行，以明失得之报。

第七章

《易》之兴也，其于中古乎？作《易》者，其有忧患乎？

是故履，德之基也；谦，德之柄也；复，德之本也；恒，德之固也；损，德之修也；益，德之裕也；困，德之辨也；井，德之地也；巽，德之制也。

履，和而至；谦，尊而光；复，小而辨于物；恒，杂而不厌；损，先难而后易；益，长裕而不设；困，穷而通；井，居其所而迁；巽，称而隐。

履以和行，谦以制礼，复以自知，恒以一德，损以远害，益以兴利，困以寡怨，井以辨义，巽以行权。

第八章

《易》之为书也，不可远；为道也，屡迁；变动不居，周流六虚，上下无常，刚柔相易，不可为典要，唯变所适。

其出入以度外内，使知惧。又明于忧患与故。无有师保，如临父母。初率其辞而揆 ^kui 其方，既有典常。苟非其人，道不虚行。

第九章

《易》之为书也，原始要终，以为质也。六爻相杂，唯其时物也。其初难知，其上易知，本末也。初辞拟之，卒成之终。

若夫杂物撰德，辩是与非，则非其中爻不备。噫！亦要存亡吉凶，则居可知矣。知者观其彖辞，则思过半矣。

二与四同功而异位，其善不同；二多誉，四多惧，近也。柔之为道，不利远者；其要无咎。其用柔中也。

三与五同功而异位；三多凶，五多功，贵贱之等也。其柔危，其刚胜邪。

第十章

《易》之为书也，广大悉备。有天道焉，有人道焉，有地道焉。兼三才而两之，故六。六者非它也，三才之道也。

道有变动，故曰爻；爻有等，故曰物；物相杂，故曰文；文不当，故吉凶生焉。

第十一章

《易》之兴也，其当殷之末世，周之盛德耶？当文王与纣之事耶？

是故其辞危。危者使平，易者使倾。其道甚大，百物不废。惧以终始，其要无咎，此之谓《易》之道也。

第十二章

夫《乾》，天下之至健也，德行恒易以知险。夫《坤》，天下之至顺也，德行恒简以知阻。能说诸心，能研诸侯之虑，定天下之吉凶，成天下之亹亹者。

是故变化云为，吉事有祥。象事知器，占事知来。天地设位，圣人成能。人谋鬼谋，百姓与能。

八卦以象告，爻彖以情言，刚柔杂居，而吉凶可见矣。

变动以利言，吉凶以情迁。是故爱恶相攻而吉凶生，远近相取而悔吝生，情伪相感而利害生。

凡《易》之情，近而不相得则凶，或害之，悔且吝。

将叛者其辞惭，中心疑者其辞枝，吉人之辞寡，躁人之辞多，诬善之人其辞游，失其守者其辞屈。

说卦传

第一章

昔者圣人之作易也，幽赞于神明而生蓍，参天两地而倚数，观变于阴阳而立卦，发挥于刚柔而生爻，和顺于道德而理于义，穷理尽性，以至于命。

第二章

昔者圣人之作易也，将以顺性命之理。是以立天之道，曰阴与阳；立地之道，曰柔与刚；立人之道，曰仁与义。兼三才而两之，故易六画而成卦。分阴分阳，迭用柔刚，故易六位而成章。

第三章

天地定位，山泽通气，雷风相薄，水火不相射，八卦相错。数往者顺，知来者逆，是故易逆数也。

第四章

雷以动之，风以散之，雨以润之，日以烜之，艮以止之，兑以说之，乾以君之，坤以藏之。

第五章

帝出乎震，齐乎巽，相见乎离，致役乎坤，说言乎兑，战乎乾，劳乎坎，成言乎艮。万物出乎震，震，东方也。齐乎巽，巽，东南也，齐也者，言万物之洁齐也。离也者，明也，万物皆相见，南方之卦也，圣人南面而听天下，向明而治，盖取诸此也。坤也者，地也，万物皆致养焉，故曰致役乎坤。兑正秋也，万物之所说也，故曰说言乎兑。战乎乾，乾，西北之卦也，言阴阳相薄也。坎者水也，正北方之卦也，劳卦也，万物之所归也，故曰劳乎坎。艮，东北之卦也，万物之所成终而所成始也，故曰成言乎艮。

第六章

神也者，妙万物而为言者也。动万物者，莫疾乎雷；桡万物者，莫疾乎风；燥万物者，莫熯^{hàn} 乎火；说万物者，莫说乎泽；润万物者，莫润乎水；终万物、始万物者，莫盛乎艮。故水火相逮，雷风不相悖，山泽通气，然后能变化，既成万物也。

第七章

乾，健也；坤，顺也；震，动也；巽，入也；坎，陷也；离，丽也；艮，止也；兑，说也。

第八章

乾为马，坤为牛，震为龙，巽为鸡，坎为豕，离为雉，艮为狗，兑为羊。

第九章

乾为首，坤为腹，震为足，巽为股，坎为耳，离为目，艮为手，兑为口。

第十章

乾，天也，故称乎父；坤，地也，故称乎母。震一索而得男，故谓之长男；巽一索而得女，故谓之长女；坎再索而得男，故谓之中男；离再索而得女，故谓之中女；艮三索而得男，故谓之少男；兑三索而得女，故谓之少女。

第十一章

乾为天、为圜、为君、为父、为玉、为金、为寒、为冰、为大赤、为良马、为老马、为瘠马、为驳马、为木果。

坤为地、为母、为布、为釜、为吝啬、为均、为子母牛、为大舆、为文、为众、为柄、其于地也为黑。

震为雷、为龙、为玄黄、为旉^{fū}、为大涂、为长子、为决躁、为苍筤^{láng}竹、为萑^{huán}苇。其于马也，为善鸣、为异^{zhù}足，为的颡^{sǎng}。其于稼也，为反生。其究为健，为蕃鲜。

巽为木、为风、为长女、为绳直、为工、为白、为长、为高、为进退、为不果、为臭。其于人也，为寡发、为广颡、为多白眼、为近利市三倍。其究为躁卦。

坎为水、为沟渎、为隐伏、为矫輮^{róu}、为弓轮。其于人也，为加忧、为心病、为耳痛、为血卦、为赤。其于马也，为美脊、为亟心、为下首、为薄蹄、为曳。其于舆也，为多眚。为通、为月、为盗。其于木也，为坚多心。

离为火、为日、为电、为中女、为甲胄、为戈兵。其于人也，为大腹，为乾卦。为鳖、为蟹、为蠃^{luǒ}、为蚌、为龟。其于木也，为科上槁。

艮为山、为径路、为小石、为门阙、为果蓏^{luǒ}、为阍^{hūn}寺、为指、为狗、为鼠、为黔喙^{huì}之属。其于木也，为坚多节。

兑为泽、为少女、为巫、为口舌、为毁折、为附决。其于地也，为刚卤。为妾、为羊。

序卦传·上

有天地，然后万物生焉。盈天地之间者唯万物，故受之以屯。屯者，盈也；物之始生也。物生必蒙，故受之以蒙。蒙者，蒙也；物之稚也。物稚不可不养也，故受之以需。需者，饮食之道也。饮食必有讼，故受之以讼。

讼必有众起，故受之以师。师者，众也。众必有所比，故受之以比。比者，比也。比必有所畜，故受之以小畜。物畜然后有礼，故受之以履。履而泰，然后安，故受之以泰。泰者，通也。物不可以终通，故受之以否。

物不可以终否，故受之以同人。与人同者物必归焉，故受之以大有。有大者不可以盈，故受之以谦。有大而能谦，必豫，故受之以豫。豫必有随，故受之以随。以喜随人者必有事，故受之以蛊。蛊者，事也。有事而后可大，故受之以临。临者，大也。物大然后可观，故受之以观。可观而后有所合，故受之以噬嗑。嗑者，合也。物不可以苟合而已，故受之以贲。贲者，饰也。致饰然后亨则尽矣，故受之以剥。剥者，剥也。

物不可以终尽，剥，穷上反下，故受之以复。复则不妄矣，故受之以无妄。有无妄然后可畜，故受之以大畜。物畜然后可养，故受之以颐。颐者，养也。不养则不可动，故受之以大过。物不可以终过，故受之以坎。坎者，陷也。陷必有所丽，故受之以离。离者，丽也。

序卦传·下

有天地，然后有万物；有万物，然后有男女；有男女，然后有夫妇；有夫妇，然后有父子；有父子，然后有君臣；有君臣，然后有上下；有上下，然后礼义有所错。

夫妇之道，不可以不久也，故受之以恒。恒者，久也。物不可以久居其所，故受之以遁。遁者，退也。物不可以终遁，故受之以大壮。物不可以终壮，故受之以晋。晋者，进也。进必有所伤，故受之以明夷。夷者，伤也。

伤于外者必反于家，故受之以家人。家道穷必乖，故受之以睽。睽者，乖也。乖必有难，故受之以蹇。蹇者，难也。物不可以终难，故受之以解。解者，缓也。缓必有所失，故受之以损。

损而不已必益，故受之以益。益而不已必决，故受之以夬。夬者，决也。决必有所遇，故受之以姤。姤者，遇也。物相遇而后聚，故受之以萃。萃者，聚也。聚而上者谓之升，故受之以升。升而不已必困，故受之以困。

困乎上者必反下，故受之以井。井道不可不革，故受之以革。革物者莫若鼎，故受之以鼎。主器者莫若长子，故受之以震。震者，动也。物不可以终动，止之，故受之以艮。艮者，止也。物不可以终止，故受之以渐。渐者，进也。进必有所归，故受之以归妹。得其所归者必大，故受之以丰。丰者，大也。穷大者必失其居，故受之以旅。

旅而无所容，故受之以巽。巽者，入也。入而后说之，故受之以兑。兑者，说也。说而后散之，故受之以涣。涣者，离也。物不可以终离，故受之以节。节而信之，故受之以中孚。有其信者必行之，故受之以小过。有过物者必济，故受之以既济。物不可穷也，故受之以未济终焉。

杂卦传

《乾》刚《坤》柔，《比》乐《师》忧。《临》《观》之义，或与或求。《屯》见而不失其居，《蒙》杂而著。《震》，起也。《艮》，止也。《损》《益》盛衰之始也。《大畜》时也。《无妄》灾也。《萃》聚而《升》不来也。《谦》轻而《豫》怠也。《噬嗑》食也，《贲》无色也。《兑》见而《巽》伏也。《随》无故也，《蛊》则饬也。《剥》烂也，《复》反也。《晋》昼也。《明夷》诛也。《井》通而《困》相遇也。《咸》速也。《恒》久也。《涣》离也。《节》止也。《解》缓也。《蹇》难也。《睽》外也。《家人》内也。《否》《泰》反其类也。《大壮》则止，《遁》则退也。《大有》众也。《同人》亲也。《革》去故也。《鼎》取新也。《小过》过也。《中孚》信也。《丰》多故也。亲寡《旅》也。《离》上而《坎》下也。《小畜》寡也。《履》不处也。《需》不进也。《讼》不亲也。《大过》颠也。《姤》遇也，柔遇刚也，《渐》女归待男行也。《颐》养正也。《既济》定也。《归妹》女之终也。《未济》男之穷也。《夬》决也，刚决柔也，君子道长，小人道忧也。